数学知识点强化练习
（下）

主　编　王叶山　王春兰　窦玉兰
副主编　薛英华　陈凯君　李　青　冯　鑫　张　娜

北京理工大学出版社
BEIJING INSTITUTE OF TECHNOLOGY PRESS

版权专有　侵权必究

图书在版编目(CIP)数据

数学知识点强化练习. 下 / 王叶山，王春兰，窦玉兰主编. --北京：北京理工大学出版社，2023.8
ISBN 978-7-5763-2761-8

Ⅰ.①数… Ⅱ.①王… ②王… ③窦… Ⅲ.①数学课-中等专业学校-升学参考资料 Ⅳ.①G718.3

中国国家版本馆CIP数据核字(2023)第155330号

出版发行 /	北京理工大学出版社有限责任公司
社　　址 /	北京市海淀区中关村南大街5号
邮　　编 /	100081
电　　话 /	(010)68914775(总编室)
	(010)82562903(教材售后服务热线)
	(010)68944723(其他图书服务热线)
网　　址 /	http://www.bitpress.com.cn
经　　销 /	全国各地新华书店
印　　刷 /	定州启航印刷有限公司
开　　本 /	787毫米×1092毫米　1/16
印　　张 /	19
字　　数 /	410千字
版　　次 /	2023年8月第1版　2023年8月第1次印刷
定　　价 /	59.00元

责任编辑 / 封　雪
文案编辑 / 封　雪
责任校对 / 周瑞红
责任印制 / 边心超

图书出现印装质量问题,请拨打售后服务热线,本社负责调换

前　言

　　全书紧扣最新教材和最新教学大纲，突出了职教高考特色，全面、详细地梳理了教材中的知识要点，突出了重点，直击盲点．本书课堂基础训练习题严抓基础，可操作性强，题型新颖，注重原创；课堂拓展训练习题注重拔高，有重点突破性，紧扣高考题型；答案解析讲解精当、注重启发．本书力求方法的讲解与技能的训练、能力的提升逐步到位．它既是一本学生的学习指导书，又是一本教师的教学参考书，还可作为学生参加普通高等学校职教高考、对口升学、单招考试的复习用书．

　　每节均由以下几个部分构成：

　　第一部分，学习目标导航，全面呈现了本节教材的主要学习内容和认知要求，让学生明白本节的学习要求以及努力学习的方向和应达到的程度，便于学生做学习过程中的自我评价．

　　第二部分，知识要点预习，养成学生提前预习的好习惯，对本节的知识做到提前了解，提升学生的学习效率和学习质量．

　　第三部分，知识要点梳理，对本节知识做了系统的归纳和总结，对教材中的重点、难点和疑点做了恰当的解析，使之各个被击破，以扫清学生学习中的障碍，进而提高学习效率．

　　第三四部分，课堂训练，课程训练分为课堂基础训练和课堂拓展训练．根据教材内容、学习目标和学生的认知水平，结合课本相关例题分类剖析了本节教学内容所涵盖的重点题型，帮助学生启发思维，打开解题思路，增加解题方法，培养科学的思维方法和推理能力以及运用所学知识解决问题的能力，让学生在练中学，在练中悟，在练中举一反三，进而掌握重点，突破难点，触类旁通，积累解题经验，提高解题能力．

　　本书每个单元配有单元检测试卷（A、B）卷，方便师生使用．本书所有练习题均配有详细解析，便于学生自学，以引领学生形成良好的学习习惯．全书注重知识的迁移和能力的培养，坚持"低起点、高品位"的统一，是学生学好数学不可或缺的一本参考书．本书在编写过程中，得到了广大同人和编者所在单位的支持，在此表示感谢！虽然我们抱着严谨务实的态度，力求完美，但因能力有限且时间仓促，本书难免存在不足和疏漏之处，敬请各位读者批评指正．

编　者

目 录

第1章 三角计算 ·· 1
  1.1 和角公式 ··· 2
    1.1.1 两角和与差的余弦公式 ··· 2
    1.1.2 两角和与差的正弦公式 ··· 4
    1.1.3 两角和与差的正切公式 ··· 6
  1.2 倍角公式 ··· 8
  1.3 正弦型函数 ·· 11
  1.4 解三角形 ··· 14
    1.4.1 余弦定理 ·· 14
    1.4.2 三角形的面积及正弦定理 ·· 16
  1.5 三角计算的应用 ·· 18
  单元测试题 A 卷 ··· 21
  单元测试题 B 卷 ··· 25

第2章 数列 ·· 30
  2.1 数列的概念 ·· 31
    2.1.1 数列的定义 ··· 31
    2.1.2 数列的通项 ··· 33
  2.2 等差数列 ··· 37
    2.2.1 等差数列的概念 ·· 37
    2.2.2 等差数列的前 n 项和 ·· 40
  2.3 等比数列 ··· 44
    2.3.1 等比数列的概念 ·· 44
    2.3.2 等比数列的前 n 项和 ·· 48
  2.4 数列的应用 ·· 51
  单元测试 A 卷 ·· 55
  单元测试 B 卷 ·· 59

第3章 平面向量 ·· 63
  3.1 平面向量的概念 ·· 63

数学知识点强化练习（下）

3.2 平面向量的线性运算 ·········· 66
   3.2.1 向量的加法 ·········· 66
   3.2.2 向量的减法 ·········· 68
   3.2.3 数乘向量 ·········· 69
3.3 平面向量的内积 ·········· 71
3.4 平面向量的直角坐标及其应用 ·········· 75
   3.4.1 平面向量的直角坐标及其运算 ·········· 75
   3.4.2 平面向量平行和垂直的坐标表示 ·········· 78
   3.4.3 中点公式和距离公式 ·········· 80
单元测试卷 A ·········· 82
单元测试卷 B ·········· 85

第 4 章　圆锥曲线
4.1 椭圆 ·········· 88
   4.1.1 椭圆的标准方程 ·········· 88
   4.1.2 椭圆的几何性质 ·········· 91
4.2 双曲线 ·········· 95
   4.2.1 双曲线的标准方程 ·········· 95
   4.2.2 双曲线的几何性质 ·········· 97
4.3 抛物线 ·········· 101
   4.3.1 抛物线的标准方程 ·········· 101
   4.3.2 抛物线的几何性质 ·········· 105
单元测试卷 A ·········· 107
单元测试卷 B ·········· 111

第 5 章　立体几何
5.1 平面的基本性质 ·········· 116
5.2 空间中两条直线的位置关系 ·········· 122
5.3 直线与平面的位置关系 ·········· 128
   5.3.1 直线与平面平行 ·········· 128
   5.3.2 直线与平面垂直 ·········· 130
   5.3.3 直线与平面所成的角 ·········· 136
5.4 平面与平面的位置关系 ·········· 139
   5.4.1 平面与平面平行 ·········· 139
   5.4.2 平面与平面垂直 ·········· 142
单元测试题 A 卷 ·········· 147
单元测试题 B 卷 ·········· 153

第6章 复数 ... 159

- 6.1 复数的概念 ... 160
  - 6.1.1 复数的有关概念 ... 160
  - 6.1.2 复数的几何意义 ... 162
- 6.2 复数的运算 ... 164
- 6.3 复数的应用 ... 166
- 单元测试卷 A ... 168
- 单元测试卷 B ... 171

第7章 概率与统计 ... 175

- 7.1 计数原理 ... 176
- 7.2 排列、组合与二项式定理 ... 179
  - 7.2.1 排列 ... 179
  - 7.2.2 组合 ... 183
  - 7.2.3 排列、组合的应用 ... 185
  - 7.2.4 二项式定理 ... 189
- 7.3 随机变量及其分布 ... 193
  - 7.3.1 离散型随机变量及其分布 ... 193
  - 7.3.2 二项分布 ... 198
  - 7.3.3 正态分布 ... 201
- 7.4 统计 ... 203
  - 7.4.1 用样本估计总体 ... 203
  - 7.4.2 一元线性回归 ... 206
- 单元测试卷 A ... 208
- 单元测试卷 B ... 212

第 1 章

三角计算

知识导图

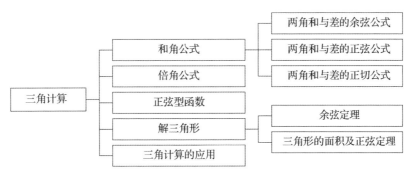

【学习目标导航】

1. 经历推导两角差的余弦公式的过程，掌握两角差的余弦公式的意义．
2. 能从两角差的余弦公式推导出两角和与差的正弦、余弦、正切公式．
3. 通过对两角和与差的正弦、余弦、正切公式的探索，了解它们的内在联系．
4. 熟悉余弦定理及其应用，并能运用余弦定理解三角形．
5. 掌握三角形面积公式，并能综合运用三角函数知识．
6. 熟悉正弦定理及其应用，并能运用正弦定理解三角形．
7. 掌握三角计算在现实电工学、力学、测量学和工程建筑学等学科的具体应用．
8. 培养学生合情推理、探索数学规律的思维能力及联系实际的应变能力．

1.1 和角公式

1.1.1 两角和与差的余弦公式

【知识要点预习】

1. $\cos(\alpha+\beta)=$ _____ .
2. $\cos(\alpha-\beta)=$ _____ .

【知识要点梳理】

一、两角和的余弦公式

$$\cos(\alpha+\beta)=\cos\alpha\cos\beta-\sin\alpha\sin\beta \quad C_{(\alpha+\beta)}$$

二、两角差的余弦公式

两角差的余弦公式是由两角和的余弦公式推导而出的：
因为 $\alpha-\beta=\alpha+(-\beta)$，所以

$$\begin{aligned}\cos(\alpha-\beta)&=\cos[\alpha+(-\beta)]\\&=\cos\alpha\cos(-\beta)-\sin\alpha\sin(-\beta)\\&=\cos\alpha\cos\beta+\sin\alpha\sin\beta\end{aligned}$$

即
$$\cos(\alpha-\beta)=\cos\alpha\cos\beta+\sin\alpha\sin\beta \quad C_{(\alpha-\beta)}$$

【知识盲点提示】

1. 公式中的 α、β 都是任意角，既可以是一个角，也可以是几个角的组合．已知 α、β 的正弦值和余弦值，可以直接求出 $\alpha+\beta$、$\alpha-\beta$ 的余弦值．

2. 公式的结构特点：左边是"两角和或差的余弦值"，右边是"这两角余弦积与正弦积的差或和"．

3. 任意角可以化为两个特殊角的和与差，再利用余弦公式求值．公式的逆用一定要注意名称的顺序和角的顺序．

【课堂基础训练】

一、选择题

1. $\cos(-75°)=(\quad)$.

   A. $\dfrac{\sqrt{6}-\sqrt{2}}{4}$
   B. $\dfrac{\sqrt{6}+\sqrt{2}}{4}$
   C. $\dfrac{\sqrt{2}}{4}$
   D. $\dfrac{\sqrt{2}-\sqrt{6}}{4}$

2. $\cos\dfrac{\pi}{5}\cos\dfrac{3\pi}{10}-\sin\dfrac{\pi}{5}\sin\dfrac{3\pi}{10}=(\quad)$.

   A. 0
   B. $\cos\dfrac{\pi}{10}$
   C. $-\cos\dfrac{\pi}{10}$
   D. 1

3. 已知角 α 的终边经过点 $A(1, \sqrt{3})$，则 $\cos\left(\alpha+\dfrac{\pi}{6}\right)=$ (   ).

    A. $-\dfrac{1}{2}$ B. 0 C. $\dfrac{1}{2}$ D. $\dfrac{\sqrt{3}}{2}$

二、填空题

4. 已知 $\cos\alpha=\dfrac{3}{5}$，$\cos\beta=\dfrac{4}{5}$，并且 α 和 β 都是锐角，则 $\cos(\alpha+\beta)=$ _____．

5. 已知 $\cos\theta=-\dfrac{12}{13}$，$\theta\in\left(\pi,\dfrac{3\pi}{2}\right)$，那么 $\cos\left(\theta+\dfrac{\pi}{4}\right)=$ _____．

三、解答题

6. 已知 $\sin\alpha=\dfrac{3}{5}$，$\cos\beta=-\dfrac{5}{13}$，且 α 为第一象限角，β 为第二象限角，求 $\cos(\alpha+\beta)$ 和 $\cos(\alpha-\beta)$ 的值．

【课堂拓展训练】

一、选择题

1. 已知 $\cos(\alpha+\beta)=\dfrac{4}{5}$，$\cos(\alpha-\beta)=-\dfrac{4}{5}$，则 $\cos\alpha\cos\beta=$ (   ).

    A. 0 B. $\dfrac{4}{5}$ C. 0 或 $\dfrac{4}{5}$ D. 0 或 $\pm\dfrac{4}{5}$

2. $\cos\dfrac{7\pi}{12}=$ (   ).

    A. $\dfrac{\sqrt{6}-\sqrt{2}}{4}$ B. $\dfrac{\sqrt{2}+\sqrt{6}}{4}$ C. $\dfrac{\sqrt{3}-\sqrt{2}}{4}$ D. $\dfrac{\sqrt{3}+\sqrt{2}}{4}$

3. 已知 α 为锐角，且 $\cos\left(\alpha+\dfrac{\pi}{4}\right)=\dfrac{3}{5}$，则 $\cos\alpha=$ (   ).

    A. $\dfrac{4}{5}$ B. $-\dfrac{\sqrt{2}}{10}$ C. $\dfrac{7\sqrt{2}}{10}$ D. $\dfrac{\sqrt{2}}{10}$

二、填空题

4. $\cos 91°\cos 29°-\sin 91°\sin 29°=$ _____．

5. 在 $\triangle ABC$ 中，若 $\sin A\sin B<\cos A\cos B$，则 $\triangle ABC$ 是 _____ 三角形．（填锐角、直角或钝角）

三、解答题

6. 已知 α、β 均为锐角，$\cos \alpha = \dfrac{1}{7}$，$\cos(\alpha+\beta) = -\dfrac{11}{14}$，求 $\cos \beta$.

1.1.2　两角和与差的正弦公式

【知识要点预习】

1. $\sin(\alpha+\beta) = $ ＿＿＿＿＿＿＿＿＿．
2. $\sin(\alpha-\beta) = $ ＿＿＿＿＿＿＿＿＿．

【知识要点梳理】

一、两角和的正弦公式

我们根据两角和与差的余弦公式来推导两角和的正弦公式．

因为 $\cos\left(\dfrac{\pi}{2}-\alpha\right) = \sin \alpha$，$\sin\left(\dfrac{\pi}{2}-\alpha\right) = \cos \alpha$，所以

$$\sin(\alpha+\beta) = \cos\left[\dfrac{\pi}{2}-(\alpha+\beta)\right] = \cos\left[\left(\dfrac{\pi}{2}-\alpha\right)-\beta\right]$$
$$= \cos\left(\dfrac{\pi}{2}-\alpha\right)\cos \beta + \sin\left(\dfrac{\pi}{2}-\alpha\right)\sin \beta$$
$$= \sin \alpha \cos \beta + \cos \alpha \sin \beta$$

即　　　　　　　　　$\sin(\alpha+\beta) = \sin \alpha \cos \beta + \cos \alpha \sin \beta$　　$S_{(\alpha+\beta)}$

二、两角差的正弦公式

在上式中，以 $-\beta$ 代替 β 得

$$\sin(\alpha-\beta) = \sin[\alpha+(-\beta)]$$
$$= \sin \alpha \cos(-\beta) + \cos \alpha \sin(-\beta)$$
$$= \sin \alpha \cos \beta - \cos \alpha \sin \beta$$

即　　　　　　　　　$\sin(\alpha-\beta) = \sin \alpha \cos \beta - \cos \alpha \sin \beta$　　$S_{(\alpha-\beta)}$

【知识盲点提示】

1. $\cos\left(\dfrac{\pi}{2}-\alpha\right) = \sin \alpha$，$\sin\left(\dfrac{\pi}{2}-\alpha\right) = \cos \alpha$．

2. 注意公式的展开形式，两角和与差的余弦展开可简记为"余余正正，符号相反"，两角和与差的正弦展开可简记为"正余余正，符号相同"．

【课堂基础训练】

一、选择题

1. $\sin 105°\cos 75° + \cos 105°\sin 75° = (\quad)$.
   A. 1　　　　　B. 0　　　　　C. -1　　　　　D. 无法确定

2. $\sin 255° = (\quad)$.
   A. $\dfrac{\sqrt{6}-\sqrt{2}}{4}$　　B. $-\dfrac{\sqrt{6}+\sqrt{2}}{4}$　　C. $\dfrac{\sqrt{2}-\sqrt{6}}{4}$　　D. $\dfrac{\sqrt{6}+\sqrt{2}}{4}$

3. 若 $\cos\alpha = -\dfrac{12}{13}$，$\alpha\in\left(\pi,\dfrac{3\pi}{2}\right)$，则 $\sin\left(\alpha-\dfrac{\pi}{4}\right)=(\quad)$.
   A. $-\dfrac{7\sqrt{2}}{26}$　　B. $\dfrac{7\sqrt{2}}{26}$　　C. $-\dfrac{7}{26}$　　D. $\dfrac{7}{26}$

二、填空题

4. 已知 $\tan\alpha$，$\tan\beta$ 是方程 $3x^2+7x-6=0$ 的两根，则 $\dfrac{\cos(\alpha-\beta)}{\sin(\alpha+\beta)}=$ _____ .

5. 若 $\cos\alpha = -\dfrac{5}{13}$，$\alpha\in\left(\dfrac{\pi}{2},\pi\right)$，则 $\sin\left(\dfrac{\pi}{3}-\alpha\right)=$ _____ .

三、解答题

6. 若 $\sin(\alpha+\beta)=\dfrac{1}{2}$，$\sin(\alpha-\beta)=\dfrac{1}{3}$，求 $\log_{\sqrt{5}}\left(\dfrac{\sin\alpha\cdot\cos\beta}{\cos\alpha\sin\beta}\right)$.

【课堂拓展训练】

一、选择题

1. $\sin 46°\cos 16° - \sin 44°\sin 16° = (\quad)$.
   A. $-\dfrac{1}{2}$　　B. $\dfrac{1}{2}$　　C. $\dfrac{\sqrt{3}}{2}$　　D. $-\dfrac{\sqrt{3}}{2}$

2. 已知 α 为锐角，且 $\cos\left(\alpha+\dfrac{\pi}{4}\right)=\dfrac{3}{5}$，则 $\sin\alpha = (\quad)$.
   A. $\dfrac{4}{5}$　　B. $-\dfrac{\sqrt{2}}{10}$　　C. $\dfrac{7\sqrt{2}}{10}$　　D. $\dfrac{\sqrt{2}}{10}$

3. 已知 $\cos\left(\alpha-\dfrac{\pi}{6}\right)+\sin\alpha = \dfrac{4\sqrt{3}}{5}$，则 $\sin\left(\alpha+\dfrac{7\pi}{6}\right)=(\quad)$.
   A. $-\dfrac{2\sqrt{3}}{5}$　　B. $\dfrac{2\sqrt{3}}{5}$　　C. $-\dfrac{4}{5}$　　D. $\dfrac{4}{5}$

二、填空题

4. 已知 $\sin\alpha + \cos\beta = 1$,$\cos\alpha + \sin\beta = 0$,则 $\sin(\alpha+\beta) =$ _____ .

5. 已知 $2\sin\left(\alpha - \dfrac{\pi}{3}\right) = \cos\alpha$,则 $\tan\alpha =$ _____ .

三、解答题

6. 已知 $\dfrac{\pi}{4} < \alpha < \dfrac{3\pi}{4}$,$0 < \beta < \dfrac{\pi}{4}$,$\cos\left(\dfrac{\pi}{4}+\alpha\right) = -\dfrac{3}{5}$,$\sin\left(\dfrac{3\pi}{4}+\beta\right) = \dfrac{5}{13}$,求 $\sin(\alpha+\beta)$ 的值.

1.1.3 两角和与差的正切公式

【知识要点预习】

1. $\tan(\alpha+\beta) =$ _____ .
2. $\tan(\alpha-\beta) =$ _____ .

【知识要点梳理】

1. 两角和的正切公式

$$\tan(\alpha+\beta) = \dfrac{\sin(\alpha+\beta)}{\cos(\alpha+\beta)} = \dfrac{\sin\alpha\cos\beta + \cos\alpha\sin\beta}{\cos\alpha\cos\beta - \sin\alpha\sin\beta}$$

将上式同除以 $\cos\alpha\cos\beta\,(\cos\alpha\cos\beta \neq 0)$,得

$$\tan(\alpha+\beta) = \dfrac{\tan\alpha + \tan\beta}{1 - \tan\alpha\tan\beta} \quad T_{(\alpha+\beta)}$$

2. 两角差的正切公式

把公式中的 β 换成 $-\beta$,得

$$\tan(\alpha-\beta) = \dfrac{\tan\alpha - \tan\beta}{1 + \tan\alpha\tan\beta} \quad T_{(\alpha-\beta)}$$

【知识盲点提示】

1. 只有当 α,β,$\alpha+\beta$,$\alpha-\beta \neq k\pi + \dfrac{\pi}{2}\,(k \in \mathbf{Z})$ 时,上述公式才成立.

2. 当所要化简(求值)的式子中出现特殊的数值"1""$\sqrt{3}$"时,要考虑用这些特殊值所对应的特殊角的正切值去代换,如"$1 = \tan\dfrac{\pi}{4}$""$\sqrt{3} = \tan\dfrac{\pi}{6}$",这样可以构造出利用公式的条

件，从而可以进行化简和求值．

【课堂基础训练】

一、选择题

1. 设 $\tan \alpha$ 和 $\tan \beta$ 是方程 $7x^2-8x+1=0$ 的两个根，则 $\tan(\alpha+\beta)=($).

   A. $\dfrac{4}{3}$ B. $\dfrac{3}{4}$ C. $-\dfrac{4}{3}$ D. $-\dfrac{3}{4}$

2. 已知 $\tan \alpha = 2$，那么 $\tan\left(\alpha-\dfrac{\pi}{4}\right)=($).

   A. -3 B. 3 C. $\dfrac{1}{3}$ D. $-\dfrac{1}{3}$

3. 已知 $\sin \alpha = \dfrac{3}{5}$，$\alpha$ 是第二象限角，且 $\tan(\alpha+\beta)=1$，则 $\tan \beta = ($).

   A. -7 B. 7 C. $-\dfrac{3}{4}$ D. $\dfrac{3}{4}$

二、填空题

4. $\dfrac{1-\tan 15°}{1+\tan 15°}=$ _____ ．

5. $\tan 22°+\tan 23°+\tan 22°\tan 23°=$ _____ ．

三、解答题

6. 在 $\triangle ABC$ 中，已知 $\tan A \tan B = \tan A + \tan B + 1$，求 $\cos C$．

【课堂拓展训练】

一、选择题

1. $\dfrac{\tan 70° \tan 10°+1}{\tan 70°-\tan 10°}=($).

   A. $-\dfrac{\sqrt{3}}{3}$ B. $\dfrac{\sqrt{3}}{3}$ C. $-\sqrt{3}$ D. $\sqrt{3}$

2. 若 $\sin \alpha = \dfrac{3}{5}$，$\alpha \in \left(\dfrac{\pi}{2}, \pi\right)$，$\tan \beta = \dfrac{1}{2}$，则 $\tan(\alpha-\beta)=($).

   A. 2 B. -2 C. $\dfrac{2}{11}$ D. $-\dfrac{2}{11}$

3. 如果 $\tan(\alpha+\beta)=\dfrac{2}{5}$，$\tan\left(\beta-\dfrac{\pi}{4}\right)=\dfrac{1}{4}$，那么 $\tan\left(\alpha+\dfrac{\pi}{4}\right)=($).

A. $\dfrac{13}{18}$ B. $\dfrac{3}{22}$ C. $\dfrac{13}{22}$ D. $-\dfrac{13}{18}$

二、填空题

4. 化简：$\tan 20°+\tan 40°+\sqrt{3}\tan 20°\tan 40°=$ _____ .

5. 已知 θ 是第四象限角，且 $\sin\left(\theta+\dfrac{\pi}{4}\right)=\dfrac{3}{5}$，则 $\tan\left(\theta-\dfrac{\pi}{4}\right)=$ _____ .

三、解答题

6. 设 α、$\beta\in\left(0,\dfrac{\pi}{2}\right)$，且 $(1-\tan\alpha)(1-\tan\beta)=2$，则 $\alpha+\beta$ 的值是多少？

1.2　倍角公式

【知识要点预习】

1. $\sin(2\alpha)=$ _____ .
2. $\cos(2\alpha)=$ _____ .
   　　　　　 $=$ _____ .
   　　　　　 $=$ _____ .
3. $\tan(2\alpha)=$ _____ .

【知识要点梳理】

倍角公式：在公式 $C_{(\alpha+\beta)}$，$S_{(\alpha+\beta)}$，$T_{(\alpha+\beta)}$ 中，分别令 $\alpha=\beta$，就可得出相应的二倍角的正弦、余弦和正切公式：

$$\sin(2\alpha)=2\sin\alpha\cos\alpha \quad S_{2\alpha}$$
$$\cos(2\alpha)=\cos^2\alpha-\sin^2\alpha \quad C_{2\alpha}$$
$$=2\cos^2\alpha-1$$
$$=1-2\sin^2\alpha$$
$$\tan(2\alpha)=\dfrac{2\tan\alpha}{1-\tan^2\alpha} \quad T_{2\alpha}$$

【知识盲点提示】

1. 这里的"倍角"专指"二倍角".
2. 在公式 $S_{2\alpha}$，$C_{2\alpha}$ 中，角 α 可以取任意值，但在公式 $T_{2\alpha}$ 中，只有当 $\alpha\neq\dfrac{\pi}{2}+k\pi(k\in\mathbf{Z})$

和 $\alpha \neq \dfrac{\pi}{4}+\dfrac{k\pi}{2}(k\in \mathbf{Z})$ 时才成立，否则不成立．

3．理解"二倍角"概念的相对性，不仅 2α 是 α 的二倍角，6α 与 3α、4α 与 2α、3α 与 $\dfrac{3\alpha}{2}$、$\dfrac{\alpha}{2}$ 与 $\dfrac{\alpha}{4}$ 等都是二倍角的关系．

4．二倍角的公式有以下常用变形：
$$1-\cos(2\alpha)=2\sin^2\alpha；$$
$$1+\sin(2\alpha)=(\sin\alpha+\cos\alpha)^2；$$
$$1-\sin(2\alpha)=(\sin\alpha-\cos\alpha)^2$$
$$\cos^2\alpha=\dfrac{1+\cos(2\alpha)}{2}$$
$$\sin^2\alpha=\dfrac{1-\cos(2\alpha)}{2}$$
$$\tan\alpha=\dfrac{1-\cos(2\alpha)}{\sin 2\alpha}=\dfrac{\sin 2\alpha}{1+\cos(2\alpha)}$$

【课堂基础训练】

一、选择题

1. $\sin 22.5°\cos 22.5°=(\quad)$．

 A. $\dfrac{\sqrt{2}}{4}$ B. $\dfrac{\sqrt{2}}{2}$ C. $-\dfrac{\sqrt{2}}{4}$ D. $-\dfrac{\sqrt{2}}{2}$

2. 若 $\sin\left(x-\dfrac{\pi}{4}\right)=\dfrac{\sqrt{2}}{6}$，则 $\sin(2x)=(\quad)$．

 A. $\dfrac{8}{9}$ B. $\pm\dfrac{8}{9}$ C. $\dfrac{2}{3}$ D. $\pm\dfrac{2}{3}$

3. 已知 $\sin(\pi+\alpha)=\dfrac{3}{5}$，则 $\sin(2\alpha)\cos\alpha-\cos(2\alpha)\sin\alpha=(\quad)$．

 A. $-\dfrac{4}{5}$ B. $\dfrac{4}{5}$ C. $-\dfrac{3}{5}$ D. $\dfrac{3}{5}$

二、填空题

4. $2\sin 30°\cos 30°=$ ＿＿＿＿＿＿，$2\cos^2\left(\dfrac{\pi}{12}\right)-1=$ ＿＿＿＿＿＿．

 $\cos^2\left(\dfrac{\pi}{8}\right)-\sin^2\left(\dfrac{\pi}{8}\right)=$ ＿＿＿＿＿＿，$1-2\sin^2\left(\dfrac{\pi}{6}\right)=$ ＿＿＿＿＿＿．

5. $16\cos 24°\cos 48°\cos 96°\cos 168°=$ ＿＿＿＿＿＿．

三、解答题

6．化简求值：

(1) $\cos^4\dfrac{\alpha}{2}-\sin^4\dfrac{\alpha}{2}$；　　　　　　　　(2) $\sin\dfrac{\pi}{24}\cos\dfrac{\pi}{24}\cos\dfrac{\pi}{12}$；

(3) $1-2\sin^2 750°$; (4) $\tan 150° + \dfrac{1-3\tan^2 150°}{2\tan 150°}$.

【课堂拓展训练】

一、选择题

1. 若 $\sin\left(\dfrac{\pi}{6}-\alpha\right)=\dfrac{1}{3}$，则 $\cos\left(\dfrac{2\pi}{3}+2\alpha\right)=($).

   A. $-\dfrac{7}{9}$ B. $-\dfrac{1}{3}$ C. $\dfrac{1}{3}$ D. $\dfrac{7}{9}$

2. 下列各式，值为 $\dfrac{1}{2}$ 的是( ).

   A. $\sin 15°\cos 15°$ B. $2\cos^2\dfrac{\pi}{12}-1$ C. $\sqrt{\dfrac{1+\cos 30°}{2}}$ D. $\dfrac{\tan 22.5°}{1-\tan^2 22.5°}$

3. 已知 $x\in\left(-\dfrac{\pi}{2},0\right)$，$\cos x=\dfrac{4}{5}$，则 $\tan(2x)=($).

   A. $\dfrac{7}{24}$ B. $-\dfrac{7}{24}$ C. $\dfrac{24}{7}$ D. $-\dfrac{24}{7}$

二、填空题

4. 已知 $\tan\left(\theta+\dfrac{\pi}{4}\right)=2$，则 $\sin(2\theta)=$ _____ .

5. 已知 $\tan\alpha=2$，则 $\tan 2\left(\alpha-\dfrac{\pi}{4}\right)=$ _____ .

三、解答题

6. 已知 $\tan\left(\dfrac{\pi}{4}+\alpha\right)=\dfrac{1}{2}$.

   (1) 求 $\tan\alpha$ 的值； (2) 求 $\dfrac{\sin 2\alpha-\cos^2\alpha}{1+\cos 2\alpha}$ 的值.

1.3 正弦型函数

【知识要点预习】

1. 正弦型函数 $y=$ _____ . 其中 A，ω，φ 是常数，且 $A\neq 0$，$\omega\neq 0$.
2. 正弦型函数的定义域为 _____ ，值域为 _____ ，周期为 $T=$ _____ .

【知识要点梳理】

一、正弦型函数

在物理和工程的许多问题中，都会遇到类似于描述匀速圆周运动的函数表达式．为此，我们研究形如 $y=A\sin(\omega x+\varphi)$ 的函数，其中 A，ω，φ 是常数，且 $A\neq 0$，$\omega\neq 0$. 这类函数通常称为正弦型函数．

二、A，ω，φ 等参数的变化对正弦型函数图像的影响

1. 函数 $y=A\sin x$（其中 $A>0$ 且 $A\neq 1$）的图像，可由函数 $y=\sin x$ 的图像上所有点的横坐标不变，纵坐标变为原来的 A 倍得到．

2. 函数 $y=\sin(\omega x)$（其中 $\omega>0$ 且 $\omega\neq 1$）的图像，可由函数 $y=\sin x$ 的图像上所有点的纵坐标不变，横坐标变为原来的 $\dfrac{1}{\omega}$ 倍得到．

3. 函数 $y=\sin(x+\varphi)$（其中 $\varphi\neq 0$）的图像，可由函数 $y=\sin x$ 的图像沿 x 轴向左（$\varphi>0$ 时）或向右（$\varphi<0$ 时）平移 $|\varphi|$ 个单位得到．

4. 函数 $y=A\sin(\omega x+\varphi)$（其中 $\omega>0$，$\varphi\neq 0$）的图像，可由函数 $y=A\sin(\omega x)$ 的图像沿 x 轴向左（$\varphi>0$ 时）或向右（$\varphi<0$ 时）平移 $\dfrac{|\varphi|}{\omega}$ 个单位得到．

三、正弦型函数的性质

1. 定义域：**R**.
2. 值域：$[-A,A]$，最大值是 A，最小值是 $-A$.
3. 周期：$T=\dfrac{2\pi}{\omega}$.

【知识盲点提示】

1. 正弦型函数 $y=A\sin(\omega x+\varphi)$ 的图像，可用"五点法"作出，也可以通过函数 $y=\sin x$ 的图像变换得到．用"五点法"画出正弦型函数 $y=A\sin(\omega x+\varphi)$ 在长度为一个周期的闭区间上的简图时，关键是 x 的 5 个取值是使 $(\omega x+\varphi)$（$\omega>0$）分别等于 0，$\dfrac{\pi}{2}$，π，$\dfrac{3\pi}{2}$，2π 时解得的，这 5 个值中的最后一个值与第一个值的差恰好是正弦型函数的一个周期长度．

2. 先伸缩后平移：把函数 $y=\sin x$ 的图像上所有的点横坐标变为原来的 $\dfrac{1}{\omega}$（纵坐标不

变)得到函数 $y=\sin(\omega x)$ 的图像;把函数 $y=\sin(\omega x)$ 的图像上各点的纵坐标变为原来的 A 倍(横坐标不变)得到函数 $y=A\sin(\omega x)$ 的图像;把函数 $y=A\sin(\omega x)$ 的图像沿 x 轴向左($\varphi>0$ 时)或向右($\varphi<0$ 时)平移 $\dfrac{|\varphi|}{\omega}$ 个单位,就可得到函数 $y=A\sin(\omega x+\varphi)$ 的图像.

3. 先平移后伸缩:把函数 $y=\sin x$ 的图像上各点的横坐标沿 x 轴向左($\varphi>0$ 时)或向右($\varphi<0$ 时)平移 $|\varphi|$ 个单位得到函数 $y=\sin(x+\varphi)$ 的图像;然后把 $y=\sin(x+\varphi)$ 的图像上各点的横坐标变为原来的 $\dfrac{1}{\omega}$ 倍(纵坐标不变)得到函数 $y=\sin(\omega x+\varphi)$ 的图像;最后把 $y=\sin(\omega x+\varphi)$ 图像上各点的纵坐标变为原来的 A 倍(横坐标不变)得到函数 $y=A\sin(\omega x+\varphi)$ 的图像.

【课堂基础训练】

一、选择题

1. 下列 4 个函数中,以 π 为最小正周期,且在区间 $\left(\dfrac{\pi}{2}, \pi\right)$ 上为减函数的是( ).

   A. $y=\cos x$ B. $y=2|\sin x|$ C. $y=\cos\dfrac{x}{2}$ D. $y=\sin x$

2. $y=\sin\left(2x-\dfrac{\pi}{3}\right)$ 的图像可以由 $y=\sin\left(2x+\dfrac{\pi}{3}\right)$ 的图像向_____平移_____单位得到( ).

   A. 左,$\dfrac{\pi}{6}$ B. 左,$\dfrac{\pi}{3}$ C. 右,$\dfrac{\pi}{6}$ D. 右,$\dfrac{\pi}{3}$

3. 函数 $y=2\cos^2\left(x-\dfrac{\pi}{2}\right)-1$ 是( ).

   A. 最小正周期是 π 的奇函数   B. 最小正周期是 π 的偶函数

   C. 最小正周期是 $\dfrac{\pi}{2}$ 的奇函数   D. 最小正周期是 $\dfrac{\pi}{2}$ 的偶函数

二、填空题

4. 函数 $y=3\sin\left(\omega x+\dfrac{\pi}{5}\right)$,$\omega>0$,其最小正周期是 $\dfrac{\pi}{3}$,则实数 ω 的值是_____.

5. 将函数 $y=\sin\left(2x+\dfrac{\pi}{3}\right)$ 的图像上的所有点向右平移 $\dfrac{\pi}{6}$ 个单位,再将图像上所有点的横坐标变为原来的 $\dfrac{1}{2}$(纵坐标不变),则所得图像的函数解析为_____.

三、解答题

6. 函数 $f(x)=2\sin(2x+\varphi)\left(-\dfrac{\pi}{2}<\varphi<\dfrac{\pi}{2}\right)$,且 $f(x)$ 的图像过点 $(0,1)$.

   (1)求函数 $f(x)$ 的最小正周期及 φ 的值;

   (2)求函数 $f(x)$ 的最大值及取得最大值时自变量 x 的集合;

(3)求函数 $f(x)$ 的单调递增区间.

【课堂拓展训练】

一、选择题

1. 函数 $y=\sin\left(2x-\dfrac{\pi}{3}\right)$，在区间 $\left[-\dfrac{\pi}{2},\pi\right]$ 上的图像是（   ）．

A. 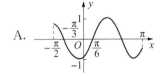   B.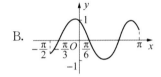

C. 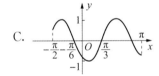   D.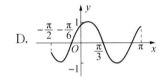

2. 函数 $y=A\sin(\omega x+\varphi)\left(A>0,\omega>0,|\varphi|<\dfrac{\pi}{2}\right)$ 的部分图像如图所示，则（   ）．

   A. $y=2\sin\left(2x+\dfrac{\pi}{6}\right)$

   B. $y=2\sin\left(2x-\dfrac{\pi}{6}\right)$

   C. $y=2\sin\left(2x+\dfrac{\pi}{3}\right)$

   D. $y=2\sin\left(2x-\dfrac{\pi}{3}\right)$

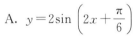

3. 函数 $f(x)=2\sin\left(\dfrac{\pi}{3}x+\varphi\right)\left(|\varphi|<\dfrac{\pi}{2}\right)$ 的图像过点 $(0,1)$，则该函数的最小正周期 T 和初相 φ 分别为（   ）．

   A. $T=6$，$\varphi=\dfrac{\pi}{6}$ B. $T=6$，$\varphi=\dfrac{\pi}{3}$ C. $T=6\pi$，$\varphi=\dfrac{\pi}{6}$ D. $T=6\pi$，$\varphi=\dfrac{\pi}{3}$

二、填空题

4. 函数 $y=2\sin\left(\dfrac{\pi}{6}-2x\right)$，$x\in\left[-\dfrac{\pi}{2},\pi\right]$ 的单调递增区间是_____．

5. 将函数 $f(x)=\sin(2x)$ 的图像向右平移 $\dfrac{\pi}{6}$ 个单位,得到函数 $g(x)$ 的图像,则函数 $g(x)$ 在区间 $\left[0,\dfrac{\pi}{2}\right]$ 上的值域为_____.

三、解答题

6. 函数 $y=\sin\left(2x+\dfrac{\pi}{6}\right)+2$,将函数 $f(x)$ 的图像向右平移 $\dfrac{\pi}{6}$ 个单位,再向下平移 2 个单位,得到函数 $g(x)$ 的图像.

(1) 求函数 $g(x)$ 的解析式;

(2) 求函数 $g(x)$ 在 $\left[\dfrac{\pi}{6},\dfrac{2\pi}{3}\right]$ 上的单调区间及值域.

1.4 解三角形

1.4.1 余弦定理

【知识要点预习】

1. 由三角形的已知元素求_____的过程称为**解三角形**.

2. **余弦定理**,即三角形任何一边的_____,等于其他两边的_____和减去这两边与它们夹角_____的积的两倍.

【知识要点梳理】

一、三角形的六元素

三角形的三条边、三个角都称为三角形的元素. 由三角形的已知元素求未知元素的过程称为**解三角形**.

二、余弦定理的公式

1. 已知三角形的两边及其夹角,可以得到如下公式:
$$a^2=b^2+c^2-2bc\cos A$$
$$b^2=a^2+c^2-2ac\cos B$$
$$c^2=a^2+b^2-2ab\cos C$$

2. 余弦定理还可以表述为:

$$\cos A = \frac{b^2+c^2-a^2}{2bc}$$

$$\cos B = \frac{a^2+c^2-b^2}{2ac}$$

$$\cos C = \frac{a^2+b^2-c^2}{2ab}$$

【知识盲点提示】

余弦定理在解三角形中的应用主要有两种情形:

1. 已知三角形的两边及其夹角,求第三边.
2. 已知三角形的三边求内角.

【课堂基础训练】

一、选择题

1. 在△ABC中,$a=3$,$b=4$,$c=5$,则 $\cos A=$( ).

 A. $\frac{3}{5}$ B. $\frac{4}{5}$ C. $\frac{3}{4}$ D. $\frac{4}{3}$

2. 在△ABC中,角 A、B、C 的对边分别为 a,b,c,若 $a^2=b^2+c^2-bc$,则角 A 为( ).

 A. $\frac{\pi}{3}$ B. $\frac{\pi}{6}$ C. $\frac{2\pi}{3}$ D. $\frac{\pi}{3}$ 或 $\frac{2\pi}{3}$

3. 在△ABC中,角 A、B、C 的对边分别为 a,b,c,若边长为 5,7,8,则三角形的最大角与最小角的和是( ).

 A. 90°   B. 120°   C. 135°   D. 150°

二、填空题

4. 在△ABC中,若 $a=2$,$B=\frac{\pi}{6}$,$c=2\sqrt{3}$,则 $b=$_____.

5. 在△ABC中,角 A、B、C 的对边分别为 a,b,c,若满足 $(a+b)^2-c^2=4$,且 $C=60°$,则 ab 的值为_____.

三、解答题

6. 在△ABC中,角 A、B、C 的对边分别为 a,b,c,若 $a=3$,$c=1$,$\cos B=\frac{2}{3}$,求 b 的值及 $\sin\left(2B-\frac{\pi}{3}\right)$ 的值.

【课堂拓展训练】

一、选择题

1. 在 $\triangle ABC$ 中，$a=\sqrt{3}$，$b=1$，$c=2$，则 $A=($ $)$.

   A. $30°$ B. $45°$ C. $60°$ D. $75°$

2. 在 $\triangle ABC$ 中，角 A、B、C 的对边分别为 a，b，c，若 $a^2-b^2=c^2+bc$，则角 A 为（   ）.

   A. $\dfrac{2\pi}{3}$ B. $\dfrac{\pi}{3}$ C. $\dfrac{5\pi}{6}$ D. $\dfrac{\pi}{6}$

3. 已知锐角 $\triangle ABC$ 的内角 A、B、C 的对边分别为 a，b，c，且 $\cos A=\dfrac{1}{5}$，$a=7$，$c=6$，则 b 为（   ）.

   A. 10   B. 9   C. 8   D. 5

二、填空题

4. 在等腰 $\triangle ABC$ 中，角 A、B、C 的对边分别为 a，b，c，若满足 $a^2+b^2-c^2=-4$，且 $ab=4$，则 A 的值为_____.

5. 在 $\triangle ABC$ 中，若 $a=5$，$b=6$，$c=9$，则 $\triangle ABC$ 为_____三角形.

三、解答题

6. 在 $\triangle ABC$ 中，a，b，c 分别是角 A、B、C 的对边，且 $\dfrac{\cos B}{\cos C}=-\dfrac{b}{2a+c}$，求角 B 的余弦值.

1.4.2　三角形的面积及正弦定理

【知识要点预习】

1. 三角形的面积等于任意两边与其夹角正弦的_____.
2. 正弦定理：在一个三角形中，各边与它所对角的正弦的比_____.

【知识要点梳理】

一、三角形的面积

任何一个三角形的面积，都等于任意两边及其夹角正弦乘积的一半.

$$S_{\triangle ABC}=\dfrac{1}{2}ab\sin C=\dfrac{1}{2}bc\sin A=\dfrac{1}{2}ac\sin B$$

二、正弦定理公式

在任何一个三角形中，各边和它所对的角的正弦的比值相等．

$$\frac{a}{\sin A}=\frac{b}{\sin B}=\frac{c}{\sin C}$$

【知识盲点提示】

正弦定理在解三角形中的应用主要有两种情形：
1. 已知三角形的两个角和一边，求其他元素．
2. 已知三角形的两边和其中一边所对的角，求其他元素．

【课堂基础训练】

一、选择题

1. 在 $\triangle ABC$ 中，已知 $a=3$，$b=4$，$c=\sqrt{37}$，则 $\triangle ABC$ 的面积是（　　）．

    A. $\dfrac{\sqrt{3}}{2}$ B. $\sqrt{3}$ C. $2\sqrt{3}$ D. $3\sqrt{3}$

2. 在 $\triangle ABC$ 中，已知 $A=\dfrac{\pi}{3}$，$a=4\sqrt{3}$，$b=4\sqrt{2}$，则 $B=$（　　）．

    A. $\dfrac{\pi}{4}$ 或 $\dfrac{3\pi}{4}$ B. $\dfrac{\pi}{4}$ C. $\dfrac{3\pi}{4}$ D. 无法确定

3. 在 $\triangle ABC$ 中，若 $a=4$，$b=5$，$S_{\triangle ABC}=5\sqrt{3}$，则 $\sin A$ 的值为（　　）．

    A. $\sqrt{21}$ 或 $\sqrt{61}$ B. $\sqrt{61}$ C. $\dfrac{2\sqrt{7}}{7}$ 或 $\dfrac{2\sqrt{183}}{61}$ D. $\dfrac{2\sqrt{183}}{61}$

二、填空题

4. 在 $\triangle ABC$ 中，若 $a=4$，$c=2$，$S_{\triangle ABC}=4$，则 $\cos B=$ ＿＿＿＿＿．

5. 在 $\triangle ABC$ 中，若 $A=2B$，则 $a=$ ＿＿＿＿＿．

三、解答题

6. 在 $\triangle ABC$ 中，若 $AB=\sqrt{3}$，$AC=1$，$B=\dfrac{\pi}{6}$，求 $\triangle ABC$ 的面积．

【课堂拓展训练】

一、选择题

1. 在 $\triangle ABC$ 中，内角 A、B、C 所对应的边分别为 a，b，c，若 $c^2=(a-b)^2+6$，$C=\dfrac{\pi}{3}$，则 $\triangle ABC$ 的面积是（　　）．

A. 3   B. $\dfrac{9\sqrt{3}}{2}$ C. $\dfrac{3\sqrt{3}}{2}$ D. $\sqrt{3}$

2. 在锐角△ABC中，角 A、B 所对的边长分别为 a、b，若 $2a\sin B=\sqrt{3}b$，则角 A 等于（　　）．

A. $\dfrac{\pi}{12}$ B. $\dfrac{\pi}{6}$ C. $\dfrac{\pi}{4}$ D. $\dfrac{\pi}{3}$

3. 在△ABC中，若 $c=\sqrt{3}a$，$B=30°$，则角 C 等于（　　）．

A. 120°   B. 105°   C. 90°   D. 75°

二、填空题

4. 在△ABC中，若 $a=c=\sqrt{6}+\sqrt{2}$，且 $\angle A=75°$，则△ABC的面积是_____．

5. 在△ABC中，若 $a=1$，$b=\sqrt{3}$，$A+C=2B$，则 $\sin C=$_____．

三、解答题

6. 在△ABC中，若 $a=2b\cos C$，试判断△ABC的形状．

1.5　三角计算的应用

【知识要点预习】

利用三角计算解决实际问题，首先是将实际问题转化为_____，然后选择适当的_____解题．

【知识要点梳理】

一、正弦型函数的应用

形如：$y=a\sin(\omega x)+b\cos(\omega x)=\sqrt{a^2+b^2}\sin(\omega x+\theta)$，

其中 $\cos\theta=\dfrac{a}{\sqrt{a^2+b^2}}$，$\sin\theta=\dfrac{b}{\sqrt{a^2+b^2}}$．

$y_{\max}=\sqrt{a^2+b^2}$，$y_{\min}=\sqrt{a^2+b^2}$，$T=\dfrac{2\pi}{\omega}$（设 $\omega>0$）．

二、三角知识的应用

利用三角知识解决实际问题充分体现了数形结合和转化的数学思想，解决此类问题的主要步骤如图所示：

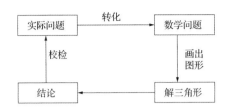

【知识盲点提示】

利用三角知识解题的一般步骤：

(1)准确理解题意，弄清应用题中有关名词、术语，如坡度、仰角、俯角、视角、象限角、方位角等，根据题意画出示意图，分清已知和所求；

(2)分析与所研究的问题有关的一个或几个三角形，把实际问题转化为解三角形的问题；

(3)通过正确地运用正弦定理和余弦定理来解三角形，一是要会解，二是要选择适当的方法求解；

(4)检验解出的答案是否具有实际意义，对解进行取舍．

【课堂基础训练】

一、选择题

1. 函数 $y=4\sin x+3\cos x$ 的最大值和最小正周期分别是（　　）．

   A. $\sqrt{5}$，π　　　B. $\sqrt{5}$，2π　　　C. 5，π　　　D. 5，2π

2. 在相距 4 km 的 A、B 两点分别观测目标点 C，如果 $\angle CAB=75°$，$\angle CBA=60°$，则 A、C 两点间的距离是（　　）．

   A. $2\sqrt{2}$ km　　　B. $2\sqrt{3}$ km

   C. $2\sqrt{6}$ km　　　D. $(2+2\sqrt{3})$ km

3. 小明同学学以致用，欲测量学校教学楼的高度，他采用了如图所示的方式进行测量，小明同学在运动场上选取相距 20 m 的 C、D 两观测点，且 C、D 与教学楼底部 B 在同一水平面上，在 C、D 两观测点处测得教学楼顶部 A 的仰角分别为 45°、30°，并测得与教学楼底部 $\angle BCD=120°$，则教学楼 AB 的高度是（　　）．

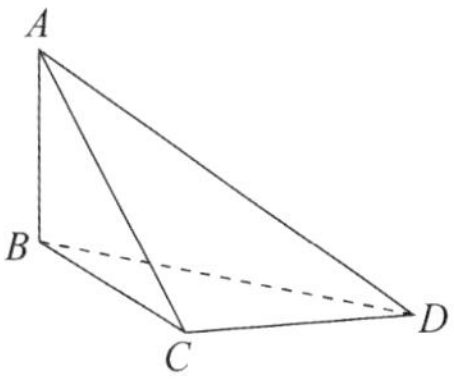

   A. 20 m　　　B. $20\sqrt{2}$ m　　　C. $15\sqrt{3}$ m　　　D. 25 m

二、填空题

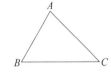

4. 在 $\triangle ABC$ 中，角 A、B、C 的对边分别为 a，b，c，若三边之比为 3∶5∶7，则其最大角是_____．

5. 一艘海轮从 A 处出发，以每小时 40 海里[①]的速度沿东偏南 50°方向直线航行，30 min 后到达 B 处．在 C 处有一座灯

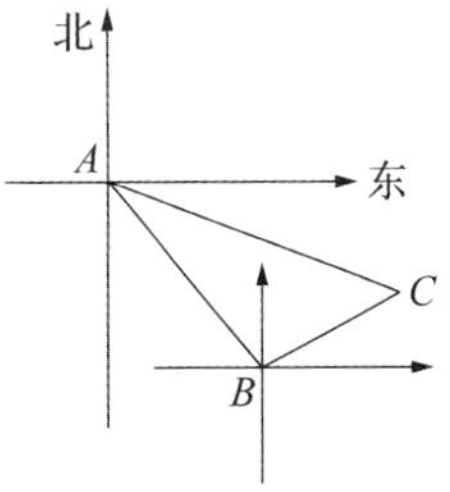

[①] 1 海里=1.85 千米．

塔，海轮在 A 处观察灯塔，其方向是东偏南 20°，在 B 处观察灯塔，其方向是北偏东 65°，那么 B、C 两点间的距离是_____海里．

三、解答题

6. 如图所示，为测量山高 MN，选择 A 和另一座山的山顶 C 为测量观测点，从点 A 测得点 M 的仰角 $\angle MAN = 60°$，点 C 的仰角 $\angle CAB = 45°$ 以及 $\angle MAC = 75°$；从点 C 测得 $\angle MCA = 60°$，已知山高 BC = 1 000 m，求山高 MN．

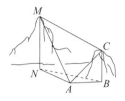

【课堂拓展训练】

一、选择题

1. 函数 $y = 3\sin\left(\omega x + \dfrac{\pi}{6}\right)b\cos x$ 的最小正周期是 $\dfrac{\pi}{3}$，则正数 ω 等于（　　）．

   A. 3   B. 6   C. $\dfrac{3}{2}$ D. $\dfrac{2}{3}$

2. 某中职学校运动会开幕式上举行升旗仪式，旗杆正好处在坡度为 15° 的看台的某一列的正前方，在这一列的第一排和最后一排测得旗杆顶部的仰角分别为 60° 和 30°，第一排和最后一排的距离为 $5\sqrt{6}$ m（如图所示），旗杆底部与第一排在同一水平面上．则旗杆的高度为（　　）．

   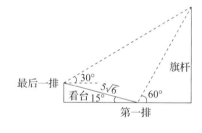

   A. $10\sqrt{3}$ m   B. 15 m   C. 20 m   D. $20\sqrt{3}$ m

3. 释迦塔全称为佛宫寺释迦塔，位于山西省朔州市应县城西北佛宫寺内，又称应县木塔，建于辽清宁二年（宋至和三年，公元 1056 年），金明昌六年（南宋庆元一年，公元 1195 年）增修完毕，是世界上现存唯一最古老最高大之木塔，为了测量释迦塔的高度，某同学在点 A 处测得塔顶 D 的仰角为 45°，然后沿点 A 向塔的正前方走了 50 m 到达点 M 处，此时测得塔顶 D 的仰角为 75°，据此可估计释迦塔的高度约为（　　）．

   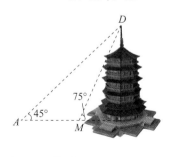

   A. 65.8 m   B. 68.3 m   C. 68.9 m   D. 69.1 m

二、填空题

4. 某同学骑电动车以 24 km/h 的速度沿正北方向的公路行驶，在点 A 处测得电视塔 S 在电动车的北偏东 30°方向上，15 min 后到点 B 处，测得电视塔 S 在电动车的北偏东 75°方向上，则点 B 与电视塔的距离是 _____．

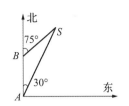

5. 三国魏人刘徽，自撰《海岛算经》，专论测高望远．其中有一题：今有望海岛，立两表齐，高三丈，前后相去千步，令后表与前表相直．从前表却行一百二十三步，人目著地取望岛峰，与表末参合．从后表却行一百二十七步，人目著地取望岛峰，亦与表末参合．问岛高及去表各几何？译文如下：要测量海岛上一座山峰 A 的高度 HA，立两根高均为 3 丈的标杆 BC 和 DE，前后标杆相距 1 000 步，使后标杆杆脚 D 与前标杆杆脚 B、山峰脚 H 在同一直线上，从前标杆杆脚 B 退行 123 步到 F，人眼著地观测到岛峰，A、C、F 三点共线，从后标杆杆脚 D 退行 127 步到 G，人眼著地观测到岛峰，A、E、G 三点也共线，问岛峰的高度 $AH=$ _____ 步．（古制：1 步 = 6 尺，1 里 = 180 丈 = 1 800 尺 = 300 步）

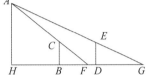

三、解答题

6. 我国古代数学典籍《九章算术》卷九"勾股"中有一测量问题：今有立木，系索其末，委地三尺．引索却行，去本八尺而索尽，问索长几何？这个问题体现了古代对直角三角形的研究，现有一竖立的木头柱子，高 4 m，绳索系在柱子上端，牵着绳索退行，当绳索与底面夹角为 75°时绳索未用尽，再退行 $4\sqrt{3}$ m 绳索用尽（绳索与地面接触）．求绳索长．

单元测试题 A 卷

（满分 120 分，时间 120 分钟）

一、选择题（本大题共 15 个小题，每小题 3 分，共 45 分）

1. 已知 $\tan(2\alpha)=\dfrac{3}{4}$，则 $\tan\alpha=(\qquad)$．

   A．-3　　B．$\dfrac{1}{3}$　　C．-3 或 $-\dfrac{1}{3}$　　D．-3 或 $\dfrac{1}{3}$

2. 已知 α，β 都是锐角，若 $\sin\alpha=\dfrac{\sqrt{5}}{5}$，$\sin\beta=\dfrac{\sqrt{10}}{10}$，则 $\alpha+\beta=($　　$)$.

　　A. $\dfrac{\pi}{4}$　　　　B. $\dfrac{3\pi}{4}$　　　　C. $\dfrac{\pi}{4}$ 和 $\dfrac{3\pi}{4}$　　　　D. $-\dfrac{\pi}{4}$ 和 $-\dfrac{3\pi}{4}$

3. $\dfrac{\sin 47°-\sin 17°\cos 30°}{\cos 17°}=($　　$)$.

　　A. $-\dfrac{\sqrt{3}}{2}$　　　　B. $-\dfrac{1}{2}$　　　　C. $\dfrac{1}{2}$　　　　D. $\dfrac{\sqrt{3}}{2}$

4. 函数 $y=\left(\sin\dfrac{x}{2}+\cos\dfrac{x}{2}\right)^2$ 的最小正周期是($\;$).

　　A. 4π　　　　B. 2π　　　　C. π　　　　D. $\dfrac{\pi}{2}$

5. 已知 $\sin(\pi+\alpha)=\dfrac{3}{5}$，则 $\sin(2\alpha)\cos\alpha-\cos(2\alpha)\sin\alpha=($　　$)$.

　　A. $\dfrac{4}{5}$　　　　B. $-\dfrac{4}{5}$　　　　C. $-\dfrac{3}{5}$　　　　D. $\dfrac{3}{5}$

6. 已知 $\alpha\in\left(\pi,\dfrac{3\pi}{2}\right)$，$\cos(2\alpha)=-\dfrac{3}{5}$，则 $\tan\left(\dfrac{\pi}{4}+2\alpha\right)=($　　$)$.

　　A. $-\dfrac{1}{7}$　　　　B. $\dfrac{1}{7}$　　　　C. -7　　　　D. 7

7. 若 $\dfrac{\cos(2\alpha)}{\sin\left(\alpha-\dfrac{\pi}{4}\right)}=-\dfrac{\sqrt{2}}{2}$，则 $\sin\alpha+\cos\alpha$ 的值为($\;$).

　　A. $-\dfrac{\sqrt{7}}{2}$　　　　B. $-\dfrac{1}{2}$　　　　C. $\dfrac{1}{2}$　　　　D. $\dfrac{\sqrt{7}}{2}$

8. 下列函数以 π 为周期的是($\;$).

　　A. $y=2\sin\left(x-\dfrac{\pi}{8}\right)$　　　　B. $y=2\cos x$

　　C. $y=\sin x$　　　　D. $y=\sin(2x)$

9. 若函数 $f(x)=\sin(x+\varphi)$ 满足 $f\left(\dfrac{\pi}{3}\right)=1$，则 $f\left(\dfrac{5\pi}{6}\right)$ 的值是($\;$).

　　A. 0　　　　B. $\dfrac{1}{2}$　　　　C. $\dfrac{\sqrt{3}}{2}$　　　　D. 1

10. 将函数 $y=\sin x$ 图像上所有的点向右平移 $\dfrac{\pi}{10}$ 个单位，再把所得各点的横坐标伸长到原来的 2 倍(纵坐标不变)，所得图像的函数解析式是($\;$).

　　A. $y=\sin\left(2x-\dfrac{\pi}{10}\right)$　　　　B. $y=\sin\left(2x-\dfrac{\pi}{5}\right)$

　　C. $y=\sin\left(\dfrac{x}{2}-\dfrac{\pi}{10}\right)$　　　　D. $y=\sin\left(\dfrac{x}{2}-\dfrac{\pi}{20}\right)$

11. 在△ABC中，已知 $A=\dfrac{\pi}{4}$，$B=\dfrac{\pi}{3}$，$AB=1$，则 $BC=$（　　）.

   A. $\sqrt{3}-1$　　B. $\sqrt{3}+1$　　C. $\dfrac{\sqrt{6}}{3}$　　D. $\sqrt{2}$

12. 在△ABC中，$AB=\sqrt{3}$，$AC=1$，$B=30°$，则△ABC 的面积等于（　　）.

   A. $\dfrac{\sqrt{3}}{2}$　　B. $\dfrac{\sqrt{3}}{4}$　　C. $\dfrac{\sqrt{3}}{2}$ 或 $\dfrac{\sqrt{3}}{4}$　　D. $\dfrac{\sqrt{3}}{2}$ 或 $\sqrt{3}$

13. 在△ABC中，$a=4$，$b=\dfrac{5}{2}$，$5\cos(B+C)+3=0$，则角 B 的大小为（　　）.

   A. $\dfrac{\pi}{6}$　　B. $\dfrac{\pi}{4}$　　C. $\dfrac{\pi}{3}$　　D. $\dfrac{5\pi}{6}$

14. 函数 $y=2\sin x+\sqrt{5}\cos x$ 的最小值是（　　）.

   A. 3　　B. 1　　C. -3　　D. -1

15. 在△ABC中，$\cos^2\dfrac{A}{2}=\dfrac{b+c}{2c}$（角 A、B、C 所对的边分别为 a，b，c），则△ABC 的形状为（　　）.

   A. 正三角形　　　　　　　　B. 直角三角形
   C. 等腰三角形或直角三角形　　D. 等腰直角三角形

二、填空题(本大题共 15 个小题，每小题 2 分，共 30 分)

16. $\dfrac{\tan 20°+\tan 40°}{1-\tan 20°\tan 40°}=$ ＿＿＿＿＿．

17. $\sin 75°+\cos 75°=$ ＿＿＿＿＿．

18. 若 $\cos\theta=-\dfrac{3}{5}$ 且 $\dfrac{\pi}{2}<\theta<\pi$，则 $\sin\left(\theta+\dfrac{\pi}{3}\right)=$ ＿＿＿＿＿．

19. 化简：$\cos(A-B)\cos B-\sin(A-B)\sin B=$ ＿＿＿＿＿．

20. 化简：$\dfrac{1+\sin(2\theta)-\cos(2\theta)}{1+\sin(2\theta)+\cos(2\theta)}=$ ＿＿＿＿＿．

21. 已知 $\sin\left(\dfrac{\pi}{4}+\alpha\right)=\dfrac{1}{4}$，则 $\sin(2\alpha)=$ ＿＿＿＿＿．

22. $\dfrac{3-\sin 70°}{2-\cos^2 10°}=$ ＿＿＿＿＿．

23. 函数 $y=3\sin(2x)$ 的图像向左平移 $\dfrac{\pi}{6}$ 个单位后得到的函数解析式为 ＿＿＿＿＿．

24. 函数 $y=\dfrac{1}{4}\sin\left(6x+\dfrac{\pi}{2}\right)$ 的最大值是 ＿＿＿，最小正周期是 ＿＿＿．

25. 函数 $f(x)=\sin\left(3x-\dfrac{\pi}{4}\right)$，$x\in\left[\dfrac{\pi}{2},\pi\right]$，则函数 $f(x)$ 的单调递增区间是 ＿＿＿＿＿．

26. 在△ABC中，若 $b=5$，$B=\dfrac{\pi}{4}$，$\tan A=2$，则 $\sin A=$ _____，$a=$ _____．

27. 在△ABC中，已知 $a=4$，$b=5$，$c=7$，则△ABC是_____三角形．

28. 若函数 $y=a\sin(\omega x)$ 的最大值为 2 020，则 a 的值为_____．

29. 函数 $y=\sin x-\cos x$ 的最大值和最小值分别是_____、_____．

30. 已知函数 $y=A\sin(\omega x)$（$A>0$ 且 $\omega>0$）的图像上最高点的纵坐标为 4，最小正周期为 4π，则函数的解析式为_____．

三、解答题(本大题共7个小题，共45分)

31. (6分)计算：$\tan 75°+\tan 15°$．

32. (6分)已知 $\cos\alpha=\dfrac{\sqrt{5}}{5}$，$\cos\beta=\dfrac{\sqrt{10}}{10}$，且 α，β 均为锐角，求 $\alpha+\beta$ 的值．

33. (6分)证明恒等式：$\dfrac{\sin(2\theta)+\sin\theta}{2\cos(2\theta)+2\sin^2\theta+\cos\theta}=\tan\theta$．

34. (6分)已知 $\tan\alpha$，$\tan\beta$ 是方程 $x^2+6x+7=0$ 的两个根，求 $\tan(\alpha+\beta)$ 的值．

35. (7分)函数 $f(x)=2\sin(\omega x+\varphi)\left(\omega>0,|\varphi|<\dfrac{\pi}{2}\right)$ 的最小正周期为 π，且

$P\left(\dfrac{\pi}{6}, 2\right)$ 是该函数图像的一个最高点．

(1) 求函数 $f(x)$ 的解析式；

(2) 若 $x \in \left[-\dfrac{\pi}{2}, 0\right]$，求函数 $y = f(x)$ 的值域．

36. (7 分) 在 $\triangle ABC$ 中，$A = 30°$，$a = 15\sqrt{2}$，$b = 30$，求角 B．

37. (7 分) 在 $\triangle ABC$ 中，$a = 6$，$b = 7$，$c = 10$，求 $\triangle ABC$ 的最大角和最小角(精确到 $1°$)．

单元测试题 B 卷

（满分 120 分，时间 120 分钟）

一、选择题(本大题共 15 个小题，每小题 3 分，共 45 分)

1. 计算 $\cos 105° \cos 45° + \sin 105° \sin 45°$ 的结果为(　　)．

   A. $\dfrac{1}{2}$　　　　B. $-\dfrac{1}{2}$　　　　C. $\dfrac{\sqrt{3}}{2}$　　　　D. $-\dfrac{\sqrt{3}}{2}$

2. 计算 $\sin \dfrac{31\pi}{6} \cos \dfrac{8\pi}{3} - \cos \dfrac{31\pi}{6} \sin \dfrac{8\pi}{3}$ 的结果为(　　)．

   A. 0　　　　B. $\dfrac{1}{2}$　　　　C. $\dfrac{\sqrt{3}}{2}$　　　　D. 1

3. 若 $\sin\alpha=\dfrac{1}{3}$，且角 α 是第二象限角，则 $\sin(2\alpha)$ 的值为（　　）.

  A. $\dfrac{4\sqrt{2}}{9}$ B. $-\dfrac{4\sqrt{2}}{9}$ C. $\dfrac{2\sqrt{2}}{9}$ D. $-\dfrac{2\sqrt{2}}{9}$

4. 若 $\sin(\alpha+\beta)\cos\alpha-\cos(\alpha+\beta)\sin\alpha=\dfrac{12}{13}$，且角 β 是第二象限角，则 $\tan\beta$ 的值为（　　）.

  A. $-\dfrac{5}{12}$ B. $\dfrac{5}{12}$ C. $-\dfrac{12}{5}$ D. $\dfrac{12}{5}$

5. 已知 $\cos\beta=\dfrac{3}{5}$，且 $\tan\beta<0$，则 $\sin\left(\dfrac{\pi}{4}+\beta\right)$ 的值为（　　）.

  A. $\dfrac{7\sqrt{2}}{10}$ B. $-\dfrac{7\sqrt{2}}{10}$ C. $\dfrac{\sqrt{2}}{10}$ D. $-\dfrac{\sqrt{2}}{10}$

6. 化简 $\sin\left(\dfrac{8\pi}{3}+\theta\right)\cos\left(\dfrac{4\pi}{3}+\theta\right)-\cos\left(\dfrac{8\pi}{3}+\theta\right)\sin\left(\dfrac{4\pi}{3}+\theta\right)$ 的结果为（　　）.

  A. $\sin(2\theta)$ B. $\cos(2\theta)$ C. $-\dfrac{1}{2}$ D. $-\dfrac{\sqrt{3}}{2}$

7. 已知 $\cos(\alpha+\beta)=\dfrac{4}{5}$，$\cos(\alpha-\beta)=\dfrac{3}{5}$，则 $\sin\alpha\sin\beta$ 的值为（　　）.

  A. $\dfrac{1}{10}$ B. $-\dfrac{1}{10}$ C. $\dfrac{7}{10}$ D. $-\dfrac{7}{10}$

8. 若 $\cos(2\alpha)=\dfrac{7}{25}$，且角 $\alpha\in\left(\dfrac{\pi}{2},\pi\right)$，则 $\sin\alpha$ 的值为（　　）.

  A. $\dfrac{9}{25}$ B. $\dfrac{12}{25}$ C. $\dfrac{3}{5}$ D. $\dfrac{4}{5}$

9. 函数 $y=2\sin\left(\omega x+\dfrac{\pi}{3}\right)$ 的最小正周期为 $\dfrac{\pi}{2}$，则 ω 的值为（　　）.

  A. 1   B. 2   C. 4   D. 6

10. 函数 $y=2\sin(3x+\varphi)\left(0<|\varphi|<\dfrac{\pi}{2}\right)$ 的图像经过点 $(0,\sqrt{3})$，则实数 φ 的值为（　　）.

  A. $\dfrac{\pi}{6}$ B. $\dfrac{\pi}{3}$ C. $-\dfrac{\pi}{6}$ D. $-\dfrac{\pi}{3}$

11. 将函数 $y=2\sin x$ 的图像上各点的横坐标缩短到原来的 $\dfrac{1}{2}$，再把图像向左平移 $\dfrac{\pi}{6}$ 个单位，所得函数图像的解析式为（　　）.

  A. $y=2\sin\left(2x+\dfrac{\pi}{3}\right)$ B. $y=2\sin\left(3x-\dfrac{\pi}{3}\right)$

  C. $y=2\sin\left(\dfrac{x}{2}+\dfrac{\pi}{12}\right)$ D. $y=2\sin\left(\dfrac{x}{2}-\dfrac{\pi}{12}\right)$

12. 已知△ABC中，角A、B、C所对的边分别为a，b，c，若a=2，b=4，C=60°，则c为（　　）.

   A. $2\sqrt{7}$　　　B. $2\sqrt{3}$　　　C. 12　　　D. 7

13. 已知△ABC中，角A、B、C所对的边分别为a，b，c，若a=6，b=4，A=60°，则sin B为（　　）.

   A. $\dfrac{\sqrt{3}}{3}$　　B. $-\dfrac{\sqrt{3}}{3}$　　C. $\dfrac{\sqrt{2}}{3}$　　D. $-\dfrac{\sqrt{2}}{3}$

14. 已知△ABC中，角A、B、C所对的边分别为a，b，c，若$a=2\sqrt{2}$，A=45°，B=105°，则△ABC的面积为（　　）.

   A. $\sqrt{6}$　　B. $\sqrt{3}$　　C. $\sqrt{6}+2$　　D. $\sqrt{3}+1$

15. 学校体育馆的人字屋架为等腰三角形，如图所示，测得AC的长度为4 m，∠A=30°，则其跨度AB的长为（　　）.

   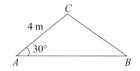

   A. 12 m　　　B. 8 m

   C. $3\sqrt{3}$ m　　D. $4\sqrt{3}$ m

二、填空题（本大题共15个小题，每小题2分，共30分）

16. 化简 $\cos(20°-\alpha)\cos(25°+\alpha)-\sin(20°-\alpha)\sin(25°+\alpha)=$ _____ .

17. 化简 $\sin(25°-\beta)\cos(55°-\beta)-\cos(25°-\beta)\sin(55°-\beta)=$ _____ .

18. 计算 $\dfrac{1+\tan\dfrac{\pi}{12}}{1-\tan\dfrac{\pi}{12}}=$ _____ .

19. 若$\tan\alpha$，$\tan\beta$是方程$x^2-3x+2=0$的两个根，则$\tan(\alpha+\beta)$的值为 _____ .

20. 化简 $\dfrac{\sin(2x)}{2\sin x\cos x}=$ _____ ，

21. 化简 $1-\cos(2x)+2\cos^2 x=$ _____ .

22. 若$\tan(\alpha+\beta)=3$，$\tan(\alpha-\beta)=2$，则$\dfrac{\tan(2\alpha)}{\tan(2\beta)}=$ _____ .

23. 函数$f(x)=5\sin\left(\dfrac{x}{2}+\dfrac{\pi}{3}\right)$的周期是 _____ .

24. 将函数$y=\sin\left(2x+\dfrac{\pi}{3}\right)$的图像向右平移$\dfrac{\pi}{3}$个单位，得到函数图像对应的解析式为 _____ .

25. 在△ABC中，$a=3$，$b=2$，∠C=60°，则$c=$ _____ .

26. 在△ABC中，若$a^2-c^2=bc+b^2$，则∠A= _____ .

27. 在△ABC中，已知$a=\sqrt{2}$，$c=2$，∠A=30°，则∠C= _____ .

28. 在△ABC中，已知$a=8$，B=60°，A=45°，则$b=$ _____ .

29. 在△ABC中，$B=\dfrac{2\pi}{3}$，$a=4\sqrt{3}$，$b=12$，则△ABC的面积是_____．

30. 在△ABC中，已知$a=6$，$b=3\sqrt{2}$，当三角形的面积最大时，$\angle C=$_____．

三、解答题(本大题共7个小题，共45分)

31. (6分)在△ABC中，若$\sin A\sin B<\cos A\cos B$，判断△ABC的形状．

32. (6分)已知$\sin\alpha=\dfrac{4}{5}$，$\cos(\alpha+\beta)=-\dfrac{5}{13}$，$\alpha$、$\beta$都是锐角，求$\cos\beta$．

33. (6分)已知角θ的终边落在直线$y=2x$上，求$\dfrac{\sin(2\theta)}{\sin^2\theta+2\cos^2\theta}$的值．

34. (6分)已知函数$f(x)=2\sin\left(3x-\dfrac{\pi}{4}\right)+1$．求：

(1)函数$f(x)$的最小正周期；

(2)函数$f(x)$取最值时的值．

35. (7分)已知锐角△ABC中，角A、B、C所对的边分别为a，b，c，$a=2b\sin A$．
(1)求$\cos B$；
(2)若$a=10\sqrt{2}$，$c=6\sqrt{6}$，求b．

36.（7分）在△ABC中，$\cos A = \dfrac{\sqrt{5}}{5}$，$\cos B = \dfrac{\sqrt{10}}{10}$．求：

(1) 角C；

(2) 设 $AB = \sqrt{2}$，求△ABC的面积．

37.（7分）如图所示，A 与 B 两点间有小山和小河，在河岸 A 侧选择一点 C，使 $AC = 180$ m，再在 AC 上取一点 D，使 $CD = 60$ m，$\angle ACB = 45°$，$\angle ADB = 60°$，求 AB 的长．

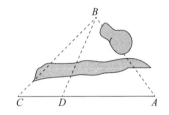

第 2 章

数 列

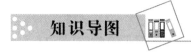

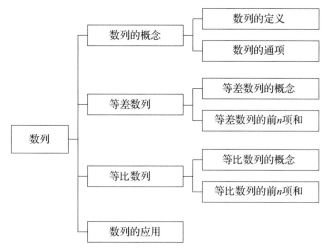

【学习目标导航】

1. 通过观察一列数的数字规律,理解数列的定义.
2. 理解数列的项的定义,能根据数列的规律写出数列的任意一项.
3. 能根据项数了解数列的分类.
4. 理解数列的通项和通项公式的含义,能用函数的观点认识数列.
5. 了解数列的通项公式,会根据数列的通项公式写出数列的任意一项.
6. 了解递推公式是给出数列的一种方法,会由递推公式写出数列的前几项.
7. 掌握数列的前 n 项和 S_n 与通项公式 a_n 的关系.
8. 掌握等差、等比数列的概念,会判断一个数列是否是等差、等比数列.
9. 掌握等差、等比数列的通项公式,能根据通项公式求出数列的任意项.
10. 掌握等差、等比中项的概念,会求两个数的等差、等比中项.
11. 理解等差、等比数列的性质,能应用性质解决等差、等比数列的相关问题.

12. 了解等差、等比数列前 n 项和公式的推导方法，掌握等差、等比数列的前 n 项和公式．

13. 会应用求和公式求等差、等比数列的前 n 项和．

14. 会用等差数列和等差中项的定义、通项公式以及前 n 项公式解决简单的问题．

15. 能灵活运用等比数列和等比中项的定义、通项公式以及前 n 项和公式解决实际问题．

2.1 数列的概念

2.1.1 数列的定义

【知识要点预习】

1. 按＿＿＿＿＿＿排列的一列数，称为**数列**．在数列中的每一个数称为这个数列的＿＿＿＿＿＿，各项依次称为这个数列的第 1 项（或首项）、第 2 项，…，第 n 项．

2. 组成数列的数的个数称为数列的＿＿＿＿＿＿．其中，项数有限的数列称为＿＿＿＿＿＿；项数无限的数列称为＿＿＿＿＿＿．有穷数列的最后一项一般也称为这个数列的＿＿＿＿＿＿．

【知识要点梳理】

一、数列的概念

1. 按一定次序排列的一列数，称为数列．在数列中的每一个数称为这个数列的项．

2. 在数列中的每一个数称为这个数列的项．各项依次称为这个数列的第 1 项（或首项），第 2 项，…，第 n 项．

二、数列的分类

1. 组成数列的数的个数称为数列的项数．项数有限的数列称为有穷数列；项数无限的数列称为无穷数列．

2. 有穷数列的最后一项一般也称为这个数列的末项．

【知识盲点提示】

1. 一个数列的"数"是有顺序的．

2. 在数列中，只要项的序号确定了，这一项就确定了．

【课堂基础训练】

一、选择题

1. 已知数列 2，4，6，8，10，…，则第 20 项为（　　）．
 A. 20　　　　　B. 30　　　　　C. 40　　　　　D. 50

2. 已知数列 2，4，8，16，32，…，则第 10 项为（　　）．

A. 512 B. 1 024 C. 2 048 D. 4 096

3. 已知数列 2，6，12，20，30，…，则第 19 项为（　　）．

A. 380 B. 400 C. 420 D. 441

二、填空题

4. 已知数列 $\dfrac{1}{1\times 2}$，$\dfrac{1}{2\times 3}$，$\dfrac{1}{3\times 4}$，…，$\dfrac{1}{n\times(n+1)}$，…，则第 9 项为_____．

5. 已知数列 0，2，4，…，$2n-2$，…，则第 11 项为_____．

三、解答题

6. 已知数列 1，2，3，4，5 与数列 5，4，3，2，1，这两个数列是否为同一数列？

【课堂拓展训练】

一、选择题

1. 已知数列 1，2，$\sqrt{7}$，$\sqrt{10}$，…，则 $\sqrt{22}$ 是这个数列的（　　）．

A. 第 7 项 B. 第 8 项 C. 第 9 项 D. 第 10 项

2. 已知数列 $\dfrac{1}{2}$，$\dfrac{2}{3}$，$\dfrac{4}{5}$，$\dfrac{5}{6}$，…共有 20 项，则这个数列的末项为（　　）．

A. $\dfrac{18}{19}$ B. $\dfrac{20}{21}$ C. $\dfrac{21}{22}$ D. $\dfrac{22}{23}$

3. 已知数列 -1，1，-1，1，…，则这个数列的前 10 项之和为（　　）．

A. -1 B. 0 C. 1 D. 不能确定

二、填空题

4. 已知数列 1，-2，3，-4，…，则第 10 项为_____．

5. 已知数列 2，2，2，2，…，则第 100 项为_____．

三、解答题

6. 已知数列 0，3，6，9，…，$3n-3$，…．

(1) 求出数列的第 8 项；

(2) 98 是这个数列的项吗？如果是，是第几项？如果不是，说明理由．

2.1.2 数列的通项

【知识要点预习】

1. 数列从第1项开始，每一项都与_____对应，所以数列的一般形式可以写成

$$a_1, a_2, a_3, \cdots, a_n, \cdots$$

其中，a_n 是数列的第 n 项，称为**数列**的_____，n 称为 a_n 的序号（$n \in \mathbf{N}_+$），并且整个数列可记作 $\{a_n\}$.

2. 如果数列 $\{a_n\}$ 中，a_n 与 n（$n \in \mathbf{N}_+$）之间的关系可用 $a_n = f(n)$ 来表示，那么这个关系式称为数列的_____．其中 n 的所有取值是正整数集的一个子集．

3. 如果数列通项的定义域是_____，定义域通常略去不写．如果已知一个数列的通项公式，则可依次用限定的正整数 1，2，3，$\cdots$ 去代替公式中的 n，从而求出数列中的各项．

4. 除通项公式外，也可由_____求数列的项．如果给出数列的第一项或前几项，由数列的递推公式同样给出整个数列，它是给出数列的另一种方法．

5. 如果数列的前 n 项和用 S_n 来表示，那么 $S_n = a_1 + a_2 + a_3 + \cdots + a_{n-1} + a_n$. S_n 与 a_n 的关系是：$a_n = $ _____（$n > 1$）．

【知识要点梳理】

1. 数列从第1项开始，每一项都与正整数对应，数列的一般形式可以写成：a_1，a_2，a_3，$\cdots$，a_n，$\cdots$，其中 a_n 是数列的第 n 项，称为数列的通项，n 称为 a_n 的序号（$n \in \mathbf{N}_+$），并且整个数列可记作 $\{a_n\}$.

2. 如果数列 $\{a_n\}$ 中，a_n 与 n（$n \in \mathbf{N}_+$）之间的关系可用 $a_n = f(n)$ 来表示，那么这个关系式称为数列的通项公式．

3. 如果数列通项的定义域是正整数集，定义域通常略去不写．已知数列的通项公式，用正整数去代替 n 可求出数列中的各项．

4. 如果给出数列的第一项或前几项，由数列的递推公式同样给出整个数列，它是给出数列的另一种方法．

5. 数列的前 n 项和公式 S_n 与通项 a_n 的关系是：$a_n = S_n - S_{n-1}$（$n > 1$）．

【知识盲点提示】

1. 明确数列 $\{a_n\}$ 的通项公式 $a_n = f(n)$ 是数列中项的序号 n 与项 a_n 的对应关系，其本质上就是函数．这个函数的定义域是正整数集的子集．

2. 根据数列的前几项写出数列的通项公式．注意有的数列的通项公式不唯一，有的数列没有通项公式．

3. 依据数列的通项公式可求出数列的任意项．

4. 按照各项的大小关系，数列可以分为递增数列、递减数列、常数数列、摆动数列．

【课堂基础训练】

一、选择题

1. 数列 0，2，4，6，…的通项公式是（　　）.
   A. $a_n=2(n-1)$ B. $a_n=2n$ C. $a_n=2n-4$ D. $a_n=2^n-2$

2. 数列 $\{a_n\}$ 的通项公式 $a_n=n^2-n-50$，则 -8 是数列的（　　）.
   A. 第 5 项   B. 第 6 项   C. 第 7 项   D. 非任何一项

3. 已知数列 1，$-\dfrac{1}{2}$，$\dfrac{1}{3}$，$-\dfrac{1}{4}$，…，则该数列的通项公式为（　　）.
   A. $a_n=\dfrac{1}{n}$ B. $a_n=-\dfrac{1}{n}$
   C. $a_n=\dfrac{1}{n}(-1)^n$ D. $a_n=\dfrac{1}{n}(-1)^{n+1}$

4. 已知数列 $1\dfrac{1}{2}$，$2\dfrac{2}{3}$，$3\dfrac{3}{4}$，$4\dfrac{4}{5}$，…，则该数列的通项公式为（　　）.
   A. $a_n=n\dfrac{1}{n}$ B. $a_n=n+\dfrac{n}{n+1}$ C. $a_n=\dfrac{n+1}{n}$ D. $a_n=\dfrac{n+2}{n+1}$

5. 已知数列 $\dfrac{1^2-1}{3}$，$\dfrac{2^2-1}{4}$，$\dfrac{3^2-1}{5}$，$\dfrac{4^2-1}{6}$，…，则该数列的通项公式为（　　）.
   A. $a_n=\dfrac{1}{n+2}$ B. $a_n=\dfrac{n-1}{n+2}$ C. $a_n=\dfrac{n^2-1}{n+2}$ D. $a_n=\dfrac{2n-2}{n+2}$

6. 已知数列 $\{a_n\}$ 中，$a_n=n^2-n$，下列 4 个数中，是此数列的项的是（　　）.
   A. 3   B. 4   C. 5   D. 6

7. 在数列 $\{a_n\}$ 中，$a_1=-1$，$a_{n+1}=\dfrac{1}{2}a_n$，则 a_4 的值为（　　）.
   A. $-\dfrac{1}{2}$ B. $-\dfrac{1}{4}$ C. $-\dfrac{1}{8}$ D. $-\dfrac{1}{16}$

8. 在数列 $\{a_n\}$ 中，$a_n=2n^2-n$，则 $a_{n+1}=$（　　）.
   A. $2n^2+2n$ B. $2n^2+4n$ C. $2n^2+3n+1$ D. $2n^2+3n-1$

9. 已知数列 $\{a_n\}$ 中，通项公式为 $a_n=2^{n-1}-1$，则 1 023 是这个数列的第（　　）项.
   A. 10   B. 11   C. 12   D. 13

10. 已知数列 $\{a_n\}$ 的前 n 项和 $S_n=n^2-3n+2$，则通项公式 $a_n=$（　　）.
    A. $2n-2$ B. $3n-3$
    C. $2n-4$ D. $\begin{cases}0, & n=1\\ 2n-4, & n\geq 2\end{cases}$

二、填空题

11. 已知数列 $\{a_n\}$ 的通项公式是 $a_n=\dfrac{n^2-1}{n^2+1}$，则它的第 8 项 $a_8=$ ＿＿＿＿．

12. 数列 9，99，999，9 999，…的通项公式为＿＿＿＿．

13. 数列 0，3，8，15，…的一个通项公式为_____．

14. 已知数列 $\{a_n\}$ 的通项公式是 $a_n=n(n+2)$，则它的第 7 项为_____．

15. 已知数列 $\{a_n\}$ 的通项公式为 $a_n=n^2-3$，则它的第 10 项为_____．

16. 已知数列 $\{a_n\}$ 中，$a_1=2$，$a_{n+1}=a_n+2$，则 $a_3=$_____．

三、解答题

17. 已知数列 $\{a_n\}$ 中，$a_1=1$，$a_{n+1}=\dfrac{a_n}{a_n+1}$，求 a_4．

18. 已知数列 $\{a_n\}$ 的通项公式 $a_n=5+3n$．
(1) 求 a_7；
(2) 81 是否是数列中的项？

19. 已知数列 $\{a_n\}$ 中，$a_5=128$，$a_{n+1}=2a_n$，求 a_1．

20. 已知数列 $\{a_n\}$ 的通项公式 $a_n=n^2+2n$．
(1) 求 a_{10} 的值．
(2) 360 是否是数列中的项？如果是，是第几项？如果不是，说明理由．

【课堂拓展训练】

一、填空题

1. 已知数列 $1, -\frac{1}{2}, \frac{1}{3}, -\frac{1}{4}, \cdots$，则它的第 20 项是 _____.
2. 已知数列 $\{a_n\}$ 中，$a_1=2$，$a_{n+1}=3a_n+1$，则 $a_4=$ _____.
3. 已知数列 $\{a_n\}$ 的通项公式是 $a_n=n^2-16n$，则数列中最小的数为 _____.
4. 已知数列 $\{a_n\}$ 的通项公式是 $a_n=n^2+n+1$，则 133 是数列的第 _____ 项.
5. 数列 $1, -1, 1, -1, \cdots$ 的一个通项公式是 _____.
6. 数列 $3, 33, 333, 3\,333, \cdots$ 的一个通项公式是 _____.

二、解答题

7. 已知数列 $\{a_n\}$ 的前 n 项和 $S_n=n^2+n$，求 a_5 的值.

8. 已知数列 $\{a_n\}$ 中，$a_n=kn+b$（k,b 是不为 0 的常数），且 $a_1=2$，$a_2=6$，求该数列的第 6 项.

9. 已知数列 $\{a_n\}$ 的前 n 项和 $S_n=n^2+n$，求它的通项公式.

10. 某同学在技能训练时，设计了一个利用计算机进行数字变换的游戏：只要游戏者输入任意三个数 a_1, a_2, a_3，计算机就会按照规则：$a_1+2a_2-a_3$，a_2+3a_3，$5a_3$ 进行处理并输出相应的三个数. 若游戏者输入三个数后，计算机输出了 29，50，55 三个数，则输入的三个数依次是多少？

2.2 等差数列

2.2.1 等差数列的概念

【知识要点预习】

1. 一般地，如果一个数列从第_____项起，每一项与它的_____之差都等于_____，则这个数列称为**等差数列**，这个_____称为等差数列的_____，公差通常用字母 d 来表示．

2. 公差为 0 的等差数列称为_____．

3. 首项为 a_1，公差为 d 的等差数列 $\{a_n\}$ 的通项公式可表示为 $a_n=$_____．

4. 一般地，如果 a，A，b 成等差数列，那么 A 称为 a 与 b 的**等差中项**，则 $A-a=b-A$，即_____或_____．

5. 在一个等差中项中，从第_____项起，每一项（有穷等差数列的末项除外）都是它的前一项与后一项的等差中项．

【知识要点梳理】

1. 一般地，如果一个数列从第 2 项起每一项与它的前一项之差都等于同一个常数，则这个数列称为等差数列，这个常数列称为等差数列的公差，公差通常用字母 d 来表示．公差为 0 的等差数列称为常数列．

2. 首项为 a_1，公差为 d 的等差数列 $\{a_n\}$ 的通项公式可表示为 $a_n=a_1+(n-1)d$．

3. 在等差数列的通项公式 $a_n=a_1+(n-1)d$ 中，共有 4 个变量，知道其中三个，可以求出第四个．

4. 一般地，如果 a，A，b 成等差数列，那么 A 称为 a 与 b 的等差中项，则 $A-a=b-A$，即 $A=\dfrac{a+b}{2}$ 或 $2A=a+b$．

5. 一个等差数列中，从第 2 项起，每一项（有穷等差数列的末项除外）都是它的前一项与后一项的等差中项．

6. 等差数列的主要性质．

(1) 等差数列中，$a_m-a_n=(m-n)d$ 或 $d=\dfrac{a_m-a_n}{m-n}$．

(2) 等差数列中，若 $m+n=s+t$，则 $a_m+a_n=a_s+a_t$．

【知识盲点提示】

1. 等差数列的通项 a_n 是关于 n 的一元一次函数（$a_n=kn+b$）．

2. 判断一个数列是等差数列的方法．

(1)利用等差数列的定义：$a_{n+1}-a_n=d$（d 为常数）.

(2)利用通项公式：$a_n=kn+b$.

3. 三个数成等比数列一般可设为 $a-d$，a，$a+d$.

4. 应用等差数列的性质解决问题比较方便.

【课堂基础训练】

一、选择题

1. 在等差数列 $\{a_n\}$ 中 $a_1=20$，$a_{27}=72$，则数列的公差 d 为（　　）.
   A. 1　　　　　B. 2　　　　　C. 3　　　　　D. 4

2. 在等差数列 $\{a_n\}$ 中，$a_1=1$，$a_3=5$，则 $a_{10}=$（　　）.
   A. 19　　　　B. 21　　　　C. 37　　　　D. 41

3. 在等差数列 $\{a_n\}$ 中，$a_4=10$，$a_{11}=31$，则 $a_1=$（　　）.
   A. 1　　　　　B. 2　　　　　C. 3　　　　　D. 4

4. 已知等差数列 $\{a_n\}$ 中，$a_1=1$，$a_n=a_{n+1}-2$，则数列的通项公式为（　　）.
   A. $a_n=n$　　B. $a_n=n+1$　　C. $a_n=2n-1$　　D. $a_n=2n+1$

5. 若 $\dfrac{1}{2}$ 与 x 的等差中项为 5，则 $x=$（　　）
   A. $\dfrac{9}{2}$　　B. $-\dfrac{9}{2}$　　C. $\dfrac{19}{2}$　　D. $-\dfrac{19}{2}$

6. 在 2 和 16 之间插入三个数 a，b，c 使 2，a，b，c，16 成等差数列，则 b 的值为（　　）.
   A. 7　　　　　B. 8　　　　　C. 9　　　　　D. 10

7. 已知等差数列 $\{a_n\}$ 中，$a_3=1$，$a_6=7$，则 $a_9=$（　　）.
   A. 11　　　　B. 12　　　　C. 13　　　　D. 14

8. 已知等差数列 $\{a_n\}$ 中，$a_n=5n-80$，则数列前（　　）项和取得最小值.
   A. 14　　　　B. 15　　　　C. 16　　　　D. 15 或 16

9. 已知等差数列 $\{a_n\}$ 中，$a_1=-24$，且从第 10 项开始大于 0，则公差 d 的取值范围是（　　）.
   A. $\left[\dfrac{8}{3},+\infty\right)$　　B. $\left[\dfrac{8}{3},3\right)$　　C. $(-\infty,3)$　　D. $\left(\dfrac{8}{3},3\right]$

10. $2b=a+c$ 是 a，b，c 成等差数列的（　　）.
    A. 充分条件　　　　　　　　　B. 必要条件
    C. 充要条件　　　　　　　　　D. 既不充分也不必要条件

二、填空题

11. 等差数列 3，8，13，… 的公差 $d=$ _____ .

12. 两数 $\sqrt{3}+1$ 和 $1-\sqrt{3}$ 的等差中项为 _____ .

13. 已知 $a-1$，$a+1$，$2a+3$ 成等差数列，则 $a=$ _____ .

14. 等差数列 $\{a_n\}$ 中，$a_1=1$，$d=3$，$a_n=298$，则 $n=$ _____ .

15. 已知等差数列 $\{a_n\}$ 中，$a_4=18$，$a_{11}=32$，则 $a_{18}=$ _____ ．

16. 等差数列 -7，-4，-1，2，$\cdots$ 的第 _____ 项是 20．

17. 已知 x_1 和 x_2 是方程 $x^2-4x+2=0$ 的两个根，则 x_1 和 x_2 的等差中项为 _____ ．

三、解答题

18. 已知数列 $\{a_n\}$ 中 $a_1=-2$，$a_n=a_{n+1}-2$．
（1）求该数列的通项公式．
（2）证明该数列是等差数列．

19. 已知三个数成等差数列，它们的和等于 9，平方和等于 35，求这三个数．

20. 已知等差数列 $\{a_n\}$ 中，a_1 和 a_2 是方程 $x^2-a_3x+a_4=0$ 的两个根，且 $d\neq 0$，求数列 $\{a_n\}$ 通项公式．

【课堂拓展训练】

一、填空题

1. 若 -3，a，b，9 成等差数列，则 $a=$ _____，$b=$ _____．

2. 等差数列 $\{a_n\}$ 中，$a_2=6$，$a_3+a_4=21$，则 $a_1+a_5=$ _____．

3. 已知等差数列 $\{a_n\}$ 中，若 $a_2+a_5+a_8=40$，$a_4+a_7+a_{10}=60$，则 $a_3+a_6+a_9=$ _____．

4. 已知等差数列 $\{a_n\}$ 中，$a_2+a_{10}=50$，则 $a_6=$ _____．

5. 等差数列 $\{a_n\}$ 中，$a_3+a_{11}=40$，则 $a_6+a_7+a_8=$ _____．

6. 等差数列 $a-2d$，a，$a+2d$，$\cdots$ 的通项公式为 _____．

二、解答题

7. 若等差数列 $\{a_n\}$ 的公差为 d，设 $b_n = ca_n$（c 是常数且不为 0），证明：数列 $\{b_n\}$ 是公差为 cd 的等差数列.

8. 三角形的三个内角 A，B，C 成等差数列，求 $\angle B$ 的值.

9. 已知等差数列 $\{a_n\}$ 中，a_3 和 a_8 是一元二次方程 $x^2 - 6x - 16 = 0$ 的两个根，求数列 $\{a_n\}$ 的通项公式.

10. 已知 $b_n = \log_2(a_n + 2)$，且数列 $\{b_n\}$ 为等差数列，$a_1 = 0$，$a_3 = 6$. 求数列 $\{b_n\}$ 的通项公式.

2.2.2 等差数列的前 n 项和

【知识要点预习】

1. 一般地，若一个等差数列 $\{a_n\}$ 的前 n 项和记作 _____，即 $S_n = a_1 + a_2 + a_3 + \cdots + a_{n-1} + a_n$；也可表示为 $S_n = a_n + a_{n-1} + \cdots + a_3 + a_2 + a_1$. 两式两边对应相加，依据等差数列的性质可得，$2S_n = (a_1 + a_n) + (a_2 + a_{n-1}) + \cdots$，可以得到等差数列的前 n 项和公式 _____. 依据 $a_n = a_1 + (n-1)d$，等差数列的前 n 项和公式又可写成 _____.

2. 等差数列的两个前 n 项和公式中，都包含_____个变量，只要知道其中三个，就可以求出第四个．

【知识要点梳理】

1. 在等差数列 $\{a_n\}$ 中，已知首项 a_1 和第 n 项 a_n，则前 n 项和的求和公式为 $S_n = \dfrac{n(a_1+a_n)}{2}$．

2. 在等差数列 $\{a_n\}$ 中，已知首项 a_1 和公差 d，则前 n 项和的求和公式为 $S_n = na_1 + \dfrac{n(n-1)}{2}d$．

3. 公差 $d=0$ 时，$S_n = na_1$．

4. 等差数列 $\{a_n\}$ 的两个前 n 项和公式中，都包含 4 个变量，知道其中三个，可以求出第四个．

【知识盲点提示】

1. 对比记忆等差数列的两个求和公式，不同的条件选取合适的求和公式．

2. 等差数列的两个求和公式中，涉及 5 个变量：a_1，a_n，d，n 和 S_n，已知其中三个，可以求出另外两个量．

3. 等差数列前 n 项和公式的特点：它是关于 n 的一元二次函数且无常数项，即 $S_n = An^2 + Bn$．

【课堂基础训练】

一、选择题

1. 已知等差数列 $\{a_n\}$ 中，$a_1=1$，$a_4=7$，则该数列的前 4 项和 S_4 等于（　　）．
   A. 32   B. 16   C. 12   D. 8

2. 等差数列 0，4，8，12，…的前 10 项之和是（　　）．
   A. 90   B. 180   C. 100   D. 200

3. 在等差数列 $\{a_n\}$ 中，$d=\dfrac{1}{3}$，$n=37$，$S_n=629$，则 $a_1=$（　　）．
   A. 11   B. 24   C. 27   D. 36

4. 在数列 $\{a_n\}$ 中，$a_1=-1$，$a_{n+1}=a_n+2$，则数列 $\{a_n\}$ 的前 6 项和是（　　）．
   A. -24 B. 24   C. -36 D. 36

5. 在等差数列 $\{a_n\}$ 中，$a_3=1$，$a_8=26$，则它的前 6 项和等于（　　）．
   A. 21   B. 35   C. -21 D. -35

6. 在等差数列 $\{a_n\}$ 中，$a_1=2$，$a_3+a_{12}=17$，则 $a_4+a_5+a_6+a_7+a_8+a_9=$（　　）．
   A. 40   B. 17   C. 18   D. 45

7. 等差数列 $\{a_n\}$ 中，$a_3+a_8=15$，那么该数列的前 10 项和 S_{10} 等于（　　）．
   A. 15   B. 25   C. 75   D. 125

8. 在等差数列 $\{a_n\}$ 中，$a_3+a_4+a_5+a_6+a_7=450$，则该数列的前 9 项和 S_9 等于（　　）．

A. 540　　　　　B. 750　　　　　C. 810　　　　　D. 900

9. 在等差数列$\{a_n\}$中，$a_n=5-2n$，则该数列的前 8 项和 S_8 等于(　　).

   A. 32　　　　　B. -32　　　　C. 64　　　　　D. -64

10. 在等差数列$\{a_n\}$中，数列的前 n 项和 $S_n=n(n+1)$，则该数列的通项公式 a_n 等于(　　).

    A. $a_n=-2n$　　B. $a_n=2n$　　C. $a_n=2n-2$　　D. $a_n=2n+2$

二、填空题

11. 在等差数列$\{a_n\}$中，$d=-2$，$a_1=1$，$S_n=-8$，则 $n=$ _____ .

12. 在等差数列$\{a_n\}$中，$a_1+a_7=10$，则数列的前 7 项和 S_7 等于 _____ .

13. 在等差数列$\{a_n\}$中，$a_5=10$，$d=2$，则数列的前 9 项和 S_9 等于 _____ .

14. 在等差数列$\{a_n\}$中，$a_n=3n-2$，则该数列的前 20 项和 $S_{20}=$ _____ .

15. 在等差数列$\{a_n\}$中，$a_6+a_9+a_{12}+a_{15}=40$，则它的前 20 项和 $S_{20}=$ _____ .

16. 在等差数列$\{a_n\}$中，$a_9=-5$，则数列的前 17 项和 $S_{17}=$ _____ .

三、解答题

17. 等差数列$\{a_n\}$中，$a_6=5$，$a_3+a_8=5$，求数列$\{a_n\}$的前 9 项和 S_9.

18. 等差数列 -10，-6，-2，2，$\cdots$，前多少项的和是 54?

19. 求正整数列中前 100 个偶数的和.

20. 已知数列$\{a_n\}$的前 n 项和 $S_n=n(n-1)$.

    (1) 求这个数列$\{a_n\}$的通项公式；

    (2) 证明该数列$\{a_n\}$是等差数列.

【课堂拓展训练】

一、填空题

1. 在等差数列 $\{a_n\}$ 中，若 $a_1=1$，$S_{100}=200$，则 $a_{100}=$ _____．

2. 在等差数列 $\{a_n\}$ 中，若 $a_1+a_2=20$，$a_5+a_6=40$，则 $S_6=$ _____．

3. 在等差数列 $\{a_n\}$ 中，$a_1+a_2=20$，$a_n+a_{n-1}=42$，且前 n 项和 $S_n=155$，则 n 的值为 _____．

4. 等差数列 $\{a_n\}$ 中，$d=\dfrac{1}{2}$，$a_1+a_3+a_5+\cdots+a_{99}=60$，则 $a_1+a_2+a_3+\cdots+a_{100}=$ _____．

5. 已知 $\lg x+\lg x^2+\lg x^3+\cdots+\lg x^n=\dfrac{n(n+1)}{2}$，则 x 的值为 _____．

6. 若 $f(x)=2x$，则 $f(1)+f(2)+f(3)+\cdots+f(100)=$ _____．

二、解答题

7. 在等差数列 $\{a_n\}$ 中，前 15 项的和 $S_{15}=90$，求第 8 项 a_8 的值．

8. 在等差数列 $\{a_n\}$ 中，$a_4=1$，前 6 项的和 $S_6=15$，求公差 d．

9. 在等差数列 $\{a_n\}$ 中，$a_2=-15$，$a_6=-7$．
(1) 求数列 $\{a_n\}$ 的通项公式．
(2) 求数列 $\{a_n\}$ 的前 n 项和的最小值．

10. 在等差数列 $\{a_n\}$ 中，公差为正数，若 a_2 和 a_6 是方程 $x^2+18x+45=0$ 的两个根，求 a_n 和 S_n 的值．

2.3 等比数列

2.3.1 等比数列的概念

【知识要点预习】

1. 一般地，如果一个数列从第_____项起，每一项与它前一项的比都等于_____，则这个数列称为等比数列，这个_____称为等比数列的公比，公比通常用字母 q 来表示.

2. 首项为 a_1，公比为 $q(q\neq 0)$ 的等比数列 $\{a_n\}$ 的通项公式是 $a_n=$_____.

3. 一般地，如果 a，G，b 成等比数列，则 G 称为 a 与 b 的_____. 如果 G 是 a 与 b 的等比中项，那么 $\dfrac{G}{a}=\dfrac{b}{G}$，则_____，即_____.

4. 一个等比数列从第 2 项起，每一项（有穷等比数列的末项除外）是它的前一项与后一项的_____.

【知识要点梳理】

1. 一般地，如果一个数列从第 2 项起每一项与它的前一项的比都等于同一个常数，则这个数列称为等比数列，这个常数称为等比数列的公比，公比通常用字母 q 来表示. 公比为 1 的等比数列称为常数列.

2. 首项为 a_1，公比为 q 的等比数列 $\{a_n\}$ 的通项公式为 $a_n=a_1q^{n-1}$. 其中，a_1 和 q 均不为 0.

2. 在等比数列的通项公式 $a_n=a_1q^{n-1}$ 中，共有 4 个变量，知道其中三个，可以求出第四个.

4. 一般地，如果 a，G，b 成等比数列，那么 G 称为 a 与 b 的等比中项，则 $\dfrac{G}{a}=\dfrac{b}{G}$，则 $G^2=ab$，即 $G=\pm\sqrt{ab}$.

5. 一个等比数列从第 2 项起，每一项（有穷等比数列的末项除外）都是它的前一项与后一项的等比中项.

6. 等比数列的主要性质：

(1) 等比数列中，$\dfrac{a_m}{a_n}=q^{m-n}$.

(2) 等比数列中，若 $m+n=s+t$，则 $a_ma_n=a_sa_t$.

【知识盲点提示】

1. 重视与等差数列的对比，用类比的方法学习等比数列.

2. 等比数列的通项公式是解决等比数列问题的基础，需注意等比数列的公比和各项都不会等于 0.

3. 判断一个数列是等比数列,利用等比数列的定义:$\dfrac{a_{n+1}}{a_n}=q$(q 为常数).

4. 三个数成等比数列时常设为 $\dfrac{a}{q}$,a,aq.

【课堂基础训练】

一、选择题

1. 在等比数列 $\{a_n\}$ 中,$a_1=2$,$a_3=4$,则公比 $q=$(　　).

   A. 2　　　　　　B. $\sqrt{2}$　　　　　　C. $\pm\sqrt{2}$　　　　　　D. ± 2

2. 在等比数列 $\{a_n\}$ 中,$a_1=128$,公比 $q=\dfrac{1}{2}$,$a_n=\dfrac{1}{16}$,则 $n=$(　　).

   A. 10　　　　　　B. 11　　　　　　C. 12　　　　　　D. 13

3. 在等比数列 $\{a_n\}$ 中,$a_3 a_4=18$,且公比 $q=2$,则 $a_2=$(　　).

   A. 3　　　　　　B. $\dfrac{3}{2}$　　　　　　C. $-\dfrac{3}{2}$　　　　　　D. $\pm\dfrac{3}{2}$

4. 在等比数列 $\{a_n\}$ 中,$a_n=3\times 2^n$,则首项 a_1 和公比 q 分别为(　　).

   A. 2,3　　　　　　B. 6,2　　　　　　C. 6,-2　　　　　　D. 3,2

5. $b^2=ac$ 是 a,b,c 成等比数列的(　　).

   A. 充分不必要条件　　　　　　B. 必要不充分条件
   C. 充要条件　　　　　　D. 既不充分也不必要条件

6. 若 9,a,b,243 成等比数列,则 a,b 的值分别是(　　).

   A. 27,$\sqrt{3}$　　　　　　B. 27,81　　　　　　C. $27\sqrt{3}$,81　　　　　　D. $\sqrt{3}$,27

7. 下列各数列中,既是等差数列又是等比数列的为(　　).

   A. -3,-3,-3,$\cdots$　　　　　　B. 0,0,0,$\cdots$
   C. 3,-3,3,-3,$\cdots$　　　　　　D. 2,4,8,16,$\cdots$

8. 在等比数列 $\{a_n\}$ 中,$a_2=2$,$a_5=16$,则公比 q 等于(　　).

   A. 2　　　　　　B. $\sqrt{2}$　　　　　　C. -2　　　　　　D. ± 2

9. 已知 a,b,c,d 是公比为 2 的等比数列,则 $\dfrac{2a+b}{2c+d}=$(　　).

   A. 1　　　　　　B. $\dfrac{1}{2}$　　　　　　C. $\dfrac{1}{4}$　　　　　　D. $\dfrac{1}{8}$

10. 已知等比数列 $\{a_n\}$ 的公比 $q=\dfrac{1}{3}$,则 $\dfrac{a_1+a_3+a_5+a_7}{a_2+a_4+a_6+a_8}=$(　　).

    A. 3　　　　　　B. 4　　　　　　C. -3　　　　　　D. -4

二、填空题

11. 等比数列 2,4,8,10,$\cdots$ 的公比 $q=$ _____.

12. $\dfrac{1}{64}$ 是等比数列 2,1,$\dfrac{1}{2}$,$\cdots$ 的第 _____ 项.

13. 已知等比数列 -3，9，-27，$\cdots$，则 $a_5 = $ _____．

14. 两个数 $\sqrt{3}+\sqrt{2}$ 和 $\sqrt{3}-\sqrt{2}$ 的等比中项为 _____．

15. 若 x，m，y，$3m$ 为等比数列，则 $\dfrac{x}{y}$ 的值为 _____．

16. 在等比数列 $\{a_n\}$ 中，$a_5 = -3$，$a_8 = \dfrac{1}{9}$，则首项 a_1 等于 _____．

三、解答题

17. 已知等比数列 $\{a_n\}$ 中，$a_1 + a_3 = \dfrac{5}{2}$，$a_4 + a_6 = 20$，求 a_{10}．

18. 已知数列 $\{a_n\}$ 中，通项公式为 $a_n = \dfrac{3 \times 5^n}{2}$．证明数列 $\{a_n\}$ 是等比数列．

19. 一个等比数列，前三项的和为 7，积为 8．求这个数列的前三项．

20. 已知等比数列 $\{a_n\}$ 的前三项依次为 x，$2x+2$，$3x+3$，求这个数列的第 4 项．

【课堂拓展训练】

一、填空题

1. 在等比数列 $\{a_n\}$ 中，首项为 $\dfrac{9}{8}$，末项为 $\dfrac{1}{3}$，公比为 $\dfrac{2}{3}$，则该数列共有 _____ 项．

2. 数列$\{a_n\}$是等比数列，下列等式中不成立的是_____.

① $a_3^2 = a_2 a_4$； ② $a_4^2 = a_2 a_6$； ③ $a_4^2 = a_1 a_7$； ④ $a_2^2 = a_1 a_4$.

3. 已知 a，b，c 都大于 0，且 a，b，c 既成等差数列又成等比数列，则 a，b，c 的关系式是_____.

4. 若在 9 和 100 之间插入三个数，使它们成等比数列，则公比的值为_____.

5. 已知 a，b 是方程 $x^2 - 4x + 1 = 0$ 的两个根，则 a，b 的等比中项为_____.

6. 在等比数列 $\{a_n\}$ 中，$a_2 = 2$，$a_4 = 32$，则 $a_3 = $_____.

二、解答题

7. 如果 2，x，y，z，162 成等比数列且均为正数，求 z 的值.

8. 在等比数列 $\{a_n\}$ 中，$a_1 = -1$，$a_{n+1} = -2a_n$，求 a_8 的值.

9. 在等比数列 $\{a_n\}$ 中，前三项之和等于 $\dfrac{21}{2}$，前三项之积等于 27，求数列 $\{a_n\}$ 的通项公式.

10. 已知三个正数成等比数列，如果把最小的数变为原来的 2 倍，最大数减去 5，则得到三个数顺次成公差为 -2 的等差数列，求这三个数.

2.3.2 等比数列的前 n 项和

【知识要点预习】

1. 一般地，若一个等比数列 $\{a_n\}$ 的前 n 项和记作_____，可得式①：$S_n = a_1 + a_1q + a_1q^2 + \cdots + a_1q^{n-1}$；将式①的两边分别乘以公比 q，得到②：$qS_n = a_1q + a_1q^2 + \cdots + a_1q^{n-1} + a_1q^n$；将式①的两边对应减去式②的两边，可得，$(1-q)S_n = a_1 - a_1q^n$；当 $q \neq 1$ 时，$1-q \neq 0$，上式两边同时除以 $1-q$ 可以得出等比数列的前 n 项和公式 $S_n = $ _____．因为 $a_n = a_1q^{n-1}$，所以等比数列的前 n 项和公式又可写成 $S_n = $ _____．

2. 等比数列的两个前 n 项和公式中，都包含_____个变量，只要知道其中三个，就可以求出第四个．

【知识要点梳理】

1. 在等比数列 $\{a_n\}$ 中，已知首项 a_1 和第 n 项 a_n，则 $S_n = \dfrac{a_1 - a_nq}{1-q}(q \neq 1)$．

2. 在等差数列 $\{a_n\}$ 中，已知首项 a_1 和公差 d，则 $S_n = \dfrac{a_1(1-q^n)}{1-q}(q \neq 1)$．

3. 公差 $q=1$ 时，$S_n = na_1$．

4. 等比数列 $\{a_n\}$ 的两个前 n 项和公式中，都包含 4 个变量，知道其中三个，可以求出第四个．

【知识盲点提示】

1. 等比数列中，公比不为 0，数列中的各项不为 0．
2. 对比记忆等比数列的两个求和公式，条件不同选取合适的求和公式．
3. 等比数列的两个求和公式中，涉及 5 个变量：a_1，a_n，q，n 和 S_n，已知其中三个，可以求出另外两个量．
4. 等比数列前 n 项和公式中公比 $q \neq 1$，公比不确定时，应用求和公式需要讨论．

【课堂基础训练】

一、选择题

1. 等比数列 1，2，4，… 前 10 项之和是（　　）．
   A. 63　　　　B. 1 008　　　　C. 1 023　　　　D. 1 024

2. 在等比数列 $\{a_n\}$ 中，$a_2 = -2$，$a_6 = -32$，则数列前 6 项之和 S_6 是（　　）．
   A. -63　　　B. -21　　　C. -63 或 -21　　　D. 63 或 21

3. 在等比数列 $\{a_n\}$ 中，$a_2 = 1$，$a_5 = 27$，则 $a_3 + a_4$ 的值是（　　）．
   A. 3　　　　B. 6　　　　C. 9　　　　D. 12

4. 等比数列 -1，2，-4，…，第 5 项到第 10 项之和是（　　）．
   A. $\dfrac{2\,008}{3}$　　B. $-\dfrac{2\,008}{3}$　　C. $\dfrac{2\,023}{3}$　　D. $-\dfrac{2\,023}{3}$

5. 在等比数列 $\{a_n\}$ 中，公比 $q=\dfrac{1}{2}$，前 5 项之和 $S_5=\dfrac{31}{8}$，则 $a_1=($ $)$.

　　A. 2　　　　　　B. 4　　　　　　C. 8　　　　　　D. 16

6. 已知等比数列 $\{a_n\}$ 的各项都是正数，若 $a_1=81$，$a_5=16$，则数列的前 5 项之和 S_5 等于($ $).

　　A. 198　　　　　B. 211　　　　　C. 243　　　　　D. 256

7. 在等比数列 $\{a_n\}$ 中，$a_2=2$，$a_5=16$，则数列前 6 项之和 S_6 等于($ $).

　　A. 31　　　　　　B. 63　　　　　　C. 127　　　　　D. 511

8. 在等比数列 $\{a_n\}$ 中，$a_1+a_2+a_3+a_4+a_5=3$，$a_2+a_3+a_4+a_5+a_6=15$，则 $a_3+a_4+a_5+a_6+a_7$ 的值为($ $).

　　A. 25　　　　　　B. 35　　　　　　C. 55　　　　　　D. 75

9. 在等比数列 $\{a_n\}$ 中，$a_1+a_2=4$，$a_3-a_1=8$，则公比 $q=($ $)$.

　　A. 3　　　　　　B. -1　　　　　C. 3 或 -1　　　D. $\dfrac{1}{3}$

10. 已知等比数列 $\{a_n\}$ 的前 n 项之和 $S_n=3^n+a$，则实数 a 的值为($ $).

　　A. 1　　　　　　B. -1　　　　　C. 1 或 -1　　　D. 2

二、填空题

11. 在等比数列 $\{a_n\}$ 中，$a_1=1$，$q=2$，$n=6$，则它的前 6 项和 S_6 等于 _____.

12. 在等比数列 $\{a_n\}$ 中，$a_2=10$，$a_3=20$，则它的前 5 项和 S_5 等于 _____.

13. 在等比数列 $\{a_n\}$ 中，$a_1=1$，$a_2=-2$，则 $a_6+a_7+a_8+a_9=$ _____.

14. 在等比数列 $\{a_n\}$ 中，$a_1=-1$，$a_{n+1}=-2a_n$，则它的前 8 项和 S_8 等于 _____.

15. 在等比数列 $\{a_n\}$ 中，$a_3=-32$，$a_6=-4$，则数列 $\{a_n\}$ 的前 n 项和 S_n 等于 _____.

16. 等比数列 $\{a_n\}$ 的通项公式为 $a_n=3\times 2^n$，则数列的求和公式为 _____.

三、解答题

17. 已知等比数列 $\{a_n\}$ 的前 n 项和 $S_n=3^n-1$.

(1) 求数列的通项公式；

(2) 求证：数列 $\{a_n\}$ 是等比数列.

18. 在等比数列 $\{a_n\}$ 中，$a_3=\dfrac{3}{2}$，数列 $\{a_n\}$ 的前 3 项和 $S_3=\dfrac{9}{2}$，求公比 q.

19. 在等比数列 $\{a_n\}$ 中，数列 $\{a_n\}$ 的前 n 项和记为 S_n，若 $S_3=4$，$S_6=32$，求 S_9.

20. 在等比数列 $\{a_n\}$ 中，$a_1=1$，若 $4a_1$，$2a_2$，a_3 成等差数列，求这个数列前 10 项和 S_{10}.

【课堂拓展训练】

一、填空题

1. 等比数列 2，2^2，2^3，… 的前 n 项和 $S_n=$ _____.

2. 在等比数列 $\{a_n\}$ 中，若 $a_3=12$，$a_8=\dfrac{3}{8}$，则数列 $\{a_n\}$ 前 8 项和 $S_8=$ _____.

3. 在等比数列 $\{a_n\}$ 中，若 $a_2=7$，前 3 项和 $S_3=21$，则公比 $q=$ _____.

4. 已知实数 $a\neq 0$，则 $a+a^2+a^3+\cdots+a^n$ 的值为 _____.

5. 在等比数列 $\{a_n\}$ 中，若 $q=2$，前 n 项和为 S_n，则 $\dfrac{S_4}{a_2}=$ _____.

6. 在数列 $\{a_n\}$ 中，若 $a_1=3$，且 a_{n+1} 与 $\dfrac{1}{a_n}$ 是方程 $x^2-mx+2=0$ 的两个根，则数列 $\{a_n\}$ 前 3 项和 S_3 等于 _____.

二、解答题

7. 在等比数列 $\{a_n\}$ 中，$a_1=1$，$a_{n+2}+a_{n+1}-2a_n=0$，求数列 $\{a_n\}$ 的前 4 项和 S_4 的值.

8. 在等比数列 $\{a_n\}$ 中，$a_n>0$，公比 $q=5$，$\log_5 a_1+\log_5 a_2+\cdots+\log_5 a_{10}=25$，求数列 $\{a_n\}$ 的前 10 项和 S_{10} 的值.

9. 在等比数列 $\{a_n\}$ 中，$a_1+a_3=\dfrac{5}{2}$，$a_4+a_6=20$，求数列 $\{a_n\}$ 前 10 项和 S_{10}.

10. 已知等比数列 $\{a_n\}$ 的前 n 项和 S_n，且 S_1，S_3，S_2 成等差数列．
(1) 求数列 $\{a_n\}$ 的公比 q；
(2) 若 $a_1-a_3=6$，求数列 $\{a_n\}$ 的求和公式 S_n.

2.4 数列的应用

【知识要点预习】

1. _____是指经过一段时间，将所产生的利息和本金一起作为本金，再计算利息．

2. 一般地，在实际问题中若每期比上一期增长（减少）的数量相同，则每期的数量构成_____数列．

3. 一般地，在实际问题中若每期比上一期增长（减少）的百分率相同，则每期的数量构成_____数列．

【知识要点梳理】

1. 等差数列、等比数列的应用，关键是在实际问题中构造出相应的数列，然后应用数列的知识解决这些实际问题．

2. 一般地，在实际问题中若每期比上一期增长（减少）的数量相同，则每期的数量构成等差数列．

3. 一般地，在实际问题中若每期比上一期增长（减少）的百分率相同，则每期的数量构成等比数列．

【知识盲点提示】

1. 在实际生活中的问题可以转化成等差数列和等比数列解决问题．
2. 注意辨别等差数列和等比数列的应用．

3. 单利是指仅对本金计息,利息不计息的增值方式;复利是指不仅本金计息,以前各期所产生的利息也要计息的一种增值形式.

4. 复利计息的公式:本息总和=本金×(1+利率)^{存期}.

【课堂基础训练】

一、选择题

1. 某工厂去年的生产总值为 1 000 万元,在今后的 3 年中计划每年比上一年增加生产总值 10 万元.后年的生产总值将达到( )万元.
   A. 1 020   B. 1 030   C. 1 040   D. 3 000

2. 某种细菌在培养过程中,每 20 min 繁殖一次,一个繁殖成 2 个,经过 2 h,这种细菌可繁殖成( ).
   A. 32 个   B. 64 个   C. 63 个   D. 128 个

3. 某工厂去年总产值 a,计划今后 5 年内每一年比上一年增长 10%,这 5 年的最后一年该厂的总产值是( ).
   A. $1.1^4 a$ B. $1.1^5 a$ C. $1.1^6 a$ D. $(1+1.1^5)a$

4. 一个剧场,设置了 30 排座位,第一排有 40 个座位,往后每一排都比前一排多 2 个座位,这个剧场一共设置了( )个座位.
   A. 98   B. 1 200   C. 1 320   D. 2 070

5. 小张在图书馆借阅了一本 225 页的图书,若他第一天读 1 页,第二天读 3 页,以后每天比上一天多读两页,那么小张需要( )天才能读完这本书.
   A. 5   B. 10   C. 15   D. 20

6. 某工厂 1 月份的用水量为 4 000 m³,为了节约水资源,该厂实施技术创新,从而使用水量逐月减少,从 2 月份开始,每个月的用水量比上个月都减少 12%,则预计 8 月份的用水量约是( ).
   A. 1 439 m³   B. 1 635 m³   C. 1 971 m³   D. 2 134 m³

7. 某林场要在荒山上植树造林,第一年植树 15 亩,以后每年都比上一年多植树 4 亩,那么 10 年后该林场共植树造林的亩数( ).
   A. 225   B. 320   C. 330   D. 340

8. 某工厂去年 1 月份的产值为 a,若月平均增长率为 b,则今年 1 月份的产值为( ).
   A. ab B. $a(1+b)$ C. $a(1+b)^{11}$ D. $a(1+b)^{12}$

9. 某产品投放市场以来,经三次降价,单价由原来的 100 元降到 51.20 元,则该产品平均每次降价的百分率是( ).
   A. 10%   B. 20%   C. 30%   D. 40%

10. 一弹球从 100 m 高处自由落下,每次着地后又跳回原来的一半高度,则第 10 次着地时所经过的路程之和是( ) m.
    A. 199.8   B. 299.6   C. 166.9   D. 266.9

二、填空题

11. 一长跑运动员进行常规训练,他计划第一天跑 1 000 m,第二天跑 1 200 m,此后每天都比前一天多跑 200 m，则该运动员第 9 天按计划要跑_____ m．

12．某工厂去年的产值是 100 万元，计划三年后产值达到 200 万元，平均每年的增长率约为_____．

13．某人在银行存入 10 000 元现金，年利率按复利 2.25% 计算，那么 5 年后一共应该取出的本息和是_____元(保留整数)．

14．远望巍巍塔七层，红灯向下成倍增，共灯三百八十一，试问塔顶几盏灯？即最高层灯的盏数应该为_____．

15．某电子产品的成本在不断降低，若每隔 3 年价格降低 $\frac{1}{3}$，则价格为 8 100 元的计算机，9 年后的价格为_____元．

16．在制造纯净水的过程中，如果每增加一次过滤，可减少水中杂质的 20%，那么要使水中杂质减少到 5% 以下，则至少需要过滤_____次．

三、解答题

17．某企业 2019 年的年产值为 1 万元，计划今后每年比上一年的年产值增长 10%．
(1)求该企业 2024 年的产值(精确到 1 元)．
(2)该企业需要多少年能使年产值翻两番？

18．某学校合唱团参加演出，需要把 120 名演员排成 5 排，并且从第二排起，每排比前一排多 3 名，求第一排应安排多少名演员．

19．一对夫妇为了给独生子女支付将来上大学的费用，从婴儿出生之日开始，每年孩子的生日都要到银行储蓄一笔钱，设银行的储蓄利息为年息 2.25%，每年按复利计算，为使到孩子 18 岁生日时，本利和共有 10 万元，问：他们每年需存多少钱(保留整数)？

20．某城市 2013 年新建住房 400 万 m²，其中 250 万 m² 是中低价房，预计今后的若干年内,该市每年新建住房面积平均比上一年增长 8%;另外,每年新建住房中,中低价房面积比上一年增加 50 万 m²。

(1)那么到哪一年年底,该市历年所建中低价房的累计面积(以 2013 年为累计的第一年)将首次不少于 4 750 万 m²?(精确到 1 年)

(2)求 2022 年的新建住房面积.(精确到小数点后 2 位)

【课堂拓展训练】

一、填空题

1. 有一堆粗细均匀的圆木,堆成梯形,最上面的一层有 5 根圆木,每向下一层增加一根,一共堆了 28 层。最下一层有_____根.

A. 32　　　　B. 33　　　　C. 34　　　　D. 35

2. 某林场要在占地 2 000 亩的荒山上植树,第一年植树 200 亩,以后每年都比上一年多植树 100 亩,将荒山全部绿化完毕需要_____年.

3. 某件商品在销售过程中降价 10% 后,计划要恢复原价,那么这件商品应由现价提价_____.

4. 一个屋顶的某一斜面成等腰梯形,最上面的一层铺了瓦片 25 块,往下每层都比上一层多铺一块,斜面上铺了 20 层,共铺瓦片_____块.

5. 已知某地区垃圾量年增长率为 a,2001 年产生的垃圾量为 b t,则 2005 年的垃圾量为_____t.

6. 《孙子算经》是我国古代的数学名著,书中有如下问题:"今有五等诸侯,共分橘子六十颗,人别加三颗.问:五人各得几何?"其意思为:有 5 个人分 60 个橘子,他们分得的橘子成公差为 3 的等差数列,问:5 人各得多少个橘子?这个问题中,得到橘子最多的个数是_____个.

二、解答题

7. 一盛满酒精的容器中,倒出 $\dfrac{1}{3}$,然后再加满水,再倒出 $\dfrac{1}{3}$,以此类推,要使容器中酒精含量不足原来的 $\dfrac{1}{5}$,计算至少要倒出的次数.

8. 某人于 2020 年 1 月在银行存入 10 000 元，2021 年 1 月再次存入 10 000 元，此后，每年 1 月份都存入 10 000 元，设银行利率为 a，该人于 2030 年 1 月将本息和全部取出，计算本息和共多少元．

9. 某男子擅长走路，9 天共走了 1 260 里，其中第 1 天、第 4 天、第 7 天所走的路程之和为 390 里．若从第 2 天起，每天比前一天多走的路程相同，问：该男子第 5 天走多少里？

这是我国古代数学专著《九章算术》中的一个问题，请尝试解决．

10. 某职业学校的王亮同学到一家贸易公司实习，恰逢该公司要通过海运出口一批货物，王亮同学随公司负责人到保险公司洽谈货物运输期间的投保事宜，保险公司提供了缴纳保险费的两种方案：

(1) 一次性缴纳 50 万元，可享受 9 折优惠；

(2) 按照航行天数缴纳：第一天缴纳 0.5 元，从第二天起每天缴纳的金额都是其前一天的 2 倍，共需缴纳 20 天．

请通过计算，帮助王亮同学判断哪种方案缴纳的保费较低．

单元测试 A 卷

（满分 120 分，时间 120 分钟）

一、选择题（本大题共 15 个小题，每小题 3 分，共 45 分）

1. 在等差数列 3，7，11，… 中，第 5 项是（　　）．

　　A. 15　　　　　　B. 18　　　　　　C. 19　　　　　　D. 23

2. 已知等比数列 $\frac{1}{4}$，$\frac{1}{2}$，1，…，则 32 是该数列的（　　）．

   A. 第 6 项　　　　B. 第 7 项　　　　C. 第 8 项　　　　D. 第 9 项

3. 已知 2，m，8 构成等差数列，则实数 m 的值是（　　）．

   A. 4　　　　　　B. 4 或 -4　　　　C. 10　　　　　　D. 5

4. 下列命题中正确的是（　　）．

   A. 常数列一定是等差数列
   B. 常数列一定是等比数列
   C. 两个任意实数既有等差中项又有等比中项
   D. 一个数列不可能既是等差数列又是等比数列

5. 在等差数列 $\{a_n\}$ 中，若 $a_1+a_8=10$，则 $S_8=$（　　）．

   A. 40　　　　　B. 60　　　　　　C. 80　　　　　　D. 240

6. 已知等差数列 $\{a_n\}$，$a_3=5$，$a_7=13$，则该数列前 10 项的和为（　　）．

   A. 90　　　　　B. 100　　　　　　C. 110　　　　　D. 120

7. 在等比数列 $\{a_n\}$ 中，$a_2=1$，$a_4=3$，则 a_6 的值是（　　）．

   A. -5　　　　　B. 5　　　　　　　C. -9　　　　　　D. 9

8. 已知数列 $\{a_n\}$ 是等比数列，若 $a_3=2$，$a_6=16$，则公比 q 等于（　　）．

   A. $\frac{14}{3}$　　　　B. 2　　　　　　C. 4　　　　　　　D. 8

9. 已知数列 $\{a_n\}$ 的前 n 项和 $S_n=n^2+n$，则第二项 a_7 的值是（　　）．

   A. 12　　　　　B. 14　　　　　　C. 16　　　　　　D. 18

10. 某剧院有 20 排座位，后一排都比前一排多 2 个座位，最后一排有 70 个座位，这个剧院一共有（　　）个座位．

    A. 1 000　　　B. 1 010　　　　C. 1 020　　　　D. 1 030

11. 在等比数列 $\{a_n\}$ 中，$a_1+a_2=30$，$a_3+a_4=60$，则 $a_5+a_6=$（　　）．

    A. 30　　　　　B. 60　　　　　　C. 90　　　　　　D. 120

12. 在等比数列 $\{a_n\}$ 中，$a_1=3$，$a_n=48$，$S_n=93$，则 $n=$（　　）．

    A. 4　　　　　B. 5　　　　　　　C. 6　　　　　　　D. 7

13. 等差数列 $\{a_n\}$ 中，$a_1+a_2+a_3+a_4+a_5=15$，则 $a_3=$（　　）．

    A. 2　　　　　B. 3　　　　　　　C. 4　　　　　　　D. 5

14. 等差数列 $\{a_n\}$ 中，$a_n=-2n+38$，若前 n 项和为 S_n，则 S_n 最大时 n 等于（　　）．

    A. 18　　　　　B. 19　　　　　　C. 20　　　　　　D. 18 或 19

15. 已知数列 $\{a_n\}$ 中，$a_1=1$，$a_n=3a_{n+1}$，则 $a_5=$（　　）．

    A. $\frac{1}{9}$　　　　B. $\frac{1}{27}$　　　　C. $\frac{1}{81}$　　　　D. $\frac{1}{243}$

二、填空题（本大题共 15 个小题，每小题 2 分，共 30 分）

16. 数列 1，11，111，…的一个通项公式为_____．

17. 等差数列 $\{a_n\}$ 中，通项公式 $a_n = 4n - 3$，则数列 $\{a_n\}$ 的公差等于_____．

18. 若 $\lg a_1$，$\lg a_2$，$\lg a_3$，$\lg a_4$ 是公差为 2 的等差数列，则 $\dfrac{a_4}{a_1} =$ _____．

19. 在等比数列 $\{a_n\}$ 中，若 $a_1 + a_3 + a_5 + \cdots + a_{99} = 100$，$q = 2$，则数列 $\{a_n\}$ 的前 100 项和 S_{100} 等于_____．

20. 在等比数列 $\{a_n\}$ 中，$a_2 a_4 = 2$，则 $a_1 a_3^2 a_5 =$ _____．

21. 在等差数列 $\{a_n\}$ 中，若 $a_6 + a_{11} + a_{16} + a_{21} = 2$，则数列 $\{a_n\}$ 的前 26 项和 S_{26} 等于_____．

22. 在等比数列 $\{a_n\}$ 中，若 $a_1 + a_2 + a_3 = 3$，$a_4 + a_5 + a_6 = 81$，则数列 $\{a_n\}$ 的公比 q 等于_____．

23. 已知 $\lg x + \lg x^2 + \lg x^3 + \cdots + \lg x^n = \dfrac{n(n+1)}{2}$，则 x 的值为_____．

24. 若 2^a，2^b，2^c 成等比数列，则 $a + c - 2b =$ _____．

25. 等差数列 $\{a_n\}$ 的前 n 项和为 S_n，若 $a_{13} = S_{13} = 13$，则数列 $\{a_n\}$ 的首项 a_1 等于_____．

26. 等比数列 $\{a_n\}$ 各项均为正数，$a_3 a_4 = 27 a_2$，则 $a_5 =$ _____．

27. 在数列 $\{a_n\}$ 中，若点 (n, a_n) 在函数 $y = -2x + 5$ 的图像上，则 $a_6 =$ _____．

28. 等比数列 $\{a_n\}$ 的公比 $q = 2$，且 $a_2 a_5 = 4$，则 $a_1 a_8 =$ _____．

29. 一个多边形的各边成等差数列，且周长为 40 cm，最小边长为 4 cm，最大边长为 12 cm，则多边形的边数为_____．

30. 某地区 2013 年年末的城镇化率为 40%（城镇化率是城镇人口数占总人口数的百分比），计划 2020 年年末城镇化率达到 60%，假设这一时期内该地区总人口数不变，则其城镇人口数平均每年的增长率为_____．

三、解答题（本大题共 7 个小题，共 45 分）

31. （6 分）已知等差数列 $\{a_n\}$ 中，$a_1 = 1$，$a_n = 19$，$S_n = 100$，求数列 $\{a_n\}$ 的通项公式．

32. （6 分）已知等比数列 $\{a_n\}$ 中，$a_1 + a_2 + a_3 = 7$，$a_1 a_2 a_3 = 8$，求 a_n．

33. (6分)已知数列$\{a_n\}$的前n项和$S_n=2n^2-3$. 求：
(1)第二项a_2；
(2)通项公式a_n.

34. (6分)在等差数列$\{a_n\}$中，$a_3=-3$，$a_5+a_{10}=30$.
(1)求该数列$\{a_n\}$的通项公式；
(2)若数列前n项的和$S_n=540$，求n的值．

35. (7分)等比数列$\{a_n\}$中，首项$a_1=1$，公比$q\neq 1$，且a_1是a_2，a_3的等差中项．
(1)求数列$\{a_n\}$的通项公式；
(2)若$b_n=5n+a_n$，求数列$\{b_n\}$的前10项和T_{10}.

36. (7分)为了治理沙漠，某林场要在沙漠上栽种植被，计划第一年栽种20公顷[①]，以后每年比上一年多栽种3公顷．第10年林场栽种植被多少公顷？10年后该林场共栽种植被多少公顷？

37. (7分)某家庭贷款10万元购置一套商品房，贷款后，每年还款一次，每次还款额相同，计划10年还清，如果购房贷款利率为8%，按复利计算，问：每年应还款多少元？（精确到1元）

[①] 1公顷=10 000平方米．

单元测试 B 卷

(满分 120 分,时间 120 分钟)

一、选择题(本大题共 15 个小题,每小题 3 分,共 45 分)

1. 已知数列 $\{a_n\}$ 中,$a_1=1$,$a_{n+1}=3a_n+1$,则 a_4 的值等于( ).
   A. 4   B. 13   C. 40   D. 121

2. 已知数列 $\{a_n\}$ 的前 n 项和 $S_n=n^2-n+1$,则 $a_5+a_6+a_7=$( ).
   A. 21   B. 22   C. 30   D. 43

3. 等比数列 $\dfrac{3}{2}$,$\dfrac{3}{4}$,$\dfrac{3}{8}$,…前 9 项的和 S_9 等于( ).
   A. $\dfrac{1533}{512}$ B. $\dfrac{511}{512}$ C. 4   D. 8

4. 在等比数列 $\{a_n\}$ 中,各项都是负数,若 $a_2+2a_3=a_1$,则公比 $q=$( ).
   A. $-\dfrac{1}{2}$ B. $\dfrac{1}{2}$ C. -1 D. 1

5. 在等比数列 $\{a_n\}$ 中,$a_3a_5=16$,则 $a_1a_4a_7=$( ).
   A. 128   B. 64   C. ± 128 D. ± 64

6. 如果三个正数 a,b,c 成等比数列,那么 $\lg a$,$\lg b$,$\lg c$( ).
   A. 成等差数列但不成等比数列
   B. 成等比数列但不成等差数列
   C. 成等差数列且成等比数列
   D. 既不成等差数列也不成等比数列

7. 已知 1 和 4 的等比中项是 $\log_2 x$,则实数 x 的值是( ).
   A. 2 或 $\dfrac{1}{2}$ B. 3 或 $\dfrac{1}{3}$ C. 4 或 $\dfrac{1}{4}$ D. 9 或 $\dfrac{1}{9}$

8. 在等差数列 $\{a_n\}$ 中,$a_1=-5$,a_3 是 4 和 49 的等比中项,且 $a_3<0$,则 a_5 的值为( ).
   A. -18 B. -23 C. -24 D. -32

9. 如果 a,b,c 成等比数列,那么函数 $y=ax^2+bx+c$ 的图像与 x 轴的交点个数是( ).
   A. 0   B. 1   C. 2   D. 1 或 2

10. 各项为正数的等比数列 $\{a_n\}$ 中,$a_1=2$,$a_5=4a_3$,则数列 $\{a_n\}$ 的通项公式为( ).
    A. $a_n=2^{n-1}$ B. $a_n=2^n$ C. $a_n=2^{n+1}$ D. $a_n=4^n$

11. 已知 m 和 n 是方程 $x^2+6x+2=0$ 的两根,则 m,n 的等比中项是( ).
    A. ± 2 B. ± 5 C. $\pm\sqrt{2}$ D. $\pm\sqrt{5}$

12. 已知 S_n 为等差数列 $\{a_n\}$ 的前 n 项和,$S_8=4a_3$,$a_7=-2$,则 $a_9=$( ).
    A. -6 B. -4 C. -2 D. 2

13. 在等差数列 $\{a_n\}$ 中，$a_6=50$，则该数列的前 11 项和 S_{11} 等于（　　）.
    A. 500　　　　B. 550　　　　C. 800　　　　D. 1 100

14. 已知 $c\neq 0$，且 a，b，c，$2b$ 成等差数列，则 $\dfrac{a}{c}=$（　　）.
    A. $\dfrac{1}{3}$　　　B. $\dfrac{2}{3}$　　　C. $\dfrac{4}{3}$　　　D. $\dfrac{8}{3}$

15. 在等差数列 $\{a_n\}$ 中，若 $a_2+a_5=19$，$a_7=20$，则该数列 $\{a_n\}$ 前 9 项的和 $S_9=$（　　）.
    A. 26　　　　B. 100　　　　C. 126　　　　D. 155

二、填空题（本大题共 15 个小题，每小题 2 分，共 30 分）

16. 等差数列 5，9，13，… 的第_____项是 401.

17. 在等比数列 $\{a_n\}$ 中，前 n 项和 $S_n=2^n+a$，则 $a=$_____.

18. 等差数列 $\{a_n\}$ 中，$a_8-a_5=21$，$S_5=25$，首项 $a_1=$_____.

19. 在等比数列 $\{a_n\}$ 中，各项均为负数，且 $a_2a_4+2a_3a_5+a_4a_6=25$，则 $a_3+a_5=$_____.

20. 若 a 是 $a-1$ 和 $2a-1$ 的等差中项，则 $a=$_____.

21. 已知等差数列 $\{a_n\}$ 中 $a_1=-1$，$a_{n+1}=a_n-5$，则 $a_{13}=$_____.

22. 等差数列 $a-d$，a，$a+d$，… 的通项公式为_____.

23. 已知函数 $f(x)=a^x$（$a>0$ 且 $a\neq 1$），若 $f(1)=2$，则 $f(1)+f(2)+f(3)+\cdots+f(10)=$_____.

24. 四个数 1，x，3，y 中，前三个数成等差数列，后三个数成等比数列，则 $x=$_____，$y=$_____.

25. 在等差数列 $\{a_n\}$ 中，通项公式 $a_n=90-9n$，则数列的前 n 项和 S_n 的最大值为_____.

26. 成等差数列的三个正数之和等于 15，这三个数分别加上 1，3，9 后变为等比数列，则这三个数分别为_____，_____，_____.

27. 在小于 100 的正整数中，有_____个能够被 3 整除的数.

28. 在等差数列 $\{a_n\}$ 和 $\{b_n\}$ 中，前 n 项和分别为 S_n 和 T_n，且 $\dfrac{S_n}{T_n}=\dfrac{7n+2}{n+3}$，则 $\dfrac{a_2+a_{20}}{b_7+b_{15}}=$_____.

29. 在等比数列 $\{a_n\}$ 中，$a_3=2$，$a_4=4$，$b_n=\log_2 a_n$，则数列 $\{b_n\}$ 的前 10 项和 S_{10} 等于_____.

30. 数列 $\{a_n\}$ 为等比数列，且 $\log_3 a_2+\log_3 a_5+\log_3 a_9+\log_3 a_{12}=4$，则 $a_3a_{11}=$_____.

三、解答题（本大题共 7 个小题，共 45 分）

31. （6 分）某学校合唱团参加演出，需要把 120 名演员排成 5 排，并且从第二排起，每排比前一排多 3 名，求第一排应安排多少名演员？

32. (6 分)有 4 个数，前三个数成等比数列，其积为 8，后三个数成等差数列，其和为 12，求这 4 个数.

33. (6 分)已知数列 $\{a_n\}$ 中，$a_1=-1$，$a_n=a_{n+1}-2$，求该数列的通项公式.

34. (6 分)在等差数列 $\{a_n\}$ 中，$a_2=2$，$a_5=8$.
(1)求数列 $\{a_n\}$ 的通项公式；
(2)在各项均为正数的等比数列 $\{b_n\}$ 中，$b_1=1$，$b_2+b_3=a_4$，求 $\{b_n\}$ 的前 10 项和 S_{10}.

35. (7 分)等差数列 $\{a_n\}$ 的公差 $d(d\neq 0)$ 是方程 $x^2+3x=0$ 的根，前 6 项的和 $S_6=a_6+10$，求前 10 项的和 S_{10}.

36. (7 分)为减少沙尘暴对城市环境的影响，某市政府决定在城市外围构筑一道新的防护林，计划从 2011 年起每年都植树 20 000 棵. 2011 年年底检查发现防护林内损失了1 000棵树，假设以后每一年损失的树都比上一年多300棵，照此计算：

(1)2020年这一年将损失多少棵树？

(2)到2020年年底，该防护林内共存活多少棵树？(不考虑其他因素影响)

37. (7分)某城市2018年年底人口总数为50万人，绿化面积为35万 m²．假定今后每年人口总数比上两年增加1.5万人，每年新增绿化面积是上一年年底绿化面积的5%，并且每年均损失0.1万 m² 的绿化面积(不考虑其他因素)．

(1)到哪一年年底，该城市人口总数达到60万人(精确到1年)？

(2)假如在人口总数达到60万人并保持平稳、不增不减的情况下，到哪一年年底，该城市人均绿化面积达到0.9 m²(精确到1年)？

平面向量

知识导航

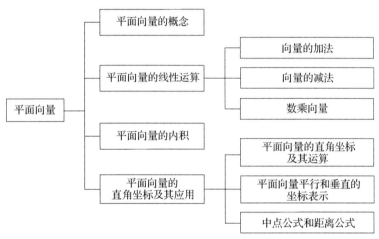

【学习目标导航】
1. 理解向量、单位向量、相等向量、零向量、负向量、共线向量的定义及几何意义.
2. 掌握向量的线性运算,会应用法则进行化简.
3. 理解向量内积的概念和基本性质,以及内积计算.
4. 掌握向量的平面直角坐标的概念及运算.
5. 掌握向量平行、垂直的条件及应用.

3.1 平面向量的概念

【知识要点预习】

向量的两个要素:_____、_____.

数学知识点强化练习(下)

【知识要点梳理】

一、向量的概念

我们把既有大小又有方向的量称为向量,只有大小,没有方向的量称为数量.

向量不能比较大小,数量可以比较大小.

二、向量的表示

1. 代数表示:可以用加粗的斜体小写英文字母 $\boldsymbol{a}$,$\boldsymbol{b}$,$\boldsymbol{c}$…来表示,但手写时要在字母上面加箭头,$\vec{a}$,$\vec{b}$,$\vec{c}$….

2. 几何表示:用有向线段表示,有向线段的长度表示向量的大小,有向线段的箭头表示向量的方向,记作 $\overrightarrow{AB}$(A 为起点,B 为终点).

三、向量的长度(模)

向量 $\overrightarrow{AB}$ 的大小可以为向量 $\overrightarrow{AB}$ 的长度(模),记作 $|\overrightarrow{AB}|$ 或 $|\vec{a}|$.

四、特殊的向量

1. 零向量:长度为零的向量为零向量,记作 $\vec{0}$,零向量的方向是任意的.

2. 单位向量:长度为 1 的向量是单位向量.

3. 相等向量:长度相等且方向相同的向量称为相等向量.

4. 平行向量(共线向量):两个非零向量的方向相同或相反,称两个向量平行,也叫共线向量,记作 $\vec{a}\parallel\vec{b}$;零向量的方向不确定,通常规定零向量与任意向量平行.

【知识盲点提示】

1. 向量的两个要素:大小和方向.

2. 单位向量不唯一,有无数多个.

3. 两个向量平行(共线)的充要条件:两个向量的方向相同或相反,或有一个是零向量.

【课堂基础训练】

一、选择题

1. 下列物理量中不是向量的是(　　).
   A. 密度　　　　　B. 力　　　　　C. 速度　　　　　D. 位移

2. 下列说法中正确的是(　　).
   A. 单位向量的方向是任意的　　　　B. 方向相反的向量是相等向量
   C. 向量的模与方向有关　　　　　　D. 向量的模可以比较大小

3. 在平行四边形 ABCD 中有(　　).
   A. $\overrightarrow{AB}=\overrightarrow{CD}$　　　B. $\overrightarrow{AB}=\overrightarrow{DC}$　　　C. $\overrightarrow{AD}=\overrightarrow{CB}$　　　D. $\overrightarrow{AC}=\overrightarrow{BD}$

二、填空题

4. 正三角形 ABC 的边长为 2,D 为 BC 的中点,则 $|\overrightarrow{AB}|=$ _____,$|\overrightarrow{AD}|=$ _____.

5. "$\vec{a}=\vec{b}$" 是 "$\vec{a}\parallel\vec{b}$" 的 _____ 条件.

三、解答题

6. △ABC 中，D，E，F 分别为 AB，BC，CA 边的中点．
(1)找出与 $\overrightarrow{BD}$ 相等的向量；
(2)找出与 $\overrightarrow{DF}$ 共线的向量．

【课堂拓展训练】

一、选择题

1. 给出下列命题：①若 $|\overrightarrow{AB}|=|\overrightarrow{BA}|$，则 $\overrightarrow{AB}$ 与 $\overrightarrow{BA}$ 是相等向量；②若 $|\overrightarrow{AB}|=2$，$|\overrightarrow{CD}|=3$，则 $\overrightarrow{AB}<\overrightarrow{CD}$；③平行向量是在一条直线上的向量；④若 $\vec{a}$，$\vec{b}$ 是单位向量，则 $\vec{a}=\vec{b}=1$；⑤向量包括三要素：始点、方向和大小．其中正确命题个数是（　　）．
   A. 1　　　　B. 2　　　　C. 3　　　　D. 0

2. 四边形中，若 $\overrightarrow{AB}=\overrightarrow{DC}$，且 $|\overrightarrow{AB}|=|\overrightarrow{AD}|$，则四边形 ABCD 的形状是（　　）．
   A. 平行四边形　　B. 矩形　　C. 菱形　　D. 正方形

3. 设 O 为正六边形 ABCDEF 的中心，则 $\overrightarrow{OA}$，$\overrightarrow{OB}$，$\overrightarrow{AB}$ 是（　　）．
   A. 相等向量　　B. 平行向量　　C. 模相等向量　　D. 共线向量

二、填空题

4. 四边形中，若 $\overrightarrow{AD}=\overrightarrow{BC}$，且 $|\overrightarrow{AC}|=|\overrightarrow{BD}|$，则四边形 ABCD 的形状是_____．

5. $\dfrac{\vec{a}}{|\vec{a}|}$ 的意义是_____．

三、解答题

6. 四边形 ABCD 与 ABDE 都是平行四边形，
(1)写出与向量 $\overrightarrow{ED}$ 相等的所有向量；
(2)写出与向量 $\overrightarrow{CD}$ 共线的所有向量．

3.2 平面向量的线性运算

3.2.1 向量的加法

【知识要点预习】

1．求两个向量的和向量的两种法则是_____和_____．
2．向量的加法满足的运算律为_____和_____．

【知识要点梳理】

1．向量的加法：求两个向量和的运算，称为向量的加法，其运算结果仍为向量．
2．求两个向量和的方法．

(1)三角形法则：在平面内任取一点 A，作 $\overrightarrow{AB}=\vec{a}$，$\overrightarrow{BC}=\vec{b}$，则向量 $\overrightarrow{AC}$ 叫作 $\vec{a}+\vec{b}$ 的和向量，即 $\vec{a}+\vec{b}=\overrightarrow{AB}+\overrightarrow{BC}=\overrightarrow{AC}$．

特点：首尾相接的几个有向线段相加，其和向量等于从首向量的起点指向末向量的终点．

(2)平行四边形法则：在平面内任取一点 A，作 $\overrightarrow{AB}=\vec{a}$，$\overrightarrow{AD}=\vec{b}$，以 $\overrightarrow{AB}$、$\overrightarrow{AD}$ 为邻边作平行四边形 $ABCD$，则 $\overrightarrow{AC}$ 即 $\vec{a}+\vec{b}$ 和向量，记作 $\overrightarrow{AC}=\vec{a}+\vec{b}$．

特点：有公共起点的两个向量相加，其和向量等于以这两个向量为邻边的平行四边形的对角线．

(3)共线(平行)向量的和向量：三角形法则同样适用，分清方向相同和方向相反即可．

3．向量的加法满足的运算律：结合律：$\vec{a}+\vec{b}=\vec{b}+\vec{a}$；交换律：$(\vec{a}+\vec{b})+\vec{c}=\vec{a}+(\vec{b}+\vec{c})$．

【知识盲点提示】

1．两个向量的和向量仍是一个向量．
2．向量加法的三角形法则适用于任何向量，平行四边形法则只适用于不共线向量．

【课堂基础训练】

一、选择题

1．下列各式中不正确的是(　　)．
 A．$\overrightarrow{AB}+\overrightarrow{BC}=\overrightarrow{AC}$　　　　　　B．$\vec{a}+\vec{b}=\vec{b}+\vec{a}$
 C．$\overrightarrow{AB}+\overrightarrow{BD}=\overrightarrow{AD}$　　　　　　D．$\vec{a}+\vec{0}=\vec{a}$

2．在四边形 $ABCD$ 中，$\overrightarrow{AB}+\overrightarrow{CD}=\vec{0}$，且 $|\overrightarrow{AB}|=|\overrightarrow{AD}|$，则四边形 $ABCD$ 是(　　)．
 A．平行四边形　　　B．菱形　　　C．矩形　　　D．正方形

3．$\overrightarrow{AB}+\overrightarrow{BC}+\overrightarrow{CE}=$(　　)．
 A．$\overrightarrow{AC}$　　　B．$\overrightarrow{BE}$　　　C．$\overrightarrow{AE}$　　　D．$\vec{0}$

二、填空题

4．$(\overrightarrow{AB}+\overrightarrow{ON})+(\overrightarrow{BO}+\overrightarrow{BC})+\overrightarrow{NB}=$ _____．

5. 某人先向北走 4 km，再向西走 4 km，则这个人的位移为_____．

三、解答题

6. 已知矩形，$|\overrightarrow{AD}|=6$，$|\overrightarrow{AB}|=8$，求：
(1) $\overrightarrow{AB}+\overrightarrow{AD}+\overrightarrow{CA}$；
(2) $|\overrightarrow{AB}+\overrightarrow{BC}|$．

【课堂拓展训练】

一、选择题

1. 已知非零向量 $\vec{a}$ 与 $\vec{b}$ 是共线向量，下列结论不正确的是（　　）．
   A. $\vec{a}/\!/\vec{b}$　　　　　　　　　　B. $\vec{a}=\vec{b}$
   C. $|\vec{a}|$ 和 $|\vec{b}|$ 可以不相等　　　D. $\vec{a}+\vec{b}$ 不一定是零向量

2. O 是 $\triangle ABC$ 的重心，则 $\overrightarrow{OA}+\overrightarrow{OB}+\overrightarrow{OC}=$（　　）．
   A. $\overrightarrow{AB}$　　　B. $\overrightarrow{AC}$　　　C. $\overrightarrow{BC}$　　　D. $\vec{0}$

3. 向量 $\vec{a}$ 与向量 $\vec{b}$ 是方向相同的向量，$|\vec{a}|=5$，$|\vec{b}|=4$，则 $|\vec{a}+\vec{b}|=$（　　）．
   A. 9　　　B. $\sqrt{41}$　　　C. 4　　　D. 5

二、填空题

4. 矩形 $ABCD$ 中，$|\overrightarrow{AB}|=\sqrt{3}$，$|\overrightarrow{BC}|=1$，则 $|\overrightarrow{DC}+\overrightarrow{CB}|=$_____．

5. 已知 $\vec{a}$，$\vec{b}$ 是平面内任意两向量，且 $|\vec{a}|=3$，$|\vec{b}|=5$，则 $|\vec{a}+\vec{b}|$ 的取值范围为_____．

三、解答题

6. 已知：$\triangle ABC$ 中，D、E 分别是 AB 和 AC 的中点，$\overrightarrow{AC}=\vec{a}$，$\overrightarrow{CB}=\vec{b}$，试用 $\vec{a}$，$\vec{b}$ 表示向量 $\overrightarrow{ED}$，$\overrightarrow{AE}$，$\overrightarrow{AB}$．

3.2.2 向量的减法

【知识要点预习】

1. 求两个向量的差向量的法则是_____.
2. 相反向量的定义是_____.

【知识要点梳理】

1. 向量的减法：求两个向量差的运算.
2. 相反向量：与向量 a 长度相等且方向相反的向量称为 a 的相反向量，记作 $-a$；零向量的相反向量是它本身.
一个向量与其相反向量的和向量是零向量，即 $a+(-a)=0$，$\overrightarrow{AB}+\overrightarrow{BA}=0$.
3. 求两个向量差的方法.
(1) 减去一个向量，等于加上这个向量的相反向量，如 $\overrightarrow{AB}-\overrightarrow{CB}=\overrightarrow{AB}+\overrightarrow{BC}$.
(2) 三角形法则：
如图所示：$\overrightarrow{OA}=a$，$\overrightarrow{OB}=b$，则 $\overrightarrow{BA}=a-b=\overrightarrow{OA}-\overrightarrow{OB}$.
特点：两个向量的起点相同，终点的连线则是两个向量的差向量. 方向是由减向量指向被减向量.

(3) 共线向量的减法，三角形法则同样适用.

【知识盲点提示】

1. 两个向量的差向量仍是一个向量.
2. 以 $\overrightarrow{AB}$ 和 $\overrightarrow{AD}$ 为邻边作平行四边形，则平行四边形两条对角线，分别是两个向量的和向量与差向量.

【课堂基础训练】

一、选择题

1. 在 △ABC 中，$\overrightarrow{AC}=$（　　）.
  A. $\overrightarrow{AB}+\overrightarrow{CB}$　　B. $\overrightarrow{BC}-\overrightarrow{BA}$　　C. $\overrightarrow{BA}-\overrightarrow{BC}$　　D. $\overrightarrow{BC}$

2. 在平行四边形 ABCD 中，$\overrightarrow{AB}=a$，$\overrightarrow{AC}=b$，则 $b-a=$（　　）.
  A. $\overrightarrow{BC}$　　B. $\overrightarrow{CB}$　　C. $\overrightarrow{DA}$　　D. $\overrightarrow{BD}$

3. 四边形 ABCD 中，$\overrightarrow{AB}-\overrightarrow{CB}-\overrightarrow{DC}=$（　　）.
  A. $\overrightarrow{CA}$　　B. $\overrightarrow{AD}$　　C. $\overrightarrow{BD}$　　D. $\overrightarrow{AC}$

二、填空题

4. 在平行四边形 ABCD 中，若 $\overrightarrow{AD}=a$，$\overrightarrow{DC}=b$，且 $|a+b|=|a-b|$，则四边形 ABCD 的形状是_____.

5. $\overrightarrow{MN}-\overrightarrow{MP}+\overrightarrow{NQ}+\overrightarrow{QP}=$_____；$\overrightarrow{CE}+\overrightarrow{AC}-\overrightarrow{DE}-\overrightarrow{AD}=$_____.

三、解答题

6. 平行四边形 ABCD 中，$\overrightarrow{AB}=a$，$\overrightarrow{DB}=b$，用 a、b 表示 $\overrightarrow{AD}$，$\overrightarrow{CA}$.

【课堂拓展训练】

一、选择题

1. 对于向量 $\vec{a}$，$\vec{b}$，下列结论中正确的是(　　).
   A. $|\vec{a}+\vec{b}|=|\vec{a}|+|\vec{b}|$
   B. $|\vec{a}-\vec{b}|>|\vec{a}|+|\vec{b}|$
   C. $|\vec{a}-\vec{b}|>||\vec{a}|-|\vec{b}||$
   D. $|\vec{a}-\vec{b}|\leqslant|\vec{a}|+|\vec{b}|$

2. 在梯形 $ABCD$ 中，下列等式中不成立的是(　　).
   A. $\overrightarrow{AB}=\overrightarrow{CB}-\overrightarrow{CA}$
   B. $\overrightarrow{AC}=\overrightarrow{DC}+\overrightarrow{AD}$
   C. $\overrightarrow{DA}=\overrightarrow{DA}-\overrightarrow{DC}$
   D. $\overrightarrow{AC}=\overrightarrow{AB}+\overrightarrow{BC}$

3. 在四边形 $ABCD$ 中，$\overrightarrow{AB}-\overrightarrow{CB}-\overrightarrow{DC}=$(　　).
   A. $\overrightarrow{CA}$
   B. $\overrightarrow{AD}$
   C. $\overrightarrow{BD}$
   D. $\overrightarrow{AC}$

二、填空题

4. 已知 O 是正六边形 $ABCDEF$ 的中心，设 $\overrightarrow{AB}=\vec{a}$，$\overrightarrow{AF}=\vec{b}$，则 $\overrightarrow{OD}=$_____．

5. 在边长为 2 的等边 $\triangle ABC$ 中，$|\overrightarrow{AB}-\overrightarrow{AC}|=$_____．

三、解答题

6. 菱形 $ABCD$ 的两条对角线交点为 O，若 $\overrightarrow{OA}=\vec{a}$，$\overrightarrow{OB}=\vec{b}$，试用 $\vec{a}$，$\vec{b}$ 表示向量 $\overrightarrow{CD}$，$\overrightarrow{AD}$，$\overrightarrow{BA}$，$\overrightarrow{CB}$．

3.2.3　数乘向量

【知识要点预习】

1. 数乘向量的定义：_____．
2. 共线向量基本定理：_____．

【知识要点梳理】

1. 数乘向量的定义：实数 λ 与向量 $\vec{a}$ 的乘积是一个向量，这种运算简称数乘向量，记作：$\lambda\vec{a}$．

   向量 $\lambda\vec{a}$ 的长度与方向规定如下：
   (1) $|\lambda\vec{a}|=|\lambda|\cdot|\vec{a}|$；
   (2) 当 $\lambda>0$ 时，$\lambda\vec{a}$ 与 $\vec{a}$ 的方向相同；当 $\lambda<0$ 时，$\lambda\vec{a}$ 与 $\vec{a}$ 的方向相反；
   (3) 当 $|\lambda\vec{a}|=0$ 时，$\lambda=0$ 或 $\vec{a}=\vec{0}$，此时 $\lambda\vec{a}=\vec{0}$．

2. 数乘向量的几何意义：沿着它的方向或反方向放大或缩小．
3. 数乘向量运算律：

(1) $(\lambda+\mu)\vec{a}=\lambda\vec{a}+\mu\vec{a}$；
(2) $\lambda(\mu\vec{a})=(\lambda\mu)\vec{a}$；
(3) $\lambda(\vec{a}+\vec{b})=\lambda\vec{a}+\lambda\vec{b}$.

向量的加法、减法、数乘向量以及它们的混合运算，统称向量的线性运算.

4. 共线向量基本定理：向量 $\vec{a}(\vec{a}\neq\vec{0})$ 与 $\vec{b}$ 共线的充要条件是：存在唯一实数 λ，使 $\vec{b}=\lambda\vec{a}$.

【知识盲点提示】

1. 实数与向量的积仍是一个向量.
2. 用共线向量基本定理证明问题时，理解 λ 唯一这一特点.

【课堂基础训练】

一、选择题

1. 平行四边形中，若 $\vec{AC}=\vec{a}$，$\vec{BD}=\vec{b}$，则 $\vec{DC}=$（　　）．
   A. $\vec{a}+\vec{b}$　　　B. $\vec{a}-\vec{b}$　　　C. $\frac{1}{2}\vec{a}+\frac{1}{2}\vec{b}$　　　D. $\frac{1}{2}\vec{a}-\frac{1}{2}\vec{b}$

2. 已知非零向量 $\vec{b}=-3\vec{a}$，则下列说法中错误的是（　　）．
   A. $\vec{b}$ 与 $\vec{a}$ 方向相反　　B. $|\vec{b}|=3|\vec{a}|$　　C. $\vec{b}\parallel\vec{a}$　　D. $\vec{b}$ 与 $\vec{a}$ 方向相同

3. 已知 $\triangle ABC$ 中，D 是 BC 边的中点，$5\vec{AB}+4\vec{BC}+3\vec{CA}=$（　　）．
   A. $3\vec{AD}$　　　B. $\vec{AD}$　　　C. $2\vec{AD}$　　　D. $\vec{0}$

二、填空题

4. 已知 $\vec{a}\parallel\vec{b}$，$\vec{a}$ 与 $\vec{b}$ 方向相反，$|\vec{a}|=2|\vec{b}|$，则 $\vec{a}=$ _____ $\vec{b}$．

5. $-3(\vec{a}+2\vec{b})+3(\vec{b}+\vec{a})=$ _____；$\frac{1}{2}(\vec{a}-3\vec{b})-2(\vec{b}-2\vec{a})=$ _____．

三、解答题

6. $\triangle ABC$ 中，D 是 BC 边上的一点，$\vec{BD}=2\vec{DC}$，用 $\vec{AB}$ 和 $\vec{AC}$ 表示 $\vec{AD}$．

【课堂拓展训练】

一、选择题

1. 在四边形 $ABCD$ 中，$\vec{AB}=2\vec{DC}$，且 $|\vec{AD}|=|\vec{BC}|$，则四边形是（　　）．
   A. 菱形　　　B. 矩形　　　C. 平行四边形　　　D. 等腰梯形

2. 已知 $\vec{a}+\vec{b}=2\vec{x}$，$\vec{a}-\vec{b}=2\vec{y}$，则下列各式中正确的是（　　）．

A. $\vec{a}=2\vec{x}+2\vec{y}$ B. $\vec{b}=2\vec{x}-2\vec{y}$ C. $\vec{x}+\vec{y}=\vec{a}$ D. $\vec{x}-\vec{y}=2\vec{b}$

3. 下列说法中正确的是(　　).

A. $\overrightarrow{AC}+\overrightarrow{CB}=\overrightarrow{AB}$

B. 若$\overrightarrow{AB}$和$\overrightarrow{CD}$是共线向量,则A、B、C、D四点在一条直线上

C. 已知向量$\vec{e_1}$和$\vec{e_2}$都是单位向量,$\vec{a}=m\vec{e_1}$,$\vec{b}=n\vec{e_2}$,当$m=n$时,$\vec{a}=\vec{b}$

D. 若$\vec{a}//\vec{b}$,$\vec{b}//\vec{c}$,则$\vec{a}//\vec{c}$

二、填空题

4. 已知两向量$\vec{e_1}$和$\vec{e_2}$不共线,$\vec{a}=2\vec{e_1}-\vec{e_2}$,$\vec{b}=4\vec{e_1}-2\lambda\vec{e_2}$,若$\vec{a}$与$\vec{b}$共线,则实数$\lambda$值为_____.

5. 已知$\overrightarrow{AB}=-4\vec{a}+3\vec{b}$,$\overrightarrow{BC}=3\vec{a}-2\vec{b}$,$\overrightarrow{AD}=2\vec{a}+\vec{b}$,则$\overrightarrow{CD}=$_____.

三、解答题

6. O是平面内任一点,$\overrightarrow{AC}=\dfrac{1}{2}\overrightarrow{AD}$,$\overrightarrow{AB}=\dfrac{3}{2}\overrightarrow{AD}$,试用$\overrightarrow{OA}$和$\overrightarrow{OB}$表示$\overrightarrow{OC}$和$\overrightarrow{OD}$.

3.3　平面向量的内积

【知识要点预习】

向量$\vec{a}$与向量$\vec{b}$的夹角的范围为_____,$\vec{a}\cdot\vec{b}=$_____.

【知识要点梳理】

1. 向量$\vec{a}$与向量$\vec{b}$的夹角. 设$\vec{a}$与$\vec{b}$为两个非零向量,在平面内任取一点O,作$\overrightarrow{OA}=\vec{a}$,$\overrightarrow{OB}=\vec{b}$,则$\angle AOB$称为向量$\vec{a}$与$\vec{b}$的夹角,记作$<\vec{a},\vec{b}>$. 一般地,规定$0\leqslant<\vec{a},\vec{b}>\leqslant\pi$,当$<\vec{a},\vec{b}>=0$时,向量$\vec{a}$与$\vec{b}$方向相同;当$<\vec{a},\vec{b}>=\dfrac{\pi}{2}$时,向量$\vec{a}$与$\vec{b}$垂直,记作$\vec{a}\perp\vec{b}$;当$<\vec{a},\vec{b}>=\pi$时,向量$\vec{a}$与$\vec{b}$方向相反.

2. 向量内积. 一般地,当$\vec{a}$与$\vec{b}$为两个非零向量时,称$|\vec{a}|\cdot|\vec{b}|\cdot\cos<\vec{a},\vec{b}>$为$\vec{a}$与$\vec{b}$的内积(数量积或点积),记作$\vec{a}\cdot\vec{b}$.

规定:零向量与任意向量$\vec{a}$的内积为0,即$\vec{0}\cdot\vec{a}=0$.

3. 向量内积满足的运算:

(1)交换律:$\vec{a}\cdot\vec{b}=\vec{b}\cdot\vec{a}$;

(2)数乘结合律：$(\lambda \vec{a}) \cdot \vec{b} = \lambda(\vec{a} \cdot \vec{b}) = \vec{a} \cdot (\lambda \vec{b})$；

(3)分配律：$(\vec{a} + \vec{b}) \cdot \vec{c} = \vec{a} \cdot \vec{c} + \vec{b} \cdot \vec{c}$.

4. 向量内积的性质：

(1) $\vec{a} \perp \vec{b} \Leftrightarrow \vec{a} \cdot \vec{b} = 0$；　　　　　　(2) $\vec{a} \cdot \vec{a} = |\vec{a}|^2$ 或 $|\vec{a}| = \sqrt{\vec{a} \cdot \vec{a}}$；

(3) $\cos <\vec{a}, \vec{b}> = \dfrac{\vec{a} \cdot \vec{b}}{|\vec{a}| \cdot |\vec{b}|}$；　　　　　　(4) $(\vec{a} \pm \vec{b})^2 = |\vec{a}|^2 \pm 2\vec{a} \cdot \vec{b} + |\vec{b}|^2$；

(5) $(\vec{a} + \vec{b}) \cdot (\vec{a} - \vec{b}) = |\vec{a}|^2 - |\vec{b}|^2$；　　　(6) $\vec{a} \cdot \vec{b} \leqslant |\vec{a}| \cdot |\vec{b}|$；

【知识盲点提示】

1. 在两个向量的夹角定义中，两个向量的起点必须相同；起点不在同一点的两向量，利用平移的方法，使两个向量有相同的起点．

2. 向量的内积是一个实数而不是向量，且 $\vec{a} \cdot \vec{b}$ 书写时"·"不能省略．

【课堂基础训练】

一、选择题

1. $\triangle ABC$ 中，$\overrightarrow{AB}$ 与 $\overrightarrow{CB}$ 的夹角是（　　）．

　　A. $\angle ABC$　　　　B. $\angle BAC$　　　　C. $\angle ABC$ 的补角　　　D. $\angle ACB$

2. $|\vec{a}| = 3$，$|\vec{b}| = 4$，$<\vec{a}, \vec{b}> = 150°$，则 $\vec{a} \cdot \vec{b} = $（　　）．

　　A. $6\sqrt{3}$　　　　B. -6　　　　C. $-6\sqrt{3}$　　　　D. 6

3. $\vec{a} \cdot \vec{b} > 0$，则 $\vec{a}$ 与 $\vec{b}$ 的夹角取值范围是（　　）．

　　A. $\left[0, \dfrac{\pi}{2}\right]$　　　B. $\left(0, \dfrac{\pi}{2}\right]$　　　C. $\left[0, \dfrac{\pi}{2}\right)$　　　D. $\left(0, \dfrac{\pi}{2}\right)$

4. 已知 $\vec{a} \cdot \vec{b} = -6$，$|\vec{a}| = 6$，$|\vec{b}| = 2$，则 $<\vec{a}, \vec{b}> = $（　　）．

　　A. $60°$　　　　B. $120°$　　　　C. $150°$　　　　D. $30°$

5. 已知 $|\vec{a}| = 2$，$|\vec{b}| = \sqrt{2}$，$<\vec{a}, \vec{b}> = \dfrac{3\pi}{4}$，则 $|\vec{a} + \vec{b}| = $（　　）．

　　A. $2\sqrt{2}$　　　　B. $-\sqrt{2}$　　　　C. 3　　　　D. $\sqrt{2}$

6. 已知 $|\vec{a}| = 2$，$|\vec{b}| = 2\sqrt{2}$，$<\vec{a}, \vec{b}> = \dfrac{\pi}{4}$，则 $(\vec{a} - \vec{b}) \cdot (\vec{a} + 2\vec{b}) = $（　　）．

　　A. -8　　　　B. 8　　　　C. $2\sqrt{2}$　　　　D. $-2\sqrt{2}$

7. 下列表达式中不正确的是（　　）．

　　A. $\vec{a} \cdot \vec{b} = \vec{b} \cdot \vec{a}$　　　　　　　　　B. $|\vec{a}|^2 = \vec{a} \cdot \vec{a}$

　　C. $\vec{a} \cdot \vec{b} \leqslant |\vec{a}| \cdot |\vec{b}|$　　　　　　　D. $(\vec{a} \cdot \vec{b}) \cdot \vec{c} \leqslant (\vec{a} \cdot \vec{c}) \cdot \vec{b}$

8. 已知 $\vec{a} \cdot \vec{a} = 25$，则 $|\vec{a}| = $（　　）．

　　A. 5　　　　B. -5　　　　C. $\sqrt{5}$　　　　D. $-\sqrt{5}$

9. $\triangle ABC$ 中，若 $\overrightarrow{AB} \cdot \overrightarrow{AC} < 0$，则 $\triangle ABC$ 是（　　）．

　　A. 锐角三角形　　B. 直角三角形　　C. 钝角三角形　　D. 无法确定

10. 平行四边形 $ABCD$ 中，$|\overrightarrow{AB}| = 6$，$|\overrightarrow{AD}| = 3$，则 $\overrightarrow{AC} \cdot \overrightarrow{BD} = $（　　）．

A. $3\sqrt{3}$ B. -27 C. $-3\sqrt{3}$ D. 27

二、填空题

11. 已知 $|\vec{a}|=1$，$|\vec{b}|=2$，$\langle\vec{a},\vec{b}\rangle=60°$，则 $|\vec{a}-3\vec{b}|=$ _____．

12. 已知 $|\vec{a}|=2$，$|\vec{b}|=4$，则 $(\vec{a}-\vec{b})\cdot(\vec{a}+\vec{b})=$ _____．

13. 在平行四边形 $ABCD$ 中，若 $\vec{AC}\cdot\vec{BD}=0$，则这个平行四边形的形状是 _____．

14. 在 $\triangle ABC$ 中，$\angle C=90°$，$|AC|=6$，$|CB|=8$，则 $\vec{AB}\cdot\vec{AC}=$ _____．

15. 已知 $|\vec{a}|=2$，$|\vec{b}|=2\sqrt{2}$，$(\vec{a}-\vec{b})\cdot\vec{a}=0$，则 $\vec{a}$ 与 $\vec{b}$ 的夹角为 _____．

16. 边长为 2 的 $\triangle ABC$ 中，$\vec{BC}=\vec{a}$，$\vec{AB}=\vec{c}$，$\vec{AC}=\vec{b}$，则 $\vec{a}\cdot\vec{b}+\vec{b}\cdot\vec{c}+\vec{c}\cdot\vec{a}=$ _____．

三、解答题

17. 已知 $|\vec{a}|=2$，$|\vec{b}|=\sqrt{3}$，$\langle\vec{a},\vec{b}\rangle=\dfrac{5\pi}{6}$，求：
(1) $(\vec{a}+2\vec{b})\cdot(\vec{a}-3\vec{b})$；
(2) $|2\vec{a}-\vec{b}|$．

18. 已知 $\triangle ABC$ 中，$|\vec{AB}|=|\vec{AC}|=4$，$\vec{AB}\cdot\vec{AC}=8$，判断三角形形状．

19. 已知 $|\vec{a}|=\sqrt{5}$，$|\vec{b}|=\sqrt{10}$，$\vec{a}\parallel\vec{b}$，求 $\vec{a}\cdot\vec{b}$．

20. 已知 $|\vec{a}|=5$，$|\vec{b}|=\sqrt{5}$，$\langle\vec{a},\vec{b}\rangle=\dfrac{\pi}{4}$，若 $(\vec{a}+x\vec{b})\perp\vec{b}$，求 x 的值．

【课堂拓展训练】

一、填空题

1. 已知 $|\vec{a}|=8$，$|\vec{b}|=4$，则 $|\vec{a}+\vec{b}|=4$，则 $<\vec{a},\vec{b}>=$ _____．
2. 在 $\triangle ABC$ 中，$\angle C=90°$，$|BC|=6$，则 $\overrightarrow{BC}\cdot\overrightarrow{BA}=$ _____．
3. 已知 $|\vec{a}|=1$，$|\vec{b}|=2$，$\vec{c}=\vec{a}+\vec{b}$，且 $\vec{c}\perp\vec{a}$，则 $<\vec{a},\vec{b}>=$ _____．
4. 已知 $|\vec{a}|=2$，$|\vec{b}|=\sqrt{3}$，$<\vec{a},\vec{b}>=150°$，则 $|2\vec{a}-3\vec{b}|=$ _____．
5. 已知 $\vec{a}\cdot\vec{c}=6$，$\vec{b}\cdot\vec{c}=2$，$(\vec{a}+k\vec{b})\perp\vec{c}$，则 $k=$ _____．
6. 矩形 $ABCD$ 中，$|\overrightarrow{AB}|=3$，$|\overrightarrow{AD}|=2$，则 $|\overrightarrow{AB}+\overrightarrow{BC}+\overrightarrow{BD}|=$ _____．

二、解答题

7. 已知 $|\vec{a}|=2$，$|\vec{b}|=2\sqrt{2}$，$\vec{a}\cdot\vec{b}=-3$，求 $|2\vec{a}-\vec{b}|$．

8. 已知 $\vec{a}+\vec{b}+\vec{c}=0$，$|\vec{a}|=3$，$|\vec{b}|=5$，$|\vec{c}|=7$，求 $\vec{a}$ 与 $\vec{b}$ 的夹角．

9. 已知 $\overrightarrow{AB}=2\vec{a}+\vec{b}$，$\overrightarrow{BC}=-\vec{a}-2\vec{b}$．
   (1) 用 $\vec{a}$ 与 $\vec{b}$ 表示 $\overrightarrow{AC}$；
   (2) 若 $|\vec{a}|=|\vec{b}|=1$，$<\vec{a},\vec{b}>=60°$，求 $\overrightarrow{AC}\cdot\overrightarrow{BC}$．

10. 已知 $|\vec{a}|=4$，$|\vec{b}|=3$，$(2\vec{a}-3\vec{b})\cdot(2\vec{a}+\vec{b})=61$，求：
    (1) $\vec{a}$ 与 $\vec{b}$ 的夹角；
    (2) $|\vec{a}+\vec{b}|$ 和 $|\vec{a}-\vec{b}|$．

3.4 平面向量的直角坐标及其应用

3.4.1 平面向量的直角坐标及其运算

【知识要点预习】

在平面直角坐标中，A 点坐标 (x, y) 与 $\overrightarrow{OA}=x\vec{i}+y\vec{j}$ 构成_____对应关系．

【知识要点梳理】

1．平面向量的直角坐标．一般地，对于平面直角坐标系 xOy 中的任意一个向量 $\vec{a}$，作 $\overrightarrow{OA}=\vec{a}$，若点 A 的坐标为 (x, y)，则 $\vec{a}=x\vec{i}+y\vec{j}$（其中 $\vec{i}$，$\vec{j}$ 分别是与 x 轴、y 轴同向的单位向量）．我们把 (x, y) 称为向量 $\vec{a}$ 在平面直角坐标系 xOy 中的坐标，记作 $\vec{a}=(x, y)$，由此可得 $|\vec{a}|=\sqrt{x^2+y^2}$，若 $\vec{a}=(x_1, y_1)$，$\vec{b}=(x_2, y_2)$，则 $\vec{a}=\vec{b} \Leftrightarrow x_1=x_2$ 且 $y_1=y_2$．

2．平面向量的坐标运算．若 $\vec{a}=(x_1, y_1)$，$\vec{b}=(x_2, y_2)$，则
$\vec{a}+\vec{b}=(x_1+x_2, y_1+y_2)$；
$\vec{a}-\vec{b}=(x_1-x_2, y_1-y_2)$；
$\lambda\vec{a}=(\lambda x_1, \lambda y_1)$，$\lambda \in \mathbf{R}$；
$\vec{a} \cdot \vec{b}=x_1 x_2+y_1 y_2$．

在平面直角坐标系中，若点 $A(x_1, y_1)$，$B(x_2, y_2)$，则 $\overrightarrow{AB}=(x_2-x_1, y_2-y_1)$，即一个向量的坐标等于表示此向量的有向线段的终点坐标减去起点坐标．

【知识盲点提示】

1．在平面直角坐标系中，每一个平面向量都可以用一对有序实数对唯一表示，点的坐标与向量坐标的表示方法有所不同，点 A 的坐标记 $A(2, -1)$，向量 $\overrightarrow{OA}$ 的坐标记作 $\overrightarrow{OA}=(2, -1)$．

2．若 $\vec{a}=(x_1, y_1)$，$\vec{b}=(x_2, y_2)$，由此可得 $\cos<\vec{a}, \vec{b}> = \dfrac{x_1 x_2+y_1 y_2}{\sqrt{x_1^2+y_1^2}\sqrt{x_2^2+y_2^2}}$．

【课堂基础训练】

一、选择题

1．已知 $\vec{a}=(-1, 3)$，$\vec{b}=(2, -1)$，则 $3\vec{a}+2\vec{b}$ 的坐标为（　　）．
   A．$(7, 1)$ B．$(1, 7)$ C．$(-1, -7)$ D．$(-7, -1)$

2．已知 $A(3, 4)$，$B(-2, 7)$，则 $\overrightarrow{AB}$ 的坐标为（　　）．
   A．$(-3, -5)$ B．$(3, -5)$ C．$(5, -3)$ D．$(-5, 3)$

3．已知 $\vec{a}=(-3, 5)$，$\vec{b}=(1, 4)$，则 $\vec{a} \cdot \vec{b}=$（　　）．
   A．17 B．-17 C．-9 D．9

4. 已知 $\vec{a}-\dfrac{1}{2}\vec{b}=(-1,1)$，$\vec{a}+\vec{b}=(2,-5)$，则 $\vec{b}$ 的坐标为（　　）.

   A．$(2,-4)$　　　B．$(-2,-4)$　　　C．$(2,4)$　　　D．$(-2,4)$

5. 已知点 $A(x,-2)$，$B(3,y+2)$，若 $\vec{b}=\dfrac{1}{2}\overrightarrow{AB}=(2,3)$，则 x,y 的值为（　　）.

   A．$x=-1,y=-2$　　　　　　B．$x=-1,y=2$
   C．$x=-1,y=0$　　　　　　D．$x=1,y=2$

6. 已知 $A(-1,1)$，$B(5,4)$，若 $\overrightarrow{AP}=\dfrac{1}{3}\overrightarrow{AB}$，则点 P 的坐标为（　　）.

   A．$(1,2)$　　　B．$(-1,2)$　　　C．$(-3,1)$　　　D．$(3,1)$

7. 已知 $\vec{a}=(-3,4)$，$\vec{b}=(5,12)$，则 $\cos<\vec{a},\vec{b}>=$（　　）.

   A．$\dfrac{2}{13}$　　　B．$-\dfrac{5}{16}$　　　C．$\dfrac{33}{65}$　　　D．$\dfrac{21}{65}$

8. 已知 $\vec{a}=(2,1)$，$\vec{b}=(1,3)$，则 $<\vec{a},\vec{b}>=$（　　）.

   A．$\dfrac{\pi}{4}$　　　B．$\dfrac{3\pi}{4}$　　　C．$\dfrac{\pi}{3}$　　　D．$\dfrac{2\pi}{3}$

9. 若 $\vec{a}=(1,-2)$，$\vec{b}=(-3,4)$，则 $(\vec{a}+\vec{b})\cdot(\vec{a}-2\vec{b})=$（　　）.

   A．-20　　　B．-43　　　C．-34　　　D．-24

10. 在平行四边形 $ABCD$ 中，$A(2,-4)$，$B(5,-1)$，$C(-4,-2)$，则 D 的坐标为（　　）.

    A．$(7,5)$　　　B．$(-7,-5)$　　　C．$(-7,5)$　　　D．$(7,-5)$

二、填空题

11. 已知 $\vec{a}=(3y+2,x+4)$，$\vec{b}=(2x-3,y)$，$\vec{a}=\vec{b}$，则 $x=$ _____，$y=$ _____．

12. 已知 $\vec{a}=(-1,3)$，$\vec{b}=(2,-5)$，$\vec{c}=(6,2)$，且 $\vec{c}=m\vec{a}+n\vec{b}$，则 $m=$ _____，$n=$ _____．

13. 已知 $\vec{a}+\vec{b}=(6,3)$，$\vec{a}-\vec{b}=(2,-2)$，则 $\vec{a}=$ _____．

14. 已知 $\vec{a}=(4,-2)$，$\vec{b}=(-2,6)$，则 $|2\vec{a}-\vec{b}|=$ _____．

15. 已知向量 $\vec{a}=(x,-4)$，$\vec{b}=(2,3)$，$\vec{a}\cdot\vec{b}=-4$，则 $x=$ _____．

16. 已知 $A(3,5)$，$B(-1,3)$，$C(5,-3)$，D 为 BC 的中点，则 $\overrightarrow{AD}$ 的坐标为 _____．

三、解答题

17. 已知 $\vec{a}=(3,2)$，$\vec{b}=(-1,2)$，$\vec{c}=(4,1)$．
    (1) 求 $2\vec{a}+\vec{b}-\vec{c}$ 的坐标；
    (2) 求满足 $\vec{a}=m\vec{b}+n\vec{c}$ 的实数 m,n 的值．

18. 已知 $\vec{a}=(-3,\sqrt{3})$, $\vec{b}=(\sqrt{3},1)$,求向量 $\vec{a}$ 与 $\vec{b}$ 的夹角.

19. 已知 $\vec{a}=(3,x)$, $\vec{b}=(-1,2)$,且 $|\vec{a}+\vec{b}|=|\vec{a}-\vec{b}|$,求 x 的值.

20. 已知 $A(4,1)$,$B(-5,-2)$,$\overrightarrow{AC}=\dfrac{1}{3}\overrightarrow{AB}$,$\overrightarrow{AD}=3\overrightarrow{AB}$,求点 C 和点 D 的坐标.

【课堂拓展训练】

一、填空题

1. 已知 $\vec{a}=(2,3)$,若向量 $\vec{x}$ 满足 $\vec{a}+3\vec{x}=2(\vec{x}-\vec{a})$,则 $\vec{x}$ 的坐标为_____.
2. 已知 $A(1,0)$,$B(0,1)$,$C(2,5)$,则 $|2\overrightarrow{AB}+\overrightarrow{AC}|=$_____.
3. 已知 $\vec{a}=(3,4)$,$\vec{b}=(2,m)$,若 $\vec{a}\cdot\vec{b}<0$,则 m 的取值范围为_____.
4. 已知 $A(2,-2)$,$B(5,2)$,$C(3,-3)$,则 $\cos\angle BAC=$_____.
5. 已知 $\vec{a}=(2,1)$,$\vec{b}=(x,-3)$,$\vec{a}\cdot\vec{b}=3$,则 $x=$_____.
6. 已知 $\vec{a}=(2,-3)$,$\vec{b}=(x,2x)$,$\vec{a}\cdot\vec{b}=-8$,则 $\left|2\vec{a}-\dfrac{1}{2}\vec{b}\right|$ 的坐标为_____.

二、解答题

7. 已知 $\vec{a}+2\vec{b}=(12,4)$,$2\vec{a}-\vec{b}=(-1,8)$,求 $\vec{a}$ 和 $\vec{b}$ 的坐标.

8. 已知 $\vec{a}=(-\sqrt{3},1)$，$\vec{b}=(1,-\sqrt{3})$．求：
(1) $3\vec{a}\cdot 2\vec{b}$；
(2) $(\vec{a}+\vec{b})\cdot(2\vec{a}-\vec{b})$．

9. 已知 $\vec{a}=(2,2\sqrt{3})$，$\vec{b}=(\sqrt{3},1)$．求：
(1) $<\vec{a},\vec{b}>$；
(2) $|\sqrt{3}\vec{a}+\vec{b}|$．

10. 已知△ABC 的三个顶点坐标分别为 $A(-2,3)$，$B(1,2)$，$C(5,4)$．求：
(1) $\vec{BA}\cdot\vec{BC}$ 的大小；
(2) 角 B 的大小．

3.4.2 平面向量平行和垂直的坐标表示

【知识要点预习】

若 $\vec{a}=(x_1,y_1)$，$\vec{b}=(x_2,y_2)$，则 $\vec{a}//\vec{b}$ 的充要条件是_____，$\vec{a}\perp\vec{b}$ 的充要条件是_____．

【知识要点梳理】

1. 平面向量平行的坐标表示：由平面向量共线的基本定理，若 $\vec{a}=(x_1,y_1)$，$\vec{b}=(x_2,y_2)$，$\vec{a}//\vec{b}$ 的充要条件是 $x_1y_2-x_2y_1=0$．

2. 平面向量垂直的坐标表示：若 $\vec{a}=(x_1,y_1)$，$\vec{b}=(x_2,y_2)$，$\vec{a}\perp\vec{b}$ 的充要条件是

$x_1x_2+y_1y_2=0.$

【知识盲点提示】

要充分理解两个向量平行和垂直的充要条件并会应用.

【课堂基础训练】

一、选择题

1. 已知$\vec{a}=(-3,2)$，$\vec{b}=(6,\lambda)$，若$\vec{a}//\vec{b}$，则λ的值为（   ）.
   A. -4　　　　B. 4　　　　C. 1　　　　D. -1

2. 若$\vec{a}=(7,-3)$，$\vec{b}=(-3,y)$，若$\vec{a}\perp\vec{b}$，则$y=$（   ）.
   A. 7　　　　B. -7　　　　C. $\dfrac{9}{7}$　　　　D. $-\dfrac{9}{7}$

3. 已知$A(2,3)$，$B(-2,5)$，$C(1,2)$，则$\triangle ABC$是（   ）.
   A. 等腰三角形　　　　　　　B. 等腰直角三角形
   C. 直角三角形　　　　　　　D. 以上说法都不对

二、填空题

4. 已知$\vec{a}=(12,5)$，$|\vec{b}|=2|\vec{a}|$，$\vec{a}$与$\vec{b}$共线方向相反，则$\vec{b}$的坐标为_____.

5. 已知$\vec{a}=(-4,3)$，$\vec{b}=(2,-1)$，且$(k\vec{a}+\vec{b})\perp(\vec{a}-\vec{b})$，则$k=$_____.

三、解答题

6. 已知$\vec{a}=(4,-6)$，$\vec{b}=(2,-4)$.
   (1) 是否存在实数λ使向量$\vec{a}-\lambda\vec{b}$与$\vec{a}$平行；
   (2) 是否存在实数λ使向量$\vec{a}-\lambda\vec{b}$与$\vec{a}$垂直.

【课堂拓展训练】

一、选择题

1. 已知$\vec{a}=(2,x)$，$\vec{b}=(2\sqrt{3},2)$. 若$(\vec{a}+\vec{b})\perp(\vec{a}-\vec{b})$，则$x=$（   ）.
   A. $2\sqrt{3}$　　　　B. $-2\sqrt{3}$　　　　C. $\pm 2\sqrt{3}$　　　　D. 12

2. 已知向量$\vec{a}=(-3x,2)$，$\vec{b}=(x,2x)$，且$\vec{a}$与$\vec{b}$的夹角为钝角，则实数x的值为（   ）.
   A. $0<x<\dfrac{4}{3}$　　　　　　　　B. $x<0$

C. $x > \dfrac{4}{3}$ D. $x < 0$ 或 $x > \dfrac{4}{3}$ 且 $x \neq -\dfrac{1}{3}$

3. 已知 $\vec{a} = (-5, 5)$，点 $A(1, -1)$ 和点 $B(2, -2)$，那么（　　）.
A. $\vec{a} = \overrightarrow{AB}$ B. $\vec{a} \perp \overrightarrow{AB}$
C. $\vec{a} \parallel \overrightarrow{AB}$ 且方向相同 D. $\vec{a} \parallel \overrightarrow{AB}$ 且方向相反

二、填空题

4. 已知 $A(3, -1)$，$B(x, -3)$，$C(-5, 3)$，若 A，B，C 三点共线，则 $x = $ _____.

5. 已知 $\vec{a} = (6, 8)$，则与 $\vec{a}$ 共线的单位向量是 _____，与 $\vec{a}$ 垂直的单位向量是 _____.

三、解答题

6. 已知向量 $\vec{a}$ 与 $\vec{b}$ 反向，$\vec{a} = (1, 2)$，$\vec{a} \cdot \vec{b} = -10$.
(1) 求 $\vec{b}$ 的坐标；
(2) 若 $\vec{c} = (-4, 2)$，求 $(\vec{b} \cdot \vec{c}) \cdot \vec{c}$.

3.4.3　中点公式和距离公式

【知识要点预习】

已知 $A = (x_1, y_1)$，$B = (x_2, y_2)$，AB 中点为 M，则点 M 的坐标为 _____，$|\overrightarrow{AB}| = $ _____.

【知识要点梳理】

1. 中点公式：若平面内两点 $A = (x_1, y_1)$，$B = (x_2, y_2)$，AB 的中点为 M. 由向量的加法运算可得 $\overrightarrow{OM} = \dfrac{1}{2}(\overrightarrow{OA} + \overrightarrow{OB})$，所以 $(x, y) = \left(\dfrac{x_1 + x_2}{2}, \dfrac{y_1 + y_2}{2}\right)$，即 $x = \dfrac{x_1 + x_2}{2}$，$y = \dfrac{y_1 + y_2}{2}$，变形，$2x = x_1 + x_2$，$2y = y_1 + y_2$.

2. 距离公式：若平面内两点 $A = (x_1, y_1)$，$B = (x_2, y_2)$，则 $\overrightarrow{AB} = (x_2 - x_1, y_2 - y_1)$，于是有 $|\overrightarrow{AB}| = \sqrt{(x_2 - x_1)^2 + (y_2 - y_1)^2}$.

【知识盲点提示】

点 $A(a, b)$ 关于 (m, n) 的对称点坐标为 $(2m - a, 2n - b)$.

【课堂基础训练】

一、选择题

1. 已知 $A(-4,3)$, $B(-2,7)$, 则线段 AB 的中点为( ).
   A. $(-6,10)$ B. $(-3,5)$ C. $(5,-3)$ D. $(10,-6)$

2. 点 $A(-1,1)$ 关于点 $M(2,3)$ 对称的点 B 坐标为( ).
   A. $\left(\dfrac{1}{2}, 2\right)$ B. $(1,4)$ C. $(5,5)$ D. $(4,1)$

3. 已知点 $M(-2,5)$, 点 $N(x,8)$, $|\overrightarrow{MN}|=5$, 则 $x=$( ).
   A. 2   B. -6 C. -2 D. 2 或 -6

二、填空题

4. 已知 $\vec{a}=(-3,4)$, $|\vec{b}|=20$, $\vec{a}$ 与 $\vec{b}$ 同向, 则 $\vec{b}$ 的坐标为_____.

5. $A(2,-6)$ 关于 x 轴的对称点_____, 关于 y 轴的对称点_____, 关于原点的对称点_____.

三、解答题

6. 已知 $\triangle ABC$ 中, $A(2,5)$, $B(-1,3)$, $C(-2,7)$, D 为 BC 中点, 求 BC 边上的中线 AD 长.

【课堂拓展训练】

一、选择题

1. 点 $A(3,-5)$ 到 x 轴的距离为( ).
   A. -5 B. 5   C. 3   D. -3

2. 已知平行四边形 $ABCD$ 的顶点坐标分别是 $A(-2,5)$, $B(3,4)$, $C(-3,6)$, 则 $|BD|=$( ).
   A. $\sqrt{26}$ B. $\sqrt{130}$ C. $2\sqrt{10}$ D. $\sqrt{2}$

3. 已知点 $A(x,-5)$ 和点 $B(3,-1)$, 线段 AB 的中点在 y 轴上, 则 $x=$( ).
   A. -3 B. 3   C. -6 D. 0

二、填空题

4. 已知点 $A(2,-5)$, $B(-1,-3)$, $C(3,4)$, D 为线段 BC 的中点, 则 $\overrightarrow{DA}$ 的坐标为_____.

5. 已知点 $O(-3,2)$ 是 $A(m,-5)$ 和 $B(2,n)$ 连线的中点, 则 $m=$_____, $n=$_____.

三、解答题

6. 已知 $A(-3,4)$，$B(3,-12)$，求线段 AB 的四等分点 E，F，G 的坐标.

单元测试卷 A

（满分 120 分，时间 120 分钟）

一、选择题（本大题共 15 个小题，每小题 3 分，共 45 分）

1. 若 $\vec{a}=(1,1)$，$\vec{b}=(2,y)$，$\vec{a}\perp\vec{b}$，则 $y=$（　　）.
   A. -4 B. -2 C. 8   D. 10

2. 已知 $M(3,-2)$，$N(-5,-1)$，且 $\overrightarrow{MP}=\dfrac{1}{2}\overrightarrow{MN}$，则点 P 的坐标为（　　）.
   A. $(8,-1)$ B. $(-8,1)$ C. $\left(1,\dfrac{3}{2}\right)$ D. $\left(-1,-\dfrac{3}{2}\right)$

3. 下列命题中正确的是（　　）.
   A. 若 $\vec{a}\ /\!/\ \vec{b}$，则 $\vec{a}=\vec{b}$
   B. 若 $\vec{a}=\vec{0}$，则 $\lambda\vec{a}=\vec{0}$（λ 为任意实数）
   C. 若 $|\vec{a}|=|\vec{b}|$，则 $\vec{a}=\pm\vec{b}$
   D. 两个向量相等是两个向量共线的充要条件

4. 下列各对向量中互相垂直的是（　　）.
   A. $\vec{a}=(4,-2)$，$\vec{b}=(-2,4)$ B. $\vec{a}=(3,4)$，$\vec{b}=(4,3)$
   C. $\vec{a}=(2,0)$，$\vec{b}=(0,-1)$ D. $\vec{a}=(2,-4)$，$\vec{b}=(3,-6)$

5. 已知 $\vec{a}=(-2,4)$，$\vec{b}=(3,-2)$，则 $\vec{a}\cdot\vec{b}=$（　　）.
   A. 14   B. 2   C. -14 D. -2

6. 已知 $A(-1,8)$，$\overrightarrow{AB}=(6,-2)$，则点 B 的坐标为（　　）.
   A. $(-5,6)$ B. $(5,6)$ C. $(5,-6)$ D. $(-6,5)$

7. $\triangle ABC$ 中，$\overrightarrow{AB}\cdot\overrightarrow{AC}=0$，则 $\triangle ABC$ 是（　　）.
   A. 直角三角形   B. 锐角三角形   C. 钝角三角形   D. 等腰三角形

8. 已知 $\overrightarrow{AB}=(-3,1)$，$\overrightarrow{BC}=(2,-3)$，$\overrightarrow{CD}=(2,-5)$，则 $\overrightarrow{AD}=$（　　）.
   A. $(-9,3)$ B. $(1,-7)$ C. $(-1,-7)$ D. $(-6,5)$

9. 已知 $A(4,-3)$，$B(3,2)$，则 AB 中点坐标为（　　）.
   A. $\left(\dfrac{7}{2},\dfrac{1}{2}\right)$ B. $\left(\dfrac{7}{2},-\dfrac{1}{2}\right)$ C. $(7,-1)$ D. $(-1,7)$

10. 已知 $P(2,-1)$，$Q(a,4)$，且 $|PQ|=\sqrt{41}$，则 $a=$（　　）．
    A. 2，-6   B. -2，6   C. -1，7   D. 1，-7

11. 已知 $|\vec{a}|=3$，$|\vec{b}|=4$，$\vec{a}\cdot\vec{b}=4$，则 $|\vec{a}-2\vec{b}|=$（　　）．
    A. 9   B. 5   C. 3   D. 1

12. 化简：$\vec{AB}-\vec{AC}+\vec{BQ}+\vec{QP}=$（　　）．
    A. $\vec{CP}$ B. $\vec{AP}$ C. $\vec{PC}$ D. $\vec{QP}$

13. 已知 $\vec{a}$ 和 $\vec{b}$ 是两个单位向量，则下列 4 个命题中正确的是（　　）．
    A. $\vec{a}=\vec{b}$ B. $\vec{a}//\vec{b}$ C. $\vec{a}\cdot\vec{a}=\vec{b}\cdot\vec{b}$ D. $\vec{a}\cdot\vec{b}=0$

14. 在平行四边形 $ABCD$ 中，$\vec{AB}=\vec{DC}$ 且 $\vec{AC}\cdot\vec{BD}=0$，则四边形 $ABCD$ 是（　　）．
    A. 正方形   B. 矩形   C. 菱形   D. 平行四边形

15. 已知 $\vec{a}=(1,x)$，$\vec{b}=(2x+3,-x)$ 互相平行，其中 $x\in\mathbf{R}$，则 $|\vec{a}-\vec{b}|=$（　　）．
    A. 2，10   B. -2，10   C. 2，$2\sqrt{5}$ D. -2，$2\sqrt{5}$

二、填空题（本大题共 15 个小题，每小题 2 分，共 30 分）

16. 已知 $3\vec{a}+2\vec{x}=2(\vec{b}-\vec{x})$，则 $\vec{x}=$_____．

17. 已知 $\vec{a}=(2,1)$，$\vec{a}+\vec{b}=(4,-3)$，则 $2\vec{a}-\vec{b}=$_____．

18. 已知 $\vec{a}=(-4,3)$，$\vec{b}=(3,2)$，则 $2|\vec{a}|-\vec{a}\cdot\vec{b}=$_____．

19. 已知 $\vec{a}=(2,4)$，与 $\vec{a}$ 垂直的单位向量坐标为_____．

20. 已知 $|\vec{a}|=2$，$|\vec{b}|=5$，$<\vec{a},\vec{b}>=120°$，则 $(2\vec{a}-\vec{b})\cdot\vec{a}=$_____．

21. 已知 $\vec{AB}=(6,1)$，$\vec{BC}=(x,y)$，$\vec{CD}=(-2,-3)$，且 $\vec{BC}//\vec{AD}$，则 $x+2y$ 的值为_____．

22. 已知 $\vec{a}=(1,2)$，$\vec{b}=(3,1)$，则 $\dfrac{1}{2}\vec{a}-2\vec{b}$ 的坐标为_____．

23. 已知 $|\vec{a}|=3$，$<\vec{b},\vec{a}>=120°$，$|\vec{a}+\vec{b}|=\sqrt{13}$，则 $|\vec{b}|=$_____．

24. 在四边形 $ABCD$ 中，$\vec{AB}-\vec{CB}+\vec{CD}-\vec{AD}=$_____．

25. 一个动点由点 A 运动到点 B，又由点 B 运动到点 C，则这个点的位移是_____．

26. 已知 $\vec{a}=(m,12)$，$|\vec{a}|=13$，则 $m=$_____．

27. 已知 $\vec{a}=(1,3)$，$\vec{b}=(2,-4)$，$\vec{c}=(-2,5)$，则 $\vec{a}+2\vec{b}-3\vec{c}=$_____．

28. 已知 $\vec{a}=(1,x)$，$\vec{b}=(2x+3,-x)$，若 $\vec{a}\perp\vec{b}$，则 $x=$_____．

29. 点 $A(-3,1)$ 关于点 $B(2,5)$ 的对称点 C 的坐标为_____．

30. 已知边长为 1 的等边三角形 ABC 中，$\vec{AB}\cdot\vec{BC}=$_____．

三、解答题（本大题共 7 个小题，共 45 分）

31. （6分）已知 $\vec{OA}=(1,3)$，$\vec{OB}=(-2,1)$，且 $\vec{OC}\perp\vec{OB}$，$\vec{BC}//\vec{OA}$，求点 C 的坐标．

32. (6分)已知 $A(1,0)$, $B(4,2)$, $C(-1,-3)$, $\overrightarrow{AB}=\overrightarrow{CD}$, 求点 D 坐标.

33. (6分)已知 $\vec{a}=\vec{i}+2\vec{j}$, $\vec{b}=-4\vec{i}+3\vec{j}$, 求 $\vec{a}$ 与 $\vec{b}$ 的夹角的余弦值.

34. (6分)已知 $\vec{a}$ 是以点 $A(3,-1)$ 为始点, 且与 $\vec{b}=(-3,4)$ 垂直的单位向量, 求 $\vec{a}$ 的终点坐标.

35. (7分)已知 $\vec{a}=(3,2)$, $\vec{b}=(4,3)$, $\vec{c}=(5,-5)$, $\vec{c}=m\vec{a}+n\vec{b}$, 求实数 m 和 n 的值.

36. (7分)已知 $A(-1,1)$, $B(1,3)$, $C(0,5)$, $D(-2,3)$, 求证: 四边形 $ABCD$ 为平行四边形.

37. (7分)已知 $|\vec{a}|=6$, $|\vec{b}|=4$, $(\vec{a}+2\vec{b})\cdot(\vec{a}-3\vec{b})=-72$, 求 $\vec{a}$ 与 $\vec{b}$ 的夹角.

单元测试卷 B

（满分 120 分，时间 120 分钟）

一、选择题(本大题共 15 个小题，每小题 3 分，共 45 分)

1. 下列四式中不能化简为 $\overrightarrow{AD}$ 的是( ).
   A. $(\overrightarrow{AB}+\overrightarrow{CD})+\overrightarrow{BC}$
   B. $\overrightarrow{AD}+\overrightarrow{MB}+\overrightarrow{BC}+\overrightarrow{CM}$
   C. $\overrightarrow{MB}+\overrightarrow{AD}-\overrightarrow{BM}$
   D. $\overrightarrow{OC}-\overrightarrow{OA}+\overrightarrow{CD}$

2. 下列说法中错误的是( ).
   A. 零向量和任何向量平行
   B. 平行向量一定是共线向量
   C. 平面上任意三点 A，B，C 一定有 $\overrightarrow{AB}+\overrightarrow{BC}=\overrightarrow{AC}$
   D. 若 $\vec{e_1}$ 和 $\vec{e_2}$ 都是单位向量，且 $\vec{a}=x_1\vec{e_1}$，$\vec{b}=x_2\vec{e_2}$，则当 $x_1=x_2$ 时，$\vec{a}=\vec{b}$

3. 已知 $\vec{a}$，$\vec{b}$ 均是单位向量，它们的夹角为 $60°$，则 $|\vec{a}+3\vec{b}|=$( ).
   A. $\sqrt{7}$ B. 4 C. $\sqrt{10}$ D. $\sqrt{13}$

4. 已知 $\vec{a}=(-2,4)$，$\vec{b}=(4,y)$，且 $|\vec{a}+\vec{b}|=|\vec{a}-\vec{b}|$，则 $y=$( ).
   A. 8 B. -8 C. 2 D. -2

5. 已知 $\vec{a}=(-1,2)$，$\vec{b}=(-6,m)$，$\vec{a}\parallel\vec{b}$，则 $\vec{a}\cdot\vec{b}=$( ).
   A. 0 B. 30 C. 12 D. -30

6. 若向量 $\vec{a}=(1,1)$，$\vec{b}=(1,-1)$，$\vec{c}=(-1,2)$，则 $\vec{c}=$( ).
   A. $-\dfrac{1}{2}\vec{a}-\dfrac{3}{2}\vec{b}$ B. $\dfrac{1}{2}\vec{a}-\dfrac{3}{2}\vec{b}$ C. $\dfrac{3}{2}\vec{a}-\dfrac{1}{2}\vec{b}$ D. $-\dfrac{3}{2}\vec{a}-\dfrac{1}{2}\vec{b}$

7. 已知 $A(2,-1)$，$B(0,5)$，点 C 在 AB 的延长线上，且 $|\overrightarrow{AC}|=2|\overrightarrow{CB}|$，则点 C 的坐标为( ).
   A. $(-2,11)$ B. $\left(\dfrac{2}{3},3\right)$ C. $\left(\dfrac{4}{3},3\right)$ D. $(2,-7)$

8. $\triangle ABC$ 中，若 $BC=5$，$AB=8$，$\angle B=60°$，则 $\overrightarrow{BC}\cdot\overrightarrow{AB}=$( ).
   A. $20\sqrt{3}$ B. -20 C. 20 D. $-20\sqrt{3}$

9. 已知 $\vec{a}$ 与 $\vec{b}=(1,-3)$ 的夹角为 π，且 $|\vec{a}|=3\sqrt{10}$，则 $\vec{a}=$( ).
   A. $(-3,9)$ B. $(3,-9)$ C. $(9,-3)$ D. $(-9,3)$

10. 点 $M(-5,3)$ 关于点 $N(2,-1)$ 的对称点坐标为( ).
    A. $(9,-5)$ B. $(9,5)$ C. $(-9,5)$ D. $(-9,-5)$

11. 已知 $\vec{a}=(1,3)$，$\vec{b}=(4,-2)$，若 $\vec{a}+\vec{b}$ 与 $k\vec{a}-\vec{b}$ 垂直，则 $k=$( ).
    A. -2 B. $\dfrac{1}{2}$ C. $\dfrac{9}{4}$ D. $-\dfrac{3}{8}$

12. "$\vec{a}=\vec{b}$" 是 "$|\vec{a}|=|\vec{b}|$" 的( )条件.

A. 充分   B. 充要
C. 必要   D. 既不充分也不必要

13. 已知 $\vec{a}=(-1, x)$, $\vec{b}=(1, 2)$, 且 $\vec{a}//\vec{b}$, 则 $2\vec{a}-3\vec{b}=($).
   A. $(-10, -5)$ B. $(-5, -10)$ C. $(10, 5)$ D. $(5, 10)$

14. 已知 $\vec{a}$ 和 $\vec{b}$ 都是单位向量, 若 $\vec{b}\perp(2\vec{a}-\vec{b})$, 则 $\vec{a}$ 与 $\vec{b}$ 的夹角是( ).
   A. $\dfrac{\pi}{6}$ B. $\dfrac{\pi}{3}$ C. $\dfrac{\pi}{4}$ D. $\dfrac{\pi}{2}$

15. 若三点 $A(2,3)$, $B(1,4)$, $C(m,-2)$ 共线, 则 $m=($).
   A. 7   B. 1   C. 3   D. 6

二、填空题(本大题共 15 个小题, 每小题 2 分, 共 30 分)

16. 已知 $\vec{a}=(3x, 6)$ 与 $\vec{b}=(4, x-7)$ 是共线向量且方向相反, 则 $x=$ _____.

17. 已知 D 和 F 分别是 AB 和 AC 的中点, $\overrightarrow{AD}-\overrightarrow{AF}=\lambda\overrightarrow{BC}$, 则 $\lambda=$ _____.

18. 已知 $\vec{a}=(1, 2)$, $\vec{a}//\vec{b}$, 且 $\vec{b}$ 是单位向量, 则 $\vec{b}$ 的坐标为 _____.

19. 已知 $|\vec{a}|=2$, $|\vec{b}|=6$, $\vec{a}\cdot\vec{b}=6\sqrt{3}$, 则 $<\vec{a}, \vec{b}>=$ _____.

20. 已知 $\vec{a}=(4, 2)$, $\vec{b}=(-3, -1)$, 则 $|3\vec{a}+2\vec{b}|=$ _____.

21. 已知 $|\vec{a}|=1$, $|\vec{b}|=2$, 且 $\vec{a}\cdot(\vec{a}+\vec{b})=2$, 则 $\vec{a}$ 与 $\vec{b}$ 的夹角为 _____.

22. 设向量 $\vec{a}=(x_1, y_1)$, $\vec{b}=(x_2, y_2)$, 现定义一种向量的新运算: $\vec{a}\times\vec{b}=(x_1 y_2 - x_2 y_1, x_2 + y_2)$, 则 $(3, 2)\times(1, -2)=$ _____.

23. 化简 $\overrightarrow{NA}-\overrightarrow{NB}-\overrightarrow{BC}+\overrightarrow{AD}=$ _____.

24. 已知 $|\vec{a}|=2$, $|\vec{b}|=3$, $<\vec{a}, \vec{b}>=45°$, 则 $(2\vec{a}-\vec{b})\cdot(\vec{a}+3\vec{b})=$ _____.

25. 已知 $\vec{a}=(2, m)$, $\vec{b}=(n, 4)$, 且 $3\vec{a}=4\vec{b}$, 则 $2n+3m=$ _____.

26. 已知 $|\vec{a}|=3$, $|\vec{b}|=4$, 且 $\vec{a}//\vec{b}$, 则 $\vec{a}\cdot\vec{b}=$ _____.

27. 已知 $|\vec{a}|=1$, $|\vec{b}|=2$, $\vec{c}=\vec{a}+\vec{b}$, 且 $\vec{c}\perp\vec{a}$, 则 $<\vec{a}, \vec{b}>$ 的余弦值为 _____.

28. 已知 $\vec{a}=(-3x, 2)$, $\vec{b}=(2x, x)$, 且 $\vec{a}$ 与 $\vec{b}$ 的夹角为钝角, 则实数 x 的取值范围为 _____.

29. 已知 $\vec{a}=(1, 2)$, $\vec{b}=(2, 3)$, 则向量 $\vec{a}$ 在向量 $\vec{b}$ 上的投影为 _____.

30. 若 $\vec{a}=(4, 0)$, $|\vec{b}|=1$, $<\vec{a}, \vec{b}>=60°$, 则 $|\vec{a}+2\vec{b}|=$ _____.

三、解答题(本大题共 7 个小题, 共 45 分)

31. (6 分) 已知 $\vec{a}\cdot\vec{c}=4$, $\vec{b}\cdot\vec{c}=8$, $(\vec{a}+k\vec{b})\perp\vec{c}$, 求 k 的值.

32. (6 分) 若 $\vec{a}=(3, -4)$, $\vec{b}=(2, x)$, $\vec{c}=(3, y)$, 已知 $\vec{a}//\vec{b}$, $\vec{c}\perp\vec{b}$, 求 $\vec{b}$ 和 $\vec{c}$ 的坐标.

33. (6分)已知△ABC中，A(2，4)，B(-1，-2)，C(4，3)，判断三角形的形状.

34. (6分)已知$|\vec{a}|=|\vec{b}|=1$，$|3\vec{a}-2\vec{b}|=3$，求$|3\vec{a}+\vec{b}|$.

35. (7分)已知A(1，0)，B(0，1)，C(2，5).
(1)试求$2\overrightarrow{AB}+\overrightarrow{AC}$的模；
(2)试求$\overrightarrow{AB}$与$\overrightarrow{AC}$的夹角余弦值.

36. (7分)已知向量$\vec{a}=(1，2)$，$\vec{b}=(x，-2)$，且$\vec{a}\perp(\vec{a}-\vec{b})$，若$\vec{a}-\lambda\vec{b}$与$2\vec{a}+\vec{b}$平行，求λ的值.

37. (7分)已知向量$\vec{a}=3\vec{e_1}-2\vec{e_2}$，$\vec{b}=4\vec{e_1}+\vec{e_2}$，其中$\vec{e_1}=(1，0)$，$\vec{e_2}=(0，1)$. 求$\vec{a}\cdot\vec{b}$，$|\vec{a}-\vec{b}|$.

第 4 章

圆锥曲线

知识导图

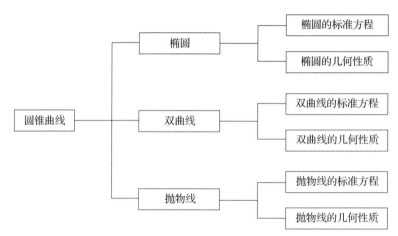

【学习目标导航】

1. 理解椭圆的定义、标准方程及其几何性质.
2. 了解双曲线、抛物线的定义、标准方程及其几何性质.
3. 会根据条件求出相应的椭圆、双曲线、抛物线的标准方程.
4. 熟练用代数方法解决几何问题.

4.1 椭圆

4.1.1 椭圆的标准方程

【知识要点预习】

1. 椭圆的定义：_____.

2. 焦点在 x 轴上的椭圆标准方程：_____．

焦点在 y 轴上的椭圆标准方程：_____．

【知识要点梳理】

1. 椭圆的定义．平面内与两个定点 F_1、F_2 的距离之和是常数（大于 $|F_1F_2|$）的点的轨迹为椭圆，即 $|PF_1|+|PF_2|=2a$，这两个定点 F_1、F_2 为椭圆的焦点，两个焦点之间的距离 $|F_1F_2|$ 为椭圆的焦距，即 $|F_1F_2|=2c$．

注意：

(1) 若 $2a>2c$，轨迹为椭圆；

(2) 若 $2a=2c$，轨迹为线段；

(3) 若 $2a<2c$，无轨迹．

2. 椭圆标准方程．

焦点在 x 轴上的椭圆标准方程为 $\dfrac{x^2}{a^2}+\dfrac{y^2}{b^2}=1$，焦点坐标为 $(\pm c, 0)$；

焦点在 y 轴上的椭圆标准方程为 $\dfrac{y^2}{a^2}+\dfrac{x^2}{b^2}=1$，焦点坐标为 $(0, \pm c)$．

其中 $a^2=b^2+c^2$．

【知识盲点提示】

1. 求椭圆标准方程时，渗透了解析几何中求轨迹的方法，建立直角坐标系，用未知变量代替已知变量，列方程化简得结果．

2. 会判断椭圆焦点在哪个轴上，且 a, b, c 均为正数．

【课堂基础训练】

一、选择题

1. 椭圆 $\dfrac{x^2}{16}+\dfrac{y^2}{12}=1$ 的焦点坐标为（　　）．

   A.（±2，0）　　　B.（±4，0）　　　C.（0，±2$\sqrt{3}$）　　　D.（0，±2）

2. 椭圆 $\dfrac{x^2}{25}+\dfrac{y^2}{9}=1$ 的焦距为（　　）．

   A. 10　　　　　B. 6　　　　　C. 8　　　　　D. 4

3. 椭圆 $\dfrac{x^2}{16}+\dfrac{y^2}{9}=1$ 上一点 P 到一个焦点的距离为 3，则 P 到另一个焦点的距离为（　　）．

   A. 8　　　　　B. 3　　　　　C. $\sqrt{7}$　　　　　D. 5

二、填空题

4. △ABC 中，$B(-2, 0)$，$C(2, 0)$，且满足 $|AB|+|AC|=10$，则点 A 的轨迹方程为_____．

5. 若椭圆 $\dfrac{x^2}{m}+\dfrac{y^2}{5}=1$ 的一个焦点为 $(0, 2)$，则 m 的值为_____．

三、解答题

6. 求符合下列条件的椭圆标准方程：

(1) 焦点在 y 轴上，$a=4$，$b=3$；

(2) $a=10$，$c=6$；

(3) 焦点坐标 $(-4,0)$、$(4,0)$，且满足 $a+b=8$.

【课堂拓展训练】

一、选择题

1. 设椭圆 $\dfrac{x^2}{4}+\dfrac{y^2}{m}=1$ 经过点 $(\sqrt{3},2)$，则其焦距为（　　）.

   A. 4 B. $2\sqrt{3}$ C. $4\sqrt{3}$ D. $2\sqrt{5}$

2. 若方程 $\dfrac{x^2}{3+k}+\dfrac{y^2}{2-k}=1$ 表示椭圆，则 k 的取值范围为（　　）.

   A. $(-3,+\infty)$ B. $(2,+\infty)$

   C. $\left(-3,-\dfrac{1}{2}\right)\cup\left(-\dfrac{1}{2},2\right)$ D. $(-\infty,-3)$

3. 已知椭圆的焦点 $F_1(0,-1)$，$F_2(0,1)$，P 是椭圆上的一点，且 $|F_1F_2|$ 是 $|PF_1|$ 和 $|PF_2|$ 的等差中项，则该椭圆的标准方程为（　　）.

   A. $\dfrac{y^2}{16}+\dfrac{x^2}{9}=1$ B. $\dfrac{y^2}{16}+\dfrac{x^2}{12}=1$ C. $\dfrac{x^2}{3}+\dfrac{y^2}{4}=1$ D. $\dfrac{y^2}{3}+\dfrac{x^2}{4}=1$

二、填空题

4. 已知椭圆 $\dfrac{x^2}{25}+\dfrac{y^2}{9}=1$，弦 AB 过椭圆焦点 F_1，则 $\triangle ABF_2$ 的周长为 _____.

5. 若方程 $\dfrac{x^2}{a^2}+\dfrac{y^2}{a+6}=1$ 表示焦点在 x 轴上的椭圆，则实数 a 的取值范围为 _____.

三、解答题

6. 求适合下列条件的椭圆标准方程：

(1) 焦点 $F_1(-2,0)$，且经过 $P(2,3)$；

(2) 椭圆经过 $(\sqrt{3},-2)$ 和 $(2\sqrt{3},-1)$ 两点.

4.1.2 椭圆的几何性质

【知识要点预习】

椭圆长轴长为_____，短轴长为_____，离心率为_____．

【知识要点梳理】

椭圆的几何性质：

1. 范围：当焦点在 x 轴上时，$|x|\leqslant a$，$|y|\leqslant b$；当焦点在 y 轴上时，$|x|\leqslant b$，$|y|\leqslant a$．

2. 对称性：关于原点、x 轴、y 轴对称．

3. 顶点．

当焦点在 x 轴上时，顶点：$A_1(-a, 0)$，$A_2(a, 0)$，$B_1(0, -b)$，$B_2(0, b)$；

当焦点在 y 轴上时，顶点：$B_1(-b, 0)$，$B_2(b, 0)$，$A_1(0, -a)$，$A_2(0, a)$．

线段 $|A_1A_2|$ 为椭圆的长轴，长轴长为 $2a$，a 为椭圆的半长轴长；

线段 $|B_1B_2|$ 为椭圆的短轴，短轴长为 $2b$，b 为椭圆的半短轴长．

4. 离心率．一般地，椭圆的半焦距与半长轴长的比 $e=\dfrac{c}{a}$，称为椭圆离心率，其范围为 $0<e<1$，离心率 e 越大，椭圆越扁；e 越小，椭圆越圆．

特别地：$e^2=\dfrac{c^2}{a^2}=\dfrac{a^2-b^2}{a^2}=1-\dfrac{b^2}{a^2}$．

【知识盲点提示】

1. 理解 a，b，c 的几何意义．

2. 已知椭圆离心率求椭圆方程时，注意应用 $e^2=1-\dfrac{b^2}{a^2}$．

【课堂基础训练】

一、选择题

1. 已知椭圆方程 $4x^2+9y^2=36$，则它的离心率是（　　）．

  A. $\dfrac{\sqrt{5}}{3}$ B. $\dfrac{\sqrt{5}}{2}$ C. $\dfrac{2}{3}$ D. $\dfrac{3}{2}$

2. 长轴是短轴的 2 倍，且经过点 $P(-2, 0)$ 的椭圆方程是（　　）．

  A. $\dfrac{x^2}{16}+\dfrac{y^2}{15}=1$ B. $\dfrac{y^2}{16}+\dfrac{x^2}{4}=1$

  C. $\dfrac{x^2}{4}+y^2=1$ D. $\dfrac{x^2}{4}+y^2=1$ 或 $\dfrac{x^2}{4}+\dfrac{y^2}{16}=1$

3. 若椭圆 $\dfrac{x^2}{4}+\dfrac{y^2}{m}=1$ 的离心率为 $\dfrac{1}{2}$，则 $m=$（　　）．

A. 3 B. $\dfrac{16}{3}$ C. 1 D. 3 或 $\dfrac{16}{3}$

4. 经过椭圆 $\dfrac{x^2}{4}+\dfrac{y^2}{3}=1$ 的左焦点且垂直于 x 轴的直线被该椭圆截得的弦长为(　　).

A. 6 B. $\sqrt{3}$ C. 3 D. $2\sqrt{3}$

5. 椭圆 $\dfrac{x^2}{a^2}+\dfrac{y^2}{b^2}=1$ 和 $\dfrac{x^2}{a^2}+\dfrac{y^2}{b^2}=k(k>0)$ 具有(　　).

A. 相同的长轴　　B. 相同的短轴　　C. 相同的焦点　　D. 相同的离心率

6. 椭圆的短轴长、焦距、长轴长依次成等差数列,则此椭圆的离心率为(　　).

A. $\dfrac{2}{3}$ B. $\dfrac{3}{4}$ C. $\dfrac{4}{5}$ D. $\dfrac{3}{5}$

7. 已知椭圆 $\dfrac{x^2}{k-2}+\dfrac{y^2}{10-k}=1$,若焦距为 4,则 $k=$(　　).

A. 4 B. 8 C. 5 或 7 D. 4 或 8

8. 以椭圆 $\dfrac{x^2}{25}+\dfrac{y^2}{16}=1$ 的短轴顶点为焦点,离心率为 $\dfrac{1}{2}$ 的椭圆方程为(　　).

A. $\dfrac{x^2}{64}+\dfrac{y^2}{48}=1$　B. $\dfrac{y^2}{64}+\dfrac{x^2}{48}=1$　C. $\dfrac{x^2}{100}+\dfrac{y^2}{75}=1$　D. $\dfrac{y^2}{100}+\dfrac{x^2}{75}=1$

9. 椭圆 $\dfrac{x^2}{4}+\dfrac{y^2}{3}=1$ 的右焦点到直线 $y=\sqrt{3}x$ 的距离是(　　).

A. $\dfrac{\sqrt{3}}{2}$ B. 1 C. $\sqrt{3}$ D. $\dfrac{1}{2}$

10. 焦点在 x 轴,长轴长为 8,离心率为 $\dfrac{1}{2}$ 的椭圆标准方程是(　　).

A. $\dfrac{x^2}{12}-\dfrac{y^2}{16}=1$　B. $\dfrac{x^2}{12}+\dfrac{y^2}{16}=1$　C. $\dfrac{x^2}{16}+\dfrac{y^2}{12}=1$　D. $\dfrac{x^2}{64}+\dfrac{y^2}{48}=1$

二、填空题

11. 已知椭圆 $9x^2+25y^2=225$,其长轴长为_____,短轴长为_____.

12. 已知椭圆 $\dfrac{x^2}{3}+\dfrac{y^2}{k}=1$ 的离心率是方程 $2x^2-11x+5=0$ 的两个根,则 $k=$_____.

13. 已知 $c=\sqrt{2}$,$e=\dfrac{1}{2}$,则椭圆标准方程为_____.

14. 已知长轴两个顶点为 $(0,\pm 2)$,$e=\dfrac{\sqrt{3}}{2}$,则椭圆标准方程为_____.

15. 已知椭圆 $\dfrac{x^2}{36}+\dfrac{y^2}{32}=1$,它的长轴两顶点坐标为_____,离心率为_____.

16. 已知椭圆的左焦点 $F(-3,0)$,F 到左顶点的距离为 3,则椭圆标准方程为_____.

三、解答题

17. 已知椭圆的一个顶点和一个焦点分别是 $x+2y-6=0$ 与两坐标轴的交点，求此椭圆的标准方程．

18. 已知椭圆的方程是 $\dfrac{x^2}{12}+\dfrac{y^2}{16}=1$，试求以其焦点为顶点，且与该椭圆有相同离心率的椭圆方程．

19. 已知椭圆的离心率 $e=\dfrac{\sqrt{2}}{2}$，一个焦点是圆 $x^2+y^2-4x+3=0$ 的圆心 F，求此椭圆方程．

20. 求直线 $y=x-1$ 被椭圆 $\dfrac{x^2}{16}+\dfrac{y^2}{4}=1$ 截得的弦长．

【课堂拓展训练】

一、填空题

1. 一个焦点将长轴分成 $2:1$，且经过点 $(3,2)$，则焦点在 x 轴上的椭圆标准方程为_____．

2. 椭圆的长轴是短轴的 3 倍，则椭圆的离心率为_____．

3. 已知 M 是椭圆 $\dfrac{x^2}{25}+\dfrac{y^2}{16}=1$ 上的一点，F_1，F_2 是椭圆的焦点，且 $\angle F_1MF_2=60°$，

则 $\triangle F_1MF_2$ 的面积是_____.

4. 已知椭圆一焦点与短轴两端点连线的夹角为 $120°$，则椭圆的离心率为_____.

5. 经过椭圆 $x^2+2y^2=2$ 的右焦点且平行于直线 $3x-y+1=0$ 的直线方程为_____.

6. 已知离心率 $e=\dfrac{\sqrt{2}}{2}$，焦距为 2，则椭圆标准方程为_____.

二、解答题

7. 已知直线 $2x-y+1=0$ 与椭圆 $2x^2+y^2=4$ 相交于 A，B 两点，求 AB 的中点 M 的坐标.

8. 已知直线 l 交椭圆 $\dfrac{x^2}{16}+\dfrac{y^2}{12}=1$ 于 A，B 两点，$M(2,1)$ 为 AB 的中点，求此直线 l 的方程.

9. 已知椭圆 $\dfrac{x^2}{a^2}+\dfrac{y^2}{b^2}=1(a>b>0)$ 与斜率为 $\dfrac{3}{4}$ 的直线的一个交点为 $(2,3)$，且椭圆右焦点到该直线的距离为 $\dfrac{12}{5}$，求此椭圆方程.

10. 已知椭圆 $\dfrac{x^2}{4}+\dfrac{y^2}{m}=1$，焦点为 $(1,0)$，过椭圆的左焦点 F_1 作倾斜角为 $\dfrac{\pi}{4}$ 的直线与椭圆交于 M，N 两点，求：

(1) 直线方程；

(2) 椭圆方程；

(3) $\triangle OMN$ 的面积.

4.2 双曲线

4.2.1 双曲线的标准方程

【知识要点预习】

1. 双曲线的定义：_____．
2. 焦点在 x 轴上的双曲线标准方程：_____；
焦点在 y 轴上的双曲线标准方程：_____．

【知识要点梳理】

1. 双曲线的定义．平面内与两个定点 F_1，F_2 的距离的差的绝对值是常数（小于 $|F_1F_2|$ 且不等于 0）的点的轨迹为双曲线，两定点称为双曲线的焦点，两焦点的距离称为双曲线的焦距，常数为 $2a(2a<2c)$．

注意：当 $2a<2c$ 时，点的轨迹为双曲线；

当 $2a=2c$ 时，点的轨迹为两条射线；

当 $2a>2c$ 时，无轨迹．

2. 双曲线标准方程．

焦点在 x 轴上的双曲线标准方程为 $\dfrac{x^2}{a^2}-\dfrac{y^2}{b^2}=1$，焦点坐标为 $(\pm c, 0)$；

焦点在 y 轴上的双曲线标准方程为 $\dfrac{y^2}{a^2}-\dfrac{x^2}{b^2}=1$，焦点坐标为 $(0, \pm c)$．

其中 $c^2=a^2+b^2$．

【知识盲点提示】

会判断双曲线焦点在哪个轴上．

【课堂基础训练】

一、选择题

1. 已知双曲线 $\dfrac{x^2}{4}-\dfrac{y^2}{16}=1$ 上任意点 M 到一个焦点距离为 10，则它到另一个焦点的距离为(　　)．

　　A．4　　　　　B．6　　　　　C．14　　　　　D．6 或 14

2. 已知焦距为 $10\sqrt{2}$，$2a=8$，焦点在 y 轴上的双曲线标准方程为(　　)．

　　A．$\dfrac{y^2}{16}-\dfrac{x^2}{34}=1$　　B．$\dfrac{y^2}{34}-\dfrac{x^2}{16}=1$　　C．$\dfrac{y^2}{50}-\dfrac{x^2}{16}=1$　　D．$\dfrac{y^2}{16}-\dfrac{x^2}{50}=1$

3. 双曲线 $\dfrac{x^2}{36}-\dfrac{y^2}{28}=1$ 的焦点坐标是(　　)．

A.（±6，0）   B.（0，±6）   C.（0，±2$\sqrt{7}$）   D.（±8，0）

二、填空题

4. 焦点坐标为(0，±3)，且过点($\sqrt{15}$，4)的双曲线标准方程为_____．

5. $\dfrac{x^2}{m-2} - \dfrac{y^2}{5-m} = 1$ 表示双曲线，实数 m 的取值范围为_____．

三、解答题

6. 求适合下列条件的双曲线方程：

(1) 焦点坐标（±4，0），$2a=6$；

(2) $a=b=3$，焦点在 x 轴上；

(3) 与 $\dfrac{x^2}{16} + \dfrac{y^2}{25} = 1$ 有共同的焦点，且过点(2，$\sqrt{10}$)；

(4) $a=3$，$b=4$．

【课堂拓展训练】

一、选择题

1. 平面内一点 A 到 $B(-4, 0)$ 的距离与它到 $C(4, 0)$ 距离之差等于 6，则点 A 的轨迹为（　　）．

    A. 双曲线   B. 双曲线左支   C. 双曲线右支   D. 一条射线

2. 双曲线 $3mx^2 - my^2 = 3$ 的焦距为 4，则 m 的值为（　　）．

    A. ±1   B. 1   C. -1   D. ±16

3. 已知椭圆 $\dfrac{x^2}{5} + \dfrac{y^2}{a} = 1$ 与双曲线 $\dfrac{x^2}{a} - \dfrac{y^2}{3} = 1$ 有相同的焦点，则 $a=$（　　）．

    A. 3   B. 4   C. 1   D. 2

二、填空题

4. 双曲线 $\dfrac{x^2}{32} - \dfrac{y^2}{18} = -2$ 的焦距为_____．

5. 若双曲线 $8kx^2 - ky^2 = 8$ 的一个焦点坐标为(0，3)，则 $k=$_____．

三、解答题

6. 求以椭圆 $\dfrac{x^2}{169} + \dfrac{y^2}{144} = 1$ 的焦点为顶点，以顶点为焦点的双曲线方程．

4.2.2 双曲线的几何性质

【知识要点预习】

1. 双曲线的实轴长为_____，虚轴长为_____．

2. 双曲线 $\dfrac{x^2}{a^2}-\dfrac{y^2}{b^2}=1$ 的渐近线方程为_____．

【知识要点梳理】

双曲线的几何性质：

1. 范围：当焦点在 x 轴上时，$|x|\geqslant a$；当焦点在 y 轴上时，$|y|\geqslant a$．

2. 对称性：关于原点、x 轴、y 轴对称．

3. 顶点：当焦点在 x 轴上时，顶点坐标：$A_1(-a,0)$，$A_2(a,0)$；

当焦点在 y 轴上时，顶点坐标：$A_1(0,-a)$，$A_2(0,a)$．

线段 A_1A_2 为双曲线的实轴，实轴长为 $2a$，a 为半实轴长；

线段 B_1B_2 为双曲线的虚轴，虚轴长为 $2b$，b 为半虚轴长．

特别地，实轴长与虚轴长相等的双曲线称为等轴双曲线．

4. 渐近线．

焦点在 x 轴上时渐近线方程为 $y=\pm\dfrac{b}{a}x$；

焦点在 y 轴上时渐近线方程为 $y=\pm\dfrac{a}{b}x$．

特别地，等轴双曲线渐近线方程为 $y=\pm x$．

5. 离心率．双曲线的半焦距与半实轴长的比 $e=\dfrac{c}{a}$，称为双曲线的离心率，其范围 $e>1$，e 越小，双曲线的渐近线所夹的双曲线区域越狭窄．

特别地：

(1) $e^2=\dfrac{c^2}{a^2}=\dfrac{a^2+b^2}{a^2}=1+\dfrac{b^2}{a^2}$；

(2) 等轴双曲线离心率 $e=\sqrt{2}$．

【知识盲点提示】

1. 注意掌握求双曲线渐近线的方法．

2. 理解 a，b，c 的几何意义．

【课堂基础训练】

一、选择题

1. 双曲线 $\dfrac{x^2}{36}-\dfrac{y^2}{16}=1$ 的渐近线方程为（　　）．

A. $y=\pm\dfrac{3}{2}x$　　　　B. $y=\pm\dfrac{2}{3}x$　　　　C. $y=\pm\dfrac{4}{9}x$　　　　D. $y=\pm\dfrac{9}{4}x$

2. 双曲线 $\dfrac{y^2}{12}-\dfrac{x^2}{4}=1$ 的离心率为( ).

   A. 3　　　　　B. $\dfrac{2\sqrt{3}}{3}$　　　　　C. $\dfrac{\sqrt{3}}{2}$　　　　　D. 2

3. 等轴双曲线的离心率为( ).

   A. 2　　　　　B. $\sqrt{3}$　　　　　C. $\sqrt{2}$　　　　　D. $\dfrac{\sqrt{2}}{2}$

4. 若双曲线的实轴长 4，焦点坐标为 $(0,\pm 2\sqrt{5})$，则其方程为( ).

   A. $\dfrac{x^2}{4}-\dfrac{y^2}{16}=1$　　B. $\dfrac{x^2}{16}-\dfrac{y^2}{4}=1$　　C. $\dfrac{y^2}{16}-\dfrac{x^2}{4}=1$　　D. $\dfrac{y^2}{4}-\dfrac{x^2}{16}=1$

5. 与双曲线 $\dfrac{x^2}{9}-\dfrac{y^2}{16}=1$ 有相同的渐近线，且过点 $(-3,4\sqrt{2})$ 的双曲线方程为( ).

   A. $\dfrac{y^2}{32}-\dfrac{x^2}{18}=1$　　B. $\dfrac{x^2}{18}-\dfrac{y^2}{32}=1$　　C. $\dfrac{y^2}{16}-\dfrac{x^2}{9}=1$　　D. $\dfrac{x^2}{9}-\dfrac{y^2}{16}=1$

6. 双曲线的渐近线方程为 $y=\pm\sqrt{3}x$，则双曲线的离心率为( ).

   A. $\dfrac{2\sqrt{3}}{3}$　　　B. $\dfrac{2\sqrt{3}}{3}$ 或 2　　　C. 2　　　D. $\dfrac{1}{2}$

7. 过双曲线 $\dfrac{x^2}{16}-\dfrac{y^2}{9}=1$ 的左焦点 F_1 的直线与双曲线的左支交于 A，B 两点，且 $|AB|=6$，右焦点为 F_2，则 $|AF_2|+|BF_2|=(\ \ )$.

   A. 22　　　　　B. 10　　　　　C. 18　　　　　D. 28

8. 已知 F_1，F_2 为双曲线 $\dfrac{x^2}{4}-y^2=1$ 的两个焦点，点 M 在双曲线上，且 $\angle F_1MF_2=60°$，则 $\triangle F_1MF_2$ 的面积是( ).

   A. $\sqrt{3}$　　　　B. $\dfrac{\sqrt{3}}{2}$　　　　C. 2　　　　D. 1

9. 椭圆 $\dfrac{x^2}{36}+\dfrac{y^2}{16}=1$ 与双曲线 $\dfrac{x^2}{36-k}-\dfrac{y^2}{k-16}=1$ $(16<k<36)$ 始终有( ).

   A. 相同的顶点　　　　　　　　B. 相同的焦点
   C. 相同的离心率　　　　　　　D. 以上结论均不正确

10. 双曲线的渐近线为 $y=\pm\dfrac{2}{3}x$，且过点 $(0,6)$ 的双曲线方程为( ).

    A. $\dfrac{y^2}{36}-\dfrac{x^2}{81}=1$　　B. $\dfrac{x^2}{36}-\dfrac{y^2}{81}=1$　　C. $\dfrac{x^2}{81}-\dfrac{y^2}{36}=1$　　D. $\dfrac{y^2}{81}-\dfrac{x^2}{36}=1$

二、填空题

11. 实轴长 10，虚轴长 8，焦点在 x 轴上的双曲线方程为_____.

12. 以 $y=\pm\sqrt{3}x$ 为渐近线，焦点为 $(-4,0)$ 的双曲线方程为_____.

13. 离心率 $e=\sqrt{2}$，且过点 $(3,1)$ 的双曲线方程为_____.

14. $9x^2-16y^2-144=0$ 的焦点坐标为_____，实轴长为_____，虚轴长为_____．

15. 已知双曲线 $9kx^2-ky^2=9$ 的一个焦点为 $(0,\sqrt{10})$，则 $k=$_____．

16. 双曲线的一条渐近线方程为 $y=\dfrac{4}{3}x$，则双曲线的离心率为_____．

三、解答题

17. 求与 $x^2+4y^2=16$ 有共同的焦点，一条渐近线为 $x+\sqrt{3}y=0$ 的双曲线标准方程．

18. 已知双曲线的焦点在 y 轴上，两顶点之间的距离为16，离心率是 $\dfrac{5}{4}$，求：
(1) 双曲线的标准方程；
(2) 双曲线的渐近线方程．

19. 双曲线与椭圆 $\dfrac{x^2}{36}+\dfrac{y^2}{20}=1$ 有共同的焦点，且与椭圆有一个交点的横坐标为3，求此双曲线的标准方程．

20. 求中心在原点，焦点为 $F(0,2)$，且被直线 $y=x+2$ 截得的弦中点的横坐标为1的双曲线方程．

【课堂拓展训练】

一、填空题

1. 若椭圆 $\dfrac{x^2}{4}+\dfrac{y^2}{m^2}=1$ 与双曲线 $\dfrac{x^2}{m}-\dfrac{y^2}{2}=1$ 有相同的焦点，则 m 的值为 _____．

2. 直线 $2x-3y+5=0$ 与双曲线 $\dfrac{x^2}{36}-\dfrac{y^2}{16}=1$ 的交点个数为 _____．

3. $\dfrac{x^2}{\cos\alpha}+\dfrac{y^2}{\sin\alpha}=1$ 表示双曲线，则角 α 所在象限为 _____．

4. 双曲线 $\dfrac{x^2}{9}-\dfrac{y^2}{25}=1$ 上的一点 P 到一个焦点的距离是 8，则点 P 到另一个焦点的距离是 _____．

5. 双曲线 $\dfrac{x^2}{a^2}-\dfrac{y^2}{b^2}=1$ 的半焦距为 c，直线 l 经过 $(a,0)$，$(0,b)$ 两点，原点到直线 l 的距离为 $\dfrac{\sqrt{3}}{4}c$，则双曲线的离心率为 _____．

6. 双曲线 $\dfrac{x^2}{a^2}-\dfrac{y^2}{b^2}=1$ 的焦点到渐近线的距离为 _____．

二、解答题

7. 双曲线 $\dfrac{x^2}{3}-\dfrac{y^2}{2}=1$ 与直线 $x-y-2=0$ 交于 A，B 两点，求线段 AB 的长度．

8. 双曲线以经过原点且与圆 $x^2+y^2-8x+12=0$ 相切的两条直线为渐近线，若该双曲线经过椭圆 $x^2+16y^2=16$ 的两个焦点，求该双曲线的标准方程．

9. 求双曲线的焦点在 x 轴上，离心率 $e=\dfrac{2\sqrt{3}}{3}$，焦点到渐近线的距离为 1 的双曲线标准方程．

10. 中心在直角坐标系原点，焦点在 x 轴上的椭圆与某双曲线有共同焦点 F_1，F_2，并且 $|F_1F_2|=2\sqrt{13}$，椭圆长半轴与双曲线实半轴之差为 4，椭圆与双曲线离心率之比为 3∶7，求椭圆和双曲线的标准方程．

4.3 抛物线

4.3.1 抛物线的标准方程

【知识要点预习】

1. 抛物线的定义：＿＿＿＿＿＿＿＿＿＿＿＿＿＿＿．
2. 焦点在 x 轴正半轴上的抛物线标准方程为＿＿＿＿＿＿＿＿＿＿．

【知识要点梳理】

1. 抛物线的定义．一般地，F 为平面内的一个定点，l 是不过点 F 的一条定直线，则平面上到 F 的距离与到 l 的距离相等的点的轨迹为抛物线，其中定点 F 称为抛物线的焦点，定直线 l 称为抛物线的准线．

2. 抛物线的标准方程（$p>0$）：

方程	焦点	准线	图形
$y^2=2px$	$F\left(\dfrac{p}{2}, 0\right)$	$x=-\dfrac{p}{2}$	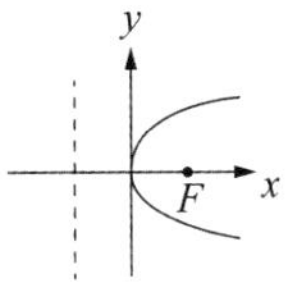
$y^2=-2px$	$F\left(-\dfrac{p}{2}, 0\right)$	$x=\dfrac{p}{2}$	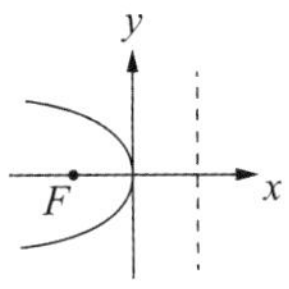
$x^2=2py$	$F\left(0, \dfrac{p}{2}\right)$	$y=-\dfrac{p}{2}$	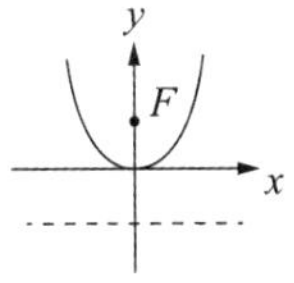

续表

方程	焦点	准线	图形
$x^2=-2py$	$F\left(0,-\dfrac{p}{2}\right)$	$y=\dfrac{p}{2}$	

3. p 的几何意义：焦点到准线的距离．

【知识盲点提示】

1. 会利用抛物线定义，将到焦点的距离转化到准线的距离．
2. 会判断焦点在哪个坐标轴上，掌握焦点坐标、准线方程的求法以及技巧．

【课堂基础训练】

一、选择题

1. 抛物线 $y^2=16x$ 的焦点坐标为（　　）．
   A．$(-4,0)$　　B．$(4,0)$　　C．$(0,4)$　　D．$(0,-4)$

2. 抛物线 $x=-\dfrac{y^2}{4}$ 的准线方程为（　　）．
   A．$x=1$　　B．$x=-1$　　C．$x=\dfrac{1}{16}$　　D．$x=-\dfrac{1}{16}$

3. 抛物线 $y^2=32x$ 上一点 A 到焦点 F 的距离为 10，则点 A 的坐标为（　　）．
   A．$(-2,\pm 8)$　　B．$(8,16)$　　C．$(8,-16)$　　D．$(2,\pm 8)$

4. 抛物线 $x^2=20y$ 的焦点到准线的距离为（　　）．
   A．5　　B．10　　C．20　　D．4

5. 抛物线 $y=ax^2$ 的焦点坐标为（　　）．
   A．$\left(0,-\dfrac{1}{a}\right)$　　B．$\left(0,\dfrac{1}{8a}\right)$　　C．$\left(0,\dfrac{1}{2a}\right)$　　D．$\left(0,\dfrac{1}{4a}\right)$

6. 点 M 到 $F(3,0)$ 的距离比它到直线 $x+4=0$ 的距离小 1，则点 M 的轨迹方程为（　　）．
   A．$y^2=12x$　　B．$y^2=-12x$　　C．$y^2=6x$　　D．$y^2=-6x$

7. 以椭圆 $\dfrac{x^2}{20}+\dfrac{y^2}{36}=1$ 的上焦点为焦点的抛物线方程为（　　）．
   A．$x^2=8y$　　B．$x^2=-8y$　　C．$x^2=16y$　　D．$x^2=-16y$

8. 抛物线 $x=ay^2$ 的准线是 $x+2=0$，则 a 的值是（　　）．
   A．$\dfrac{1}{8}$　　B．$-\dfrac{1}{8}$　　C．8　　D．-8

9. 抛物线 $y^2=-8x$ 上一点 P 的横坐标为 -3，则该点到焦点的距离为（　　）．
   A．3　　B．7　　C．5　　D．4

10. 焦点在直线 $x+2y-4=0$ 与坐标轴交点上的抛物线的标准方程是( ).

  A. $y^2=-16x$ B. $y^2=16x$ 或 $x^2=-4y$

  C. $y^2=16x$ 或 $x^2=8y$ D. $y^2=16x$ 或 $x^2=-8y$

二、填空题

11. 抛物线 $y^2+12x=0$ 的焦点到准线的距离为_____.

12. 抛物线 $x^2=-4y$ 的焦点坐标为_____,准线方程为_____.

13. 抛物线 $y^2=2px$ 上到焦点距离为 3 的点的横坐标为 1,则 $p=$_____.

14. 过点 $(2,-3)$ 的抛物线标准方程为_____.

15. 到定点 $(-3,0)$ 与到 $x-3=0$ 距离相等的点的轨迹方程为_____.

16. 已知抛物线焦点在 x 轴上,抛物线上的点 $P(3,m)$ 到焦点距离为 6,则抛物线的准线方程为_____.

三、解答题

17. 已知抛物线的顶点是双曲线 $16x^2-9y^2=144$ 的中心,焦点是双曲线的右顶点,求抛物线的标准方程.

18. 已知抛物线 $y^2=2px$ 与直线 $x+ay-4=0$ 的一个交点是 $(2,2)$,求抛物线的焦点到直线的距离.

19. 抛物线过直线 $y=-\sqrt{2}x$ 与圆 $x^2+y^2-6x=0$ 的交点,求抛物线的标准方程.

20. 已知抛物线 $y^2=12x$ 与直线 $2x-y+1=0$ 交于 A，B 两点，求 $|AB|$．

【课堂拓展训练】

一、填空题

1. 已知抛物线 $y^2=mx$ 与 $\dfrac{x^2}{16}+\dfrac{y^2}{12}=1$ 有一个共同的焦点，则 $m=$ _____．

2. 已知抛物线 $y^2=-4x$，过抛物线的焦点且垂直于 x 轴的直线交抛物线于 A，B 两点，则 $|AB|=$ _____．

3. 已知抛物线 $y^2=16x$ 上一点 P 到 y 轴的距离为 10，则 $|PF|=$ _____．

4. 过抛物线 $y^2=8x$ 的焦点的直线交抛物线于 A，B 两点，且 $|AB|=10$，则 $|AB|$ 的中点 M 到抛物线的准线的距离为 _____．

5. 过抛物线 $y^2=6x$ 的焦点弦 AB 中点的横坐标为 2，则 $|AB|=$ _____．

6. 已知点 $A(3,4)$，F 是抛物线 $y^2=8x$ 的焦点，M 是抛物线上的点，$|MA|+|MF|$ 取最小值时，点 M 的坐标为 _____，且其最小值为 _____．

二、解答题

7. 已知倾斜角为 $\dfrac{\pi}{4}$ 的直线过抛物线 $y^2=4x$ 的焦点，且交抛物线于 A，B 两点，求 $|AB|$ 及 AB 中点 M 的坐标．

8. 已知直线 $y=x+1$ 与抛物线 $y^2=-2px(p>0)$ 交于 A，B 两点，且 $|AB|=8$，求此抛物线方程．

9. 已知抛物线 $y^2=12x$ 的一条弦中点 $M(2,-3)$,求此弦所在直线方程.

10. 求以抛物线 $y^2=20x$ 的焦点为圆心,且与该抛物线准线相切的圆的方程.

4.3.2 抛物线的几何性质

【知识要点预习】

抛物线的顶点坐标为_____,离心率为_____.

【知识要点梳理】

抛物线的几何性质:

1. 范围与对称性:

当焦点在 x 轴正半轴上时,$x\geqslant 0$,$y\in \mathbf{R}$,关于 x 轴对称,开口向右;

当焦点在 x 轴负半轴上时,$x\leqslant 0$,$y\in \mathbf{R}$,关于 x 轴对称,开口向左;

当焦点在 y 轴正半轴上时,$y\geqslant 0$,$x\in \mathbf{R}$,关于 y 轴对称,开口向上;

当焦点在 y 轴负半轴上时,$y\leqslant 0$,$x\in \mathbf{R}$,关于 y 轴对称,开口向下.

2. 顶点:抛物线与它的轴的交点称为抛物线的顶点,即顶点坐标 $(0,0)$.

3. 离心率:抛物线上的点 M 与焦点和准线的距离的比,称为抛物线的离心率,因此 $e=1$.

【知识盲点提示】

注意:抛物线的离心率与椭圆双曲线的离心率定义的不同点.

【课堂基础训练】

一、选择题

1. 顶点在坐标原点,焦点为 $(0,2)$ 的抛物线方程是( ).

  A. $x^2=8y$ B. $x^2=-8y$ C. $y^2=8x$ D. $y^2=-8x$

2. 顶点到焦点的距离为 2，焦点在 y 轴上的抛物线方程是(　　).

　　A. $x^2=\pm 4y$　　　B. $x^2=\pm 2y$　　　C. $x^2=\pm 8y$　　　D. $x^2=\pm 16y$

3. 顶点在坐标原点，过点 $(-2,4)$ 的抛物线方程是(　　).

　　A. $y^2=-8x$　　　　　　　　　　B. $x^2=y$

　　C. $y^2=8x$　　　　　　　　　　　D. $y^2=-8x$ 或 $x^2=y$

二、填空题

4. 已知点 $P(x,2)$ 在抛物线 $x^2=4y$ 上，则点 P 到抛物线焦点的距离为_____．

5. 已知 F 是抛物线 $y^2=-6x$ 的焦点，A、B 是抛物线上的两点，$|AF|+|BF|=6$，则线段 $|AB|$ 中点的横坐标为_____．

三、解答题

6. 已知抛物线 $y^2=16x$ 与直线 $y=-2x+b$ 相交于 A，B 两点，且 $|AB|=2\sqrt{5}$，求 b 值．

【课堂拓展训练】

一、选择题

1. 抛物线 $y^2=6x$ 关于直线 $x+y=0$ 对称的抛物线方程为(　　).

　　A. $y^2=6x$　　　B. $y^2=-6x$　　　C. $x^2=-6y$　　　D. $x^2=6y$

2. 已知直线 $y=kx-2$ 与抛物线 $y^2=8x$ 交于两个不同的点 A，B，且 $|AB|$ 中点的横坐标为 2，则 k 的值为(　　).

　　A. -1 或 2　　　B. -1　　　C. 2　　　D. $1\pm\sqrt{3}$

3. 过点 $(0,2)$ 且与 $y^2=4x$ 有一个交点的直线有(　　)条．

　　A. 3　　　B. 2　　　C. 1　　　D. 0

二、填空题

4. 抛物线 $y^2=-16x$，直线 AB 垂直于 x 轴，且 $|AB|=8\sqrt{2}$，则焦点到直线 AB 的距离为_____．

5. 在抛物线 $y=4x^2$ 上求一点 M，使它到直线 $y=4x-5$ 的距离最短，则点 M 的坐标为_____．

三、解答题

6. 已知抛物线 $y^2=8x$ 上一动点 A，与定点 $F(2,0)$ 的中点为 M，求点 M 的轨迹的方程．

单元测试卷 A

（满分 120 分，时间 120 分钟）

一、选择题（本大题共 15 个小题，每小题 3 分，共 45 分）

1. 抛物线 $y=\dfrac{1}{4}x^2$ 的准线方程是（　　）．

   A．$y=-1$　　　　B．$y=1$　　　　C．$y=\dfrac{1}{2}$　　　　D．$y=-\dfrac{1}{2}$

2. 设椭圆 $\dfrac{x^2}{4}+\dfrac{y^2}{m}=1$ 经过点 $(\sqrt{3},-2)$，则其焦距为（　　）．

   A．$2\sqrt{5}$　　　　B．$4\sqrt{5}$　　　　C．$2\sqrt{3}$　　　　D．$4\sqrt{3}$

3. 双曲线 $\dfrac{x^2}{20}-\dfrac{y^2}{5}=1$ 的焦点坐标是（　　）．

   A．$(\pm 5,0)$　　B．$(\pm\sqrt{5},0)$　　C．$(\pm 2\sqrt{5},0)$　　D．$(0,\pm 5)$

4. 经过点 $A(-2\sqrt{2},0)$ 与 $B(0,\sqrt{5})$ 的椭圆的标准方程为（　　）．

   A．$\dfrac{x^2}{64}+\dfrac{y^2}{25}=1$　　B．$\dfrac{x^2}{25}+\dfrac{y^2}{64}=1$　　C．$\dfrac{x^2}{5}+\dfrac{y^2}{8}=1$　　D．$\dfrac{x^2}{8}+\dfrac{y^2}{5}=1$

5. 抛物线 $y^2=-4x$ 上一点 M 到焦点的距离为 3，则点 M 的坐标为（　　）．

   A．$(-2,2\sqrt{2})$　　B．$(2,-2\sqrt{2})$　　C．$(-2,\pm 2\sqrt{2})$　　D．$(2,2\sqrt{2})$

6. 双曲线焦点在 x 轴上，其渐近线方程为 $y=\pm\dfrac{3}{4}x$，则离心率为（　　）．

   A．$\dfrac{5}{4}$　　　　B．$\dfrac{5}{3}$　　　　C．$\dfrac{4\sqrt{7}}{7}$　　　　D．$\dfrac{3\sqrt{7}}{7}$

7. 已知抛物线 $C:y=2px^2$ 经过点 $M(2,1)$，则该抛物线的焦点到准线的距离等于（　　）．

   A．$\dfrac{1}{2}$　　　　B．2　　　　C．4　　　　D．$\dfrac{1}{4}$

8. 经过点$(\sqrt{3},-\sqrt{5})$且与椭圆$\dfrac{x^2}{9}+\dfrac{y^2}{25}=1$有相同焦点的椭圆标准方程为（　　）.

　　A. $\dfrac{x^2}{20}+\dfrac{y^2}{4}=1$　　B. $\dfrac{x^2}{4}+\dfrac{y^2}{20}=1$　　C. $\dfrac{x^2}{6}+\dfrac{y^2}{10}=1$　　D. $\dfrac{x^2}{10}+\dfrac{y^2}{6}=1$

9. 双曲线与椭圆$x^2+\dfrac{y^2}{49}=1$有共同的焦点，它的一条渐近线为$x-y=0$，则该双曲线的方程为（　　）.

　　A. $x^2-y^2=80$　　B. $y^2-x^2=24$　　C. $x^2-y^2=24$　　D. $y^2-x^2=96$

10. 过双曲线$\dfrac{x^2}{36}-\dfrac{y^2}{9}=1$的左焦点$F_1$的直线与这条双曲线左支交于$A$、$B$两点，且$|AB|=3$，$F_2$是右焦点，则$\triangle ABF_2$的周长为（　　）.

　　A. 30　　B. 15　　C. 27　　D. 21

11. 抛物线$y=mx^2$，顶点到准线的距离为2，则$m=$（　　）.

　　A. ± 4　　B. ± 8　　C. $\pm\dfrac{1}{4}$　　D. $\pm\dfrac{1}{8}$

12. 若抛物线$y^2=2px(p>0)$的焦点与双曲线$x^2-y^2=2$的右焦点重合，则p的值为（　　）.

　　A. 8　　B. 6　　C. 4　　D. 2

13. 若方程$\dfrac{x^2}{10-k}+\dfrac{y^2}{4+k}=1$表示双曲线，则$k$的取值范围为（　　）.

　　A. $(-4,10)$　　B. $(-\infty,-4)\cup(10,+\infty)$　　C. $(-4,3)$　　D. 以上答案都不对

14. 曲线$\dfrac{x^2}{16}+\dfrac{y^2}{9}=1$与曲线$\dfrac{x^2}{16-k}+\dfrac{y^2}{9-k}=1(k<9)$的（　　）.

　　A. 长轴长相等　　B. 短轴长相等　　C. 焦距相等　　D. 离心率相等

15. 焦点在x轴上的双曲线离心率$e=2$，则其渐近线方程为（　　）.

　　A. $y=\pm 3x$　　B. $y=\pm\sqrt{3}x$　　C. $y=\pm\dfrac{1}{3}x$　　D. $y=\pm\dfrac{\sqrt{3}}{3}x$

二、填空题（本大题共15个小题，每小题2分，共30分）

16. 椭圆以坐标轴为对称轴，长轴是短轴的2倍，且过点$p(3,0)$，则椭圆的方程为_____.

17. 虚轴长为10，一个焦点坐标为$(0,-13)$的双曲线的标准方程为_____.

18. 椭圆的长轴长是短轴长的$\sqrt{2}$倍，则椭圆的离心率为_____.

19. 过点$(2,-2)$且与双曲线$x^2-2y^2=2$有相同的渐近线的双曲线方程为_____.

20. 准线方程$x=\dfrac{1}{2}$的抛物线标准方程为_____.

21. 抛物线 $x^2=-18y$ 上的点 $(6,-2)$ 到焦点的距离为 _____.

22. 已知椭圆 $\dfrac{x^2}{6}+\dfrac{y^2}{m}=1$ 与抛物线 $x^2=-4y$ 有一个共同的焦点，则 $m=$ _____.

23. 双曲线的渐近线 $x\pm2y=0$，焦距为 10，且焦点在 x 轴上的双曲线方程为 _____.

24. 已知椭圆 $\dfrac{x^2}{100}+\dfrac{y^2}{64}=1$ 上一点 P 及两个焦点 F_1，F_2，若 $\angle F_1PF_2=\dfrac{\pi}{2}$，则 $\triangle F_1PF_2$ 的面积为 _____.

25. 点 $(-2,2\sqrt{6})$ 与抛物线 $y^2=-2px(p>0)$ 的焦点的距离为 5，则 $p=$ _____.

26. 椭圆的一个焦点看短轴的两个顶点视角为 $120°$，则 $e=$ _____.

27. 与双曲线 $\dfrac{x^2}{9}-\dfrac{y^2}{16}=1$ 有相同渐近线的双曲线的离心率为 _____.

28. 已知抛物线的顶点在坐标原点，对称轴为 x 轴，点 $A(2,k)$ 在抛物线上，且点 A 到焦点的距离为 5，则抛物线方程为 _____.

29. 已知抛物线方程为 $y^2=-6x$，过点 $(0,3)$ 且倾斜角为 $\dfrac{\pi}{4}$ 的直线 L 交抛物线于 A，B 两点，则线段 AB 的中点坐标为 _____.

30. 双曲线的一个焦点和虚轴的一个端点的连线与实轴所在直线所成的角为 $30°$，则双曲线的离心率 $e=$ _____.

三、解答题（本大题共 7 个小题，共 45 分）

31. (6分) 已知双曲线的离心率为 $\dfrac{5}{3}$，实轴长为 6，求虚轴长和焦距.

32. (6分) 已知椭圆 $4x^2+y^2=1$，和直线 $y=x+m$，当 m 为何值时，直线与椭圆有公共点？

33. (6分)求以椭圆 $\dfrac{x^2}{35}+\dfrac{y^2}{10}=1$ 的右焦点为圆心，且与双曲线 $\dfrac{x^2}{16}-\dfrac{y^2}{9}=1$ 的渐近线相切的圆的标准方程．

34. (6分)求以双曲线 $\dfrac{x^2}{8}-\dfrac{y^2}{4}=1$ 的左焦点为焦点的抛物线标准方程．

35. (7分)求过抛物线 $y^2=8x$ 的焦点，离心率 $e=\dfrac{3}{2}$ 的双曲线标准方程．

36. (7分)已知椭圆与双曲线 $\dfrac{y^2}{4}-\dfrac{x^2}{5}=1$ 有相同的焦点，且与双曲线有一个交点的纵坐标为 4，求此椭圆的标准方程．

37. (7分)已知抛物线的顶点为坐标原点，准线方程为 $4x+1=0$．
(1)求抛物线方程；
(2)在抛物线上有一个动点 Q，求动点 Q 与 $A(1,0)$ 的最小距离．

第4章 圆锥曲线

单元测试卷 B

（满分 120 分，时间 120 分钟）

一、选择题（本大题共 15 个小题，每小题 3 分，共 45 分）

1. 已知椭圆的焦点在 x 轴上，长轴长和短轴长之和为 12，焦距为 $4\sqrt{3}$，则椭圆的标准方程为（ ）.

   A. $\dfrac{x^2}{16}+\dfrac{y^2}{4}=1$　　B. $\dfrac{y^2}{16}+\dfrac{x^2}{4}=1$　　C. $\dfrac{x^2}{16}-\dfrac{y^2}{4}=1$　　D. $\dfrac{y^2}{16}-\dfrac{x^2}{4}=1$

2. 双曲线 $\dfrac{x^2}{n}-\dfrac{y^2}{5}=1$ 的焦点到渐近线的距离是（ ）.

   A. 5　　B. $\sqrt{5}$　　C. 1　　D. 与 n 有关

3. 抛物线 $y^2+5x=0$ 的准线方程为（ ）.

   A. $x=-\dfrac{5}{4}$　　B. $x=\dfrac{5}{4}$　　C. $y=-\dfrac{5}{4}$　　D. $y=\dfrac{5}{4}$

4. 以椭圆 $\dfrac{x^2}{2}+\dfrac{y^2}{4}=1$ 的焦点为顶点，以椭圆长轴顶点为焦点的双曲线方程为（ ）.

   A. $x^2-y^2=2$　　　　　　　　B. $y^2-x^2=2$
   C. $x^2+y^2=2$　　　　　　　　D. 以上答案都不正确

5. 已知椭圆 $2x^2+ky^2=6$ 的一个焦点为 $(0,3)$，则 k 的值为（ ）.

   A. 2　　B. $-\dfrac{1}{2}$　　C. $\dfrac{1}{2}$　　D. -1

6. 已知方程 $\dfrac{x^2}{5-k}-\dfrac{y^2}{2k-1}=1$ 表示双曲线，则实数 k 的取值范围为（ ）.

   A. $\dfrac{1}{2}<k<5$　　B. $k<\dfrac{1}{2}$ 或 $k>5$　　C. $k>\dfrac{1}{2}$　　D. $k<5$

7. 已知椭圆 $\dfrac{x^2}{m}+\dfrac{y^2}{4}=1$ 的离心率为 $\dfrac{\sqrt{3}}{2}$，则 m 的值为（ ）.

   A. 16　　B. 1　　C. 16 或 1　　D. 3

8. 已知两顶点间的距离为 8，离心率为 $\sqrt{2}$，则双曲线方程为（ ）.

   A. $x^2-y^2=4$　　B. $y^2-x^2=4$　　C. $x^2-y^2=\pm 16$　　D. $y^2-x^2=\pm 4$

9. 若 $ab<0$，则方程 $ax^2+by^2=ab$ 所表示的曲线为（ ）.

   A. 椭圆　　B. 双曲线　　C. 抛物线　　D. 圆

10. 若抛物线 $y^2=-4x$ 上一点 P 到该抛物线焦点的距离为 5，则经过点 P 和原点的直线 OP 的斜率为（ ）.

    A. 1　　B. -1　　C. ± 1　　D. ± 2

11. 已知椭圆的短轴长为6，焦距为8，弦 AB 过右焦点 F_2，则 $\triangle ABF_1$ 的周长为（　　）．
    A. 24　　　　B. 20　　　　C. 16　　　　D. 32

12. 若点 A 的坐标为 $(3,2)$，F 为抛物线 $y^2=4x$ 的焦点，点 P 为抛物线上的一个动点，则 $|PA|+|PF|$ 取最小值时点 P 的坐标为（　　）．
    A. $(0,0)$　　B. $(1,2)$　　C. $(2,2)$　　D. $(3,2)$

13. 已知抛物线 $y^2=2px$，以过焦点的弦为直径的圆与抛物线准线的位置关系是（　　）．
    A. 相离　　　B. 相切　　　C. 相交　　　D. 不确定

14. 直线 $2x-y-1=0$ 与抛物线 $y^2=4x$ 交于 A，B 两点，则 AB 中点坐标为（　　）．
    A. $(1,-2)$　B. $(1,2)$　　C. $(1,1)$　　D. $(-1,-3)$

15. 抛物线 $y^2=4x$ 的焦点到双曲线 $\dfrac{x^2}{12}-\dfrac{y^2}{8}=1$ 的渐近线的距离为（　　）．

    A. 1　　B. $\dfrac{2\sqrt{5}}{5}$　　C. $\dfrac{\sqrt{10}}{5}$　　D. $\dfrac{2\sqrt{10}}{5}$

二、填空题（本大题共 15 个小题，每小题 2 分，共 30 分）

16. 经过 $A(3,0)$，$B(0,4)$ 两点的椭圆标准方程为_____．

17. 过点 $(2,-2)$ 与双曲线 $y^2-\dfrac{x^2}{5}=1$ 有公共焦点的双曲线方程为_____．

18. $\triangle ABC$ 中，$B(-3,0)$，$C(3,0)$，若 $||AB|+|AC||=10$，则点 A 的轨迹方程为_____．

19. 顶点在原点，焦点是圆 $x^2+y^2+2x=0$ 的圆心，则该抛物线标准方程为_____．

20. 已知平面内有一定线段，其长度为 8，动点 M 满足 $|MA|-|MB|=6$，O 为 AB 中点，则 $|MO|$ 的最小值为_____．

21. 椭圆 $\dfrac{x^2}{6}+\dfrac{y^2}{m}=1$ 的焦距为 2，则 m 的值为_____．

22. 若双曲线 $\dfrac{x^2}{3}-\dfrac{y^2}{m}=1$ 的离心率是方程 $2x^2-5x+2=0$ 的根，则 $m=$_____．

23. 若方程 $\dfrac{x^2}{4-k}+\dfrac{y^2}{6+k}=1$ 表示椭圆，则实数 k 的取值范围为_____．

24. 方程 $\dfrac{x^2}{4-m}+\dfrac{y^2}{13-m}=1$ 表示双曲线，则它的焦点坐标为_____．

25. 与双曲线 $\dfrac{x^2}{2}-y^2=1$ 有相同的渐近线，并且经过点 $(2,3)$ 的双曲线方程为_____．

26. 以双曲线 $\dfrac{x^2}{9}-\dfrac{y^2}{3}=1$ 的焦点为顶点，顶点为焦点的椭圆方程为_____．

27. 直线 $y=kx-2$ 与抛物线 $y^2=8x$ 交于两个不同的点 A，B，且 AB 中点的横坐标为 2，则 k 的值为 _____．

28. 中心在原点，焦点在 y 轴上，若长轴长为 18，且两个焦点恰好将长轴三等分，则此椭圆的方程为 _____．

29. 抛物线 $y^2=12x$ 上一点 P 到 x 轴的距离为 12，则此点 P 到焦点的距离为 _____．

30. 双曲线的离心率为 $\dfrac{2\sqrt{3}}{3}$，一个焦点与抛物线 $x^2=8y$ 的焦点相同，则此双曲线的渐近线方程是 _____．

三、解答题(本大题共 7 个小题，共 45 分)

31. (6 分) 求顶点在坐标原点，对称轴为坐标轴，焦点是直线 $x-3y-6=0$ 与坐标轴的交点的抛物线方程．

32. (6 分) 已知椭圆 $\dfrac{x^2}{4}+y^2=1$ 与直线 $x+y-1=0$ 相交于 A，B 两点，求 AB 中点坐标．

33. (6 分) 已知焦点在 x 轴上的椭圆离心率为 $\dfrac{2\sqrt{2}}{3}$，椭圆上一点与椭圆两个焦点构成三角形的周长为 $6+4\sqrt{2}$，求椭圆的标准方程．

34．(6分)已知双曲线的离心率与椭圆 $\dfrac{x^2}{8}+\dfrac{y^2}{4}=1$ 的离心率互为倒数，且双曲线的焦点是抛物线 $y^2=8x$ 的焦点，求此双曲线的方程．

35．(7分)已知顶点在坐标原点，对称轴为坐标轴的抛物线的准线方程为 $x=-1$，过抛物线的焦点且倾斜角为 $45°$ 的直线交抛物线于 A，B 两点．
(1)求抛物线方程和直线方程；
(2)求弦 AB 的长度．

36．(7分)已知双曲线与椭圆 $\dfrac{x^2}{25}+\dfrac{y^2}{9}=1$ 有公共的焦点且它们的离心率之和为 $\dfrac{14}{5}$．求：
(1)双曲线方程；
(2)椭圆焦点到双曲线渐近线的距离．

37．(7分)已知抛物线 $y^2=-x$ 与直线 $y=k(x+1)$ 相交于 A，B 两点，求证：$OA\perp OB$．

第 5 章

立体几何

知识导图

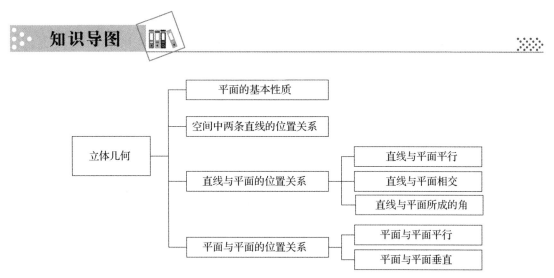

【学习目标导航】

1. 掌握平面的基本性质及其推论，会应用这些性质进行真假命题的判断．

2. 掌握点、线、面位置关系的符号表示．

3. 平面的基本性质的理解要结合生活中的实例，点、线、面位置关系的判断要结合空间几何体，形成感性认识．

4. 理解直线与平面的位置关系，注意直线在平面外有两种情况，会判断有关命题的真假．

5. 掌握直线与平面平行的判定定理及性质定理．

6. 掌握直线与平面垂直的判定定理及性质定理．

7. 能求出直线与平面所成的角及简单的几何运算，注意先找到角再计算．

8. 掌握空间直线与平面的位置关系的分类．

9. 掌握直线与平面平行、垂直的判定和性质，并会简单应用．

10. 了解点到平面、直线到平面的距离．

11. 了解直线和平面所成的角．

12. 掌握空间平面与平面的位置关系的分类.
13. 掌握平面与平面平行、垂直的判定和性质,并会简单应用.
14. 了解两个平行平面间的距离.
15. 了解二面角的有关定义.

5.1 平面的基本性质

【知识要点预习】

1. 连接两点的线中,_____距离最短.
2. 过两点有且只有_____直线.

【知识要点梳理】

一、平面及其表示方法

1. 平面的概念(描述性):平面是平的,无限延展的.
2. 平面的表示方法:
(1)平面的画法:一般用平行四边形表示平面,当平面水平放置时,常把平行四边形的一边画成横向;当平面竖直放置时,常把平行四边形的一边画成竖向,并把它想象成无限延展的.
(2)平面的字母表示:①用小写的希腊字母 α,β,γ,…来表示;②用表示平面的平行四边形 4 个顶点(或对角顶点)的大写英文字母来表示,如平面 $ABCD$ 或平面 AC.

二、用集合符号语言描述点、直线和平面之间的关系

1. 直线、平面和空间的集合关系:空间看作点的集合,点是空间的基本元素,它表示空间的一个确定的位置,没有大小.直线和平面都是空间的子集.
2. 表示点、直线和平面位置关系的语言.若 A 是点,l,m 是直线,α,β 是平面.

文字语言	符号语言	图形语言
A 在 l 上	$A \in l$	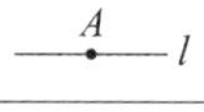
A 在 l 外	$A \notin l$	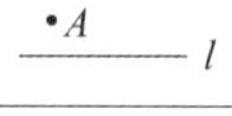
A 在 α 内	$A \in \alpha$	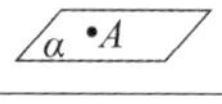
A 在 α 外	$A \notin \alpha$	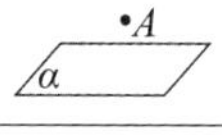
l 在 α 内	$l \subset \alpha$	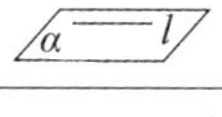
l 在 α 外	$l \not\subset \alpha$	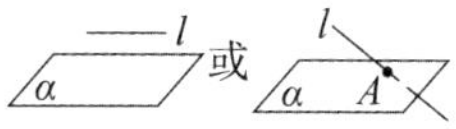

续表

文字语言	符号语言	图形语言
l，m 相交于 A	$l \cap m = A$	
l，α 相交于 A	$l \cap \alpha = A$	
α，β 相交于 l	$\alpha \cap \beta = A$	

三、平面的基本性质

公理 1：如果一条直线上的两点在一个平面内，那么这条直线上的所有点都在这个平面内．简记为：直线在平面内或平面经过直线．

用符号表示为：若 $A \in l$，$B \in l$，且 $A \in \alpha$，$B \in \alpha$，则 $AB \subset \alpha$．

公理 2：经过不在同一直线上的三点，有且只有一个平面．简记为：不共线的三点确定一个平面．用符号表示为：若 A、B、C 不共线，则确定平面 ABC．

公理 3：如果两个不重合的平面有一个公共点，那么它们有且只有一条过这个点的公共直线．简记为：两平面相交于一条直线．用符号表示为：若 $A \in \alpha$ 且 $A \in \beta$，则 $A \in l$ 且 $\alpha \cap \beta = l$．

注：如不特别说明，两个平面是指两个不重合的平面，两条直线是指不重合的两条直线．

四、平面基本性质的推论

1. 经过一条直线和直线外的一点，有且只有一个平面．
2. 经过两条相交直线，有且只有一个平面．
3. 经过两条平行直线，有且只有一个平面．

【知识盲点提示】

1. 直线可以看成无数个点组成的集合，故点与直线的关系是元素与集合的关系，用"$\in$"或"$\notin$"表示．
2. 平面也可以看成点集，故点与平面的关系也是元素与集合的关系，用"$\in$"或"$\notin$"表示．
3. 直线和平面都是点集，它们之间的关系可看成集合与集合的关系，故用"$\subset$"或"$\not\subset$"表示．

【课堂基础训练】

一、选择题

1. 下列 4 个命题中为真命题的是(　　)．

    A. 一个平面长 5 cm，宽 3 cm

    B. 5 个平面重叠在一起比 3 个平面重叠在一起厚

    C. 一个平行四边形相邻两边的长分别为 5 cm，3 cm

    D. 三点可以确定一个平面

2. 下列 4 个命题中为假命题的是( ).
   A. 两条平行直线一定共面
   B. 相交于一点的三条直线一定共面
   C. 梯形一定是平面图形
   D. 若 4 个点共面，则其中任意三点共面

3. 下列说法中正确的是( ).
   A. 一条直线和一个点确定一个平面   B. 四边形一定是平面图形
   C. 共点的三条直线确定一个平面   D. 菱形一定是平面图形

4. 下列命题中不正确的是( ).
   A. 空间中一组对边平行且相等的四边形一定是平行四边形
   B. 如果两个平面相交，则它们的交点不一定在交线上
   C. 过一条直线的平面有无数多个
   D. 直角梯形的 4 个顶点在同一平面上

5. 若点 N 在直线 a 上，而 a 在平面 β 内，则点 N 在平面 β 内，用集合符号语言表示为( ).
   A. 若 $N \in a$，$a \subset \beta$，则 $N \subset \beta$
   B. 若 $N \in a$，$a \subset \beta$，则 $N \in \beta$
   C. 若 $N \subset a$，$a \in \beta$，则 $N \in \beta$
   D. 若 $N \in a$，$a \in \beta$，则 $N \subset \beta$

6. 下面 4 个条件中能确定一个平面的是( ).
   A. 空间三个点   B. 一条直线和一个点
   C. 两条平行直线   D. 空间任意两条直线

7. 已知点 A，B 和平面 α，若 $A \in \alpha$，$B \in \alpha$，则( ).
   A. $AB \in \alpha$ B. $AB \not\subset \alpha$ C. $AB \subset \alpha$ D. $AB \not\subset \alpha$

8. 三条直线相交于一点，则这三条直线确定的平面个数为( ).
   A. 1   B. 2   C. 3   D. 1 或 3

9. 已知下面 4 个命题：
   ①在空间中，已知圆心和半径可确定一个圆；②圆上三点可确定一个平面；③圆心和圆上两点可确定一个平面．
   其中正确命题的个数为( ).
   A. 1   B. 2   C. 3   D. 0

10. 如图所示的平行四边形 $MNPQ$ 表示的平面不能记为( ).
    A. 平面 MN B. 平面 NQP
    C. 平面 α D. 平面 $MNPQ$

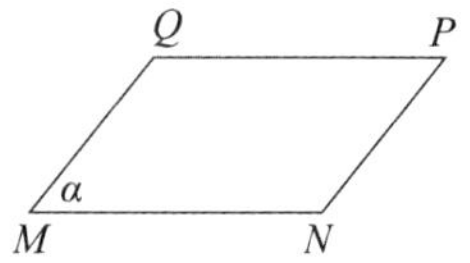

第 10 题图

二、填空题

11. 下列 4 个命题：
    ①两条直线一定共面；
    ②相交于一点的三条直线确定一个或三个平面；

③三角形一定是平面图形；

④若4个点不共面，则其中任意三点不共面.

其中正确命题的个数是_____.

12. 根据右图，填入相应的符号：A _____ 平面ABC，A _____ 平面BCD，BD _____ 平面ABC，平面$ABC \cap$ 平面$ACD =$ _____;

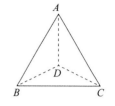

第12题图

13. 空间中4点可确定的平面的个数为_____.

14. 下面4个说法(其中A，B表示点，a表示直线，α表示平面)：

①因为$A \subset \alpha$，$B \subset \alpha$，所以$AB \subset \alpha$；

②因为$A \in \alpha$，$B \notin \alpha$，所以$AB \notin \alpha$；

③因为$A \notin a$，$a \subset \alpha$，所以$A \notin \alpha$；

④因为$A \in a$，$a \subset \alpha$，所以$A \in \alpha$.

其中表述方式和推理都正确的命题的序号是_____.

15. 设P表示一个点，a，b表示两条直线，α，β表示两个平面，给出下列4个命题：

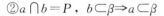

第15题图

①$P \in a$，$P \in \alpha \Rightarrow a \subset \alpha$；

②$a \cap b = P$，$b \subset \beta \Rightarrow a \subset \beta$

③$a // b$，$a \subset \alpha$，$P \in b$，$P \in \alpha \Rightarrow b \subset \alpha$；

④$\alpha \cap \beta = b$，$P \in \alpha$，$P \in \beta \Rightarrow P \in b$.

其中正确的命题是_____.

16. 看图填空：

(1)$AC \cap BD =$ _____;

(2)平面$AB_1 \cap$ 平面$A_1C_1 =$ _____;

(3)平面$A_1C_1CA \cap$ 平面$AC =$ _____;

(4)平面$A_1C_1CA \cap$ 平面$D_1B_1BD =$ _____.

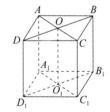

第16题图

三、解答题

17. 用符号语言表示下列语句，并画出图形.

(1)三个平面α、β、γ相交于一点P，且平面α与平面β交于PA，平面α与平面γ交于PB，平面β与平面γ交于PC；

(2)平面ABD与平面BCD交于BD，平面ABC与平面ADC交于AC.

18. 根据下列符号表示的语句，说明点、线、面之间的位置关系，并画出相应的

图形:

(1) $A \in \alpha$, $B \notin \alpha$;

(2) $l \subset \alpha$, $m \cap \alpha = A$, $A \notin l$;

(3) $P \in l$, $P \notin \alpha$, $Q \in l$, $Q \in \alpha$.

19. 证明:两两相交且不共点的三条直线在同一平面内.

20. 已知 △ABC 在平面 α 外,其三边所在的直线满足 $AB \cap \alpha = P$, $BC \cap \alpha = Q$, $AC \cap \alpha = R$,如图所示.求证:P,Q,R 三点共线.

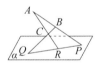

第 20 题图

【课堂拓展训练】

一、填空题

1. 如果点 N 在直线 a 上,直线 a 在平面 β 内,则 N,a,β 之间的关系可记作_____.

2. 三条直线互相平行,则它们确定平面的个数为_____.

3. 平面 $\alpha \cap \beta = l$,点 $A \in \alpha$,点 $B \in \alpha$,且 $C \notin l$,$C \in \beta$,又 $AB \cap l = R$,如图所示,过 A,B,C 三点确定的平面为 γ,则 $\beta \cap \gamma = $ _____.

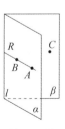

第 3 题图

4. 若两个不同的平面有三个公共点,则这两个平面_____.

5. 空间两两相交的三条直线,可以确定的平面数是_____.

6. 把下列符号叙述所对应图形的字母编号填在题后横线上.

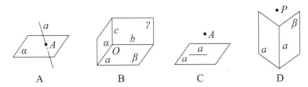

(1)$A \notin \alpha$,$a \subset \alpha$ _____.
(2)$\alpha \cap \beta = a$,$P \notin \alpha$ 且 $P \notin \beta$ _____.
(3)$a \not\subset \alpha$,$a \cap \alpha = A$ _____.
(4)$\alpha \cap \beta = a$,$\alpha \cap \gamma = c$,$\beta \cap \gamma = b$,$a \cap b \cap c = O$ _____.

二、解答题

7. 根据图形用符号表示下列点、直线、平面之间的关系.
(1)点 P 与直线 AB;
(2)点 C 与直线 AB;
(3)点 M 与平面 AC;
(4)点 A_1 与平面 AC;
(5)直线 AB 与直线 BC;
(6)直线 AB 与平面 AC;
(7)平面 A_1B 与平面 AC.

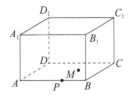

第 7 题图

8. 将下列符号语言转化为图形语言.
(1)$a \subset \alpha$,$b \cap \alpha = A$,$A \notin a$;
(2)$\alpha \cap \beta = c$,$a \subset \alpha$,$b \subset \beta$,$a // c$,$b \cap c = P$.

9. 如图所示，在空间四边形各边 AD，AB，BC，CD 上分别取 E，F，G，H 四点，如果 EF，GH 交于一点 P，求证：点 P 在直线 BD 上.

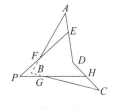

第 9 题图

10. 已知正方体 $ABCD-A_1B_1C_1D_1$ 中，E，F 分别为 D_1C_1，C_1B_1 的中点. 求证：D，B，F，E 四点共面.

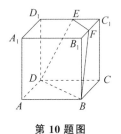

第 10 题图

5.2 空间中两条直线的位置关系

【知识要点预习】

1. ＿＿＿＿＿＿＿＿＿＿是异面直线.
2. 两条异面直线所成角的范围为＿＿＿＿＿＿＿＿．

【知识要点梳理】

一、空间两条直线的位置关系

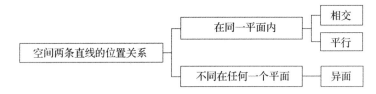

二、平行直线

1. 平行公理：经过直线外一点有且只有一条直线和这条直线平行.
2. 空间平行线的传递性：平行于同一条直线的两条直线互相平行.

三、异面直线

1. 异面直线的定义. 不同在任何一个平面内的两条直线叫作异面直线.
2. 异面直线的判定. 经过平面内一点和平面外一点的直线与平面内不经过该点的直线互为异面直线.

3. 异面直线的夹角. 已知直线 a,b 是两条异面直线, 经过空间任意一点 O, 作直线 $a' // a$, $b' // b$, 则直线 a' 和 b' 所成的锐角(或直角)叫作异面直线 a,b 所成的角.

注：①为了方便，点 O 常取在两条异面直线中的一条上.

②如果两条异面直线所成的角是直角，那么两条异面直线互相垂直.

【知识盲点提示】

1. 异面直线不同在任何一个平面内，不能错误地理解为不在某一个平面内的两条直线就是异面直线.

2. 两条异面直线夹角的范围：$0°<\alpha\leqslant 90°$. 空间两条直线夹角的范围：$0°\leqslant\alpha\leqslant 90°$.

3. 两条直线垂直是指相交垂直或异面垂直.

【课堂基础训练】

一、选择题

1. 若空间中有两条直线，则"这两条直线为异面直线"是"这两条直线没有公共点"的（　　）.
   A. 充分不必要条件　　　　B. 必要不充分条件
   C. 充要条件　　　　　　　D. 既不充分也不必要条件

2. 分别和两条异面直线平行的两条直线的位置关系是（　　）.
   A. 一定平行　　B. 一定相交　　C. 一定异面　　D. 相交或异面

3. AA_1 是长方体的一条棱，这个长方体中与 AA_1 异面的棱的条数是（　　）.
   A. 6　　　　　B. 4　　　　　C. 5　　　　　D. 8

4. 已知 a,b 是异面直线，直线 c 平行于直线 a，那么直线 c 与直线 b 的关系（　　）.
   A. 一定是异面直线　　　　B. 一定是相交直线
   C. 不可能是平行直线　　　D. 不可能是相交直线

5. 异面直线是指（　　）.
   A. 空间无公共点的两条直线
   B. 分别位于不同平面内的两条直线
   C. 平面内的一条直线与这个平面外的一条直线
   D. 没有公共点且不共面的两条直线

6. 空间中垂直于同一条直线的两条直线的位置关系有（　　）.
   A. 相交　　　　　　　　　B. 平行
   C. 异面　　　　　　　　　D. 相交、平行或异面

7. 在如图所示正方体中，M,N 分别是棱 BC 和 CC_1 的中点，则异面直线 A_1B 和 MN 所成的角为（　　）.
   A. 30°　　　　B. 45°
   C. 60°　　　　D. 90°

8. 设 α,β 表示平面，l 表示直线，A,B,C 表示点，以下 4 种说法，正确的个数是（　　）.

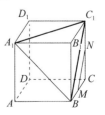

第7题图

(1)若 $A\in l$，$A\in\alpha$，$B\in l$，$B\in\alpha$，则 $l\notin\alpha$；
(2)若 $A\in\alpha$，$A\in\beta$，$B\in\alpha$，$B\in\beta$，则 $\alpha\cap\beta=AB$；
(3)若 $l\notin\alpha$，$A\in l$，则 $A\notin\alpha$；
(4)若 A，B，$C\in\alpha$，A，B，$C\in\beta$，且 A，B，C 不共线，则 α 与 β 重合．

A. 1   B. 2   C. 3   D. 4

9. 在长方体 $ABCD-A_1B_1C_1D_1$ 中，$AB=BC=1$，$AA_1=\sqrt{2}$，则异面直线 BC_1 与 D_1B_1 所成角的余弦值为()．

A. $\dfrac{\sqrt{6}}{6}$ B. $\dfrac{\sqrt{14}}{6}$ C. $\dfrac{\sqrt{6}}{4}$ D. $\dfrac{\sqrt{14}}{4}$

10. 已知 a、b、c 是空间三条直线，下面给出 4 个命题：
①如果 $a\perp b$，$b\perp c$，那么 $a\parallel c$；②如果 a，b 是异面直线，b，c 是异面直线，那么 a，c 也是异面直线；③如果 a，b 是相交直线，b，c 是相交直线，那么 a、c 也是相交直线；④如果 a，b 共面，b，c 共面，那么 a，c 也共面．
在上述命题中，正确命题的个数是( )．

A. 0   B. 1   C. 2   D. 3

二、填空题

11. 如图所示，正方体 $ABCD-A_1B_1C_1D_1$ 中，判断下列直线的位置关系：
(1)直线 A_1B 与直线 D_1C 的位置关系是_____；
(2)直线 A_1B 与直线 B_1C 的位置关系是_____；
(3)直线 D_1D 与直线 D_1C 的位置关系是_____；
(4)直线 AB 与直线 B_1C 的位置关系是_____．

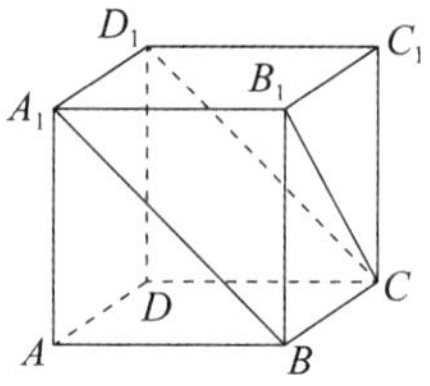

第 11 题图

12. 如图所示，在正方体 $ABCD-A_1B_1C_1D_1$ 中，E，F 分别是 AB，AD 的中点，则异面直线 B_1C 与 EF 所成角大小为_____．

13. 如图所示，正方体 $ABCD-A_1B_1C_1D_1$ 中既与 AB 共面又与 CC_1 共面的棱有_____条．

14. 如图所示，已知在长方体 $ABCD-EFGH$ 中，$AB=2\sqrt{3}$，$AD=2\sqrt{3}$，$AE=2$，则 BC 和 EG 所成角的大小是_____．

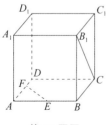

第 12 题图

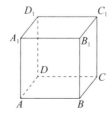

第 13 题图

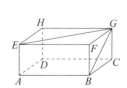

第 14 题图

15. 已知空间四边形 $ABCD$，E，F，G，H 分别是边 AB，BC，CD，DA 的中点，

且对角线 $AC=BD=4$，则四边形 $EFGH$ 的周长是 _____．

16. 四棱锥 $P-ABCD$ 的所有侧棱长都为 $\sqrt{5}$，底面 $ABCD$ 是边长为 2 的正方形，则 CD 与 PA 所成角的余弦值为 _____．

三、解答题

17. 在空间四边形 $ABCD$ 中，E，F，G，H 分别是 AB，BC，CD，DA 的中点．求证：四边形 $EFGH$ 是平行四边形．

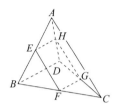

第 17 题图

18. 已知正方体 $ABCD-A_1B_1C_1D_1$ 中，E，F 分别是 AA_1，CC_1 的中点．求证：$BF \parallel ED_1$．

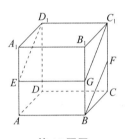

第 18 题图

19. 如图所示，正方体 $ABCD-A_1B_1C_1D_1$．求：
(1) AB 与 B_1C 所成的角；
(2) AD_1 与 BD 所成的角；
(3) A_1C_1 与 AD_1 所成的角．

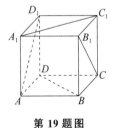

第 19 题图

20. 如图所示，正棱柱 $ABCD-A_1B_1C_1D_1$ 中，$AA_1=2$，$AB=1$，求异面直线 A_1B 与 AD_1 所成角的余弦值．

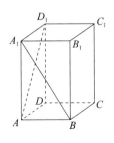

第 20 题图

数学知识点强化练习(下)

【课堂拓展训练】

一、填空题

1. 如图所示,在三棱锥 $A-BCD$ 中,E,F,G,H 分别是棱 AB,BC,CD,DA 的中点,则

   (1)当 AC,BD 满足条件_____时,四边形 $EFGH$ 为菱形;

   (2)当 AC,BD 满足条件_____时,四边形 $EFGH$ 为正方形.

2. 已知正方体 $ABCD-A_1B_1C_1D_1$ 中,E,F 分别为 BB_1,CC_1 的中点,那么异面直线 AE 与 D_1F 所成角的余弦值为_____.

3. 如图所示,正方体 $ABCD-A_1B_1C_1D_1$ 中,M,N 分别为棱 C_1D_1,C_1C 的中点,有以下 4 个结论:

   ①直线 AM 与 CC_1 是相交直线;

   ②直线 AM 与 BN 是平行直线;

   ③直线 BN 与 MB_1 是异面直线;

   ④直线 MN 与 AC 所成的角为 $60°$.

   其中正确的结论为_____(注:把你认为正确的结论序号都填上).

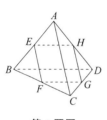

第 1 题图

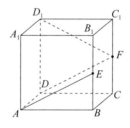

第 2 题图

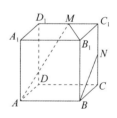

第 3 题图

4. 如图所示,G,N,M,H 分别是正三棱柱的顶点或所在棱的中点,则表示直线 GH,MN 是异面直线的图形有_____.(填上所有正确答案的序号)

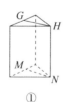
①

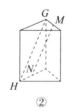
②

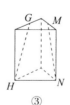
③

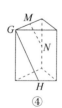
④

第 4 题图

5. 如图所示,已知在长方体 $ABCD-EFGH$ 中,$AB=2\sqrt{3}$,$AD=2\sqrt{3}$,$AE=2$,AE 和 BG 所成角的大小是_____.

6. 如图所示,空间四边形 $ABCD$ 的对角线 $AC=8$,$BD=6$,M,N 分别为 AB,CD 的中点,并且异面直线 AC 与 BD 所成的角为 $90°$,则 $MN=$_____.

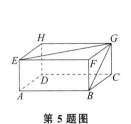
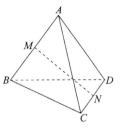

第 5 题图　　　第 6 题图

二、解答题

7. 已知正方体 $ABCD-A'B'C'D'$ 中，M，N 分别为 CD，AD 的中点．求证：四边形 $MNA'C'$ 是梯形．

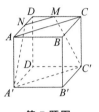

第 7 题图

8. 已知 $ABCD-A_1B_1C_1D_1$ 是正方体，求异面直线 A_1C_1 与 B_1C 所成角大小．

9. 如图所示，P 是平面 ABC 外一点，$PA=4$，$BC=2\sqrt{5}$，D，E 分别为 PC 和 AB 的中点，且 $DE=3$．求异面直线 PA 和 BC 所成角的大小．

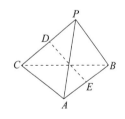

第 9 题图

10. 已知：空间四边形 $ABCD$，且 $BD \perp AC$，$BD=AC$，顺次连接这个四边形各边中点 E，F，G，H，证明：四边形 $EFGH$ 为正方形．

5.3 直线与平面的位置关系

5.3.1 直线与平面平行

【知识要点预习】

1. 直线与平面的位置关系：_____、_____、_____．

2. 直线与平面平行的判定定理：如果平面_____的一条直线与此平面_____的一条直线_____，那么这条直线与这个平面平行．

3. 直线与平面平行的性质定理：如果一条直线和一个平面_____，且经过这条直线的平面和这个平面_____，那么这条直线就和两个平面的交线平行．

【知识要点梳理】

一、直线与平面的位置关系

如果直线 m 与平面 α 没有公共点，我们就说直线 m 与平面 α 平行；如果直线 m 与平面 α 有且只有一个公共点，我们就说直线 m 与平面 α 相交；如果直线 m 与平面 α 有无数个公共点，我们就说直线 m 在平面 α 内．

直线与平面的位置关系：

位置关系	直线 m 在平面 α 内	直线 m 与平面 α 相交	直线 m 与平面 α 平行
公共点	有无数个公共点	有且只有一个公共点	没有公共点
符号表示	$m \subset \alpha$	$m \cap \alpha = A$	$m \parallel \alpha$
图形表示			

我们把直线 m 与平面 α 相交或平行的情况统称为直线 m 在平面外，用符号表示为 $m \not\subset \alpha$．

二、直线与平面平行的判定定理

如果平面外的一条直线与此平面内的一条直线平行，那么这条直线与这个平面平行．

用符号表示为：若 $m \not\subset \alpha$，$n \subset \alpha$，且 $m \parallel n$，则 $m \parallel \alpha$，如图所示．

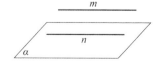

三、直线与平面平行的性质定理

如果一条直线和一个平面平行，且经过这条直线的平面和这个平面相交，那么这条直线就和两个平面的交线平行.

用符号表示为：若 $m/\!/\alpha$，$m\subset\beta$，$\alpha\cap\beta=n$，则 $m/\!/n$，如图所示.

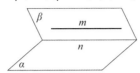

【知识盲点提示】

证明一条直线和一个平面平行，只需在平面内找到与该直线平行的一条直线即可，从而将直线与平面的平行关系(空间问题)转化为直线间的平行关系(平面问题).

【课堂基础训练】

一、选择题

1. "直线 l 在平面 α 外"是"直线 l 与平面 α 相交或平行"的(　　).
   A. 充分不必要条件
   B. 必要不充分条件
   C. 充要条件
   D. 既不充分也不必要条件

2. 能保证直线与平面平行的条件是(　　).
   A. 直线与平面内的一条直线平行
   B. 直线与平面内的某条直线不相交
   C. 直线与平面内的无数条直线平行
   D. 直线与平面内的所有直线不相交

3. 如果直线 $l/\!/$平面 α，则直线 l 平行于平面 α 内的(　　).
   A. 无数条相交直线
   B. 无数条互相平行的直线
   C. 任意一条直线
   D. 唯一确定的一条直线

二、填空题

4. 下列命题中为真命题的是 _____ .
   ①若直线 l 上有无数个点不在平面 α 内，则 $l/\!/\alpha$；
   ②若 l 与平面 α 平行，则 l 与 α 内任何一条直线都没有公共点；
   ③若 $a/\!/b$，$a/\!/$平面 α，则 $b/\!/\alpha$；
   ④平行于同一平面的两条直线平行.

5. 已知直线 a，b 和平面 α，a 不在 α 内，b 在 α 内，若 $a/\!/b$，则 a 与 α 的位置关系是 _____ .

三、解答题

6. 在正方体 $ABCD-A_1B_1C_1D_1$ 中，E，F 分别为棱 AD，AB 的中点.

   求证：$EF/\!/$平面 CB_1D_1.

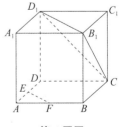

第 6 题图

【课堂拓展训练】

一、选择题

1. 两条平行线中的一条平行于一个平面,那么另一条与此平面的位置关系是(　　).
   A. 平行　　　　　　　　　　　　　B. 相交或平行
   C. 平行或在平面内　　　　　　　　D. 相交或平行或在平面内

2. 直线 a // 平面 α,点 $P \in \alpha$,过点 P 平行于 a 的直线(　　).
   A. 有无数条,不一定在 α 内　　　B. 只有一条,不在平面 α 内
   C. 有无数条,一定在 α 内　　　　D. 只有一条,且在平面 α 内

3. 已知直线 a,b 和平面 α,下列说法中正确的是(　　).
   A. 若 a // b,b // α,则 a // α
   B. 若 a // b,$b \subset \alpha$,则 a // α
   C. 若 a // b,$b \subset \alpha$,$a \not\subset \alpha$,则 a // α
   D. 若 a // α,b // α,则 a // b

二、填空题

4. 如图所示,在下列 4 个正方体中,A,B 为正方体的两个顶点,M,N,Q 为所在棱的中点,则在这 4 个正方体中,直线 AB 与平面 MNQ 平行的是_____.

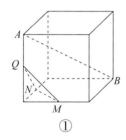
①
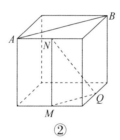
②
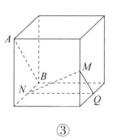
③
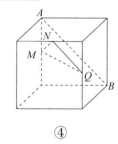
④

第 4 题图

5. 若直线 a // 平面 α,直线 b 在平面 α 内,则直线 a 与 b 的位置关系为_____.

三、解答题

6. 在正方体 $ABCD - A_1B_1C_1D_1$ 中,$AB = 2$,点 E 为 AD 的中点,点 F 在 CD 上.若 EF // 平面 AB_1C,求线段 EF 的长.

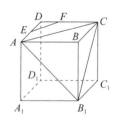

第 6 题图

5.3.2　直线与平面垂直

【知识要点预习】

1. 直线与平面垂直的判定定理:如果一条直线与一个平面内的两条_____直线垂

直,那么这条直线与这个平面垂直.

2. 直线与平面垂直的性质定理:如果两条直线都_____于一个平面,那么这两条直线平行.

【知识要点梳理】

一、直线与平面垂直

1. 如果直线 l 与平面 α 内的任意一条直线都垂直,我们就说直线 l 与平面 α 互相垂直,记作 $l \perp \alpha$,直线 l 称为平面 α 的垂线,平面 α 称为直线 l 的垂面,直线与平面垂直时,它们唯一的公共点 O 称为垂足. 垂线上任意一点到垂足的线段,称为这个点到这个平面的垂线段,垂线段的长度称为这个点到这个平面的距离.

2. 过一点有且只有一条直线与已知平面垂直,过一点有且只有一个平面与已知直线垂直.

二、直线与平面垂直的判定定理

如果一条直线与一个平面内的两条相交直线垂直,那么这条直线与这个平面垂直.

用符号表示为:若 $m \subset \alpha$,$n \subset \alpha$,$m \cap n = A$,$l \perp m$,$l \perp n$,则 $l \perp \alpha$,如图所示.

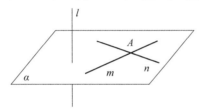

推论:在两条平行线中,如果有一条直线垂直于一个平面,那么另一条直线也垂直于这个平面.

三、直线与平面垂直的性质定理

如果两条直线都垂直于一个平面,那么这两条直线平行.

用符号表示为:若 $m \perp \alpha$,$n \perp \alpha$,则 $m \parallel n$.

【知识盲点提示】

如果一条直线和一个平面平行,那么这条直线上任意一点到这个平面的距离都是相等的,这个距离称为这条直线到这个平面的距离.

【课堂基础训练】

一、选择题

1. 直线 $l \perp$ 平面 α,直线 $m \subset \alpha$,则 l 与 m 不可能(　　).
   A. 平行　　　　B. 相交　　　　C. 异面　　　　D. 垂直

2. 若三条直线 OA,OB,OC 两两垂直,则直线 OA 垂直于(　　).
   A. 平面 OAB　　B. 平面 OAC　　C. 平面 OBC　　D. 平面 ABC

3. 下列命题中为假命题的是(　　).
   A. 如果直线 l 与平面 α 内的两条相交直线都垂直,则 $l \perp \alpha$

B. 如果直线 l 与平面 α 内的任意一条直线垂直，则 $l \perp \alpha$

C. 如果直线 l 不垂直于 α，则 α 内没有与 l 垂直的直线

D. 如果直线 l 不垂直于 α，则 α 内也可以有无数条直线与 l 垂直

4. 若平面 α 外一条直线 l 和平面 α 内的两条平行直线垂直，则下面结论中正确的是（   ）．

  A. l 一定垂直于 α B. l 一定平行于 α

  C. l 一定与 α 相交   D. 上述情况都有可能

5. 能够证明直线 l 与平面 α 垂直的条件是（   ）．

  ①l 与 α 内两条平行直线垂直；

  ②l 与 α 内两条相交直线垂直；

  ③l 与 α 内无数条直线垂直；

  ④l 与 α 内任意两条直线垂直；

  ⑤$l // m$，$m \perp \alpha$；

  ⑥直线 m，n 确定平面 α，$l \perp m$，$l \perp n$

  A. ①②④   B. ①③⑥   C. ②④⑤   D. ③④⑥

6. 空间四边形的四边相等，那么它的对角线（   ）．

  A. 相交且垂直   B. 不相交也不垂直

  C. 相交不垂直   D. 不相交但垂直

7. 已知 m、n、l 是不重合的直线，α、β 是不重合的平面，对于下列命题：

  ①若 $m \subset \alpha$，$n // \alpha$，则 $m // n$；

  ②$m // n$ 且 $m // \alpha$，则 $n // \alpha$；

  ③$m // n$ 且 $m \perp \alpha$，则 $n \perp \alpha$；

  ④若 m，n 是异面直线，$m // \alpha$，$n // \alpha$，$l \perp m$ 且 $l \perp n$，则 $l \perp \alpha$

  其中真命题的序号是（   ）．

  A. ①②   B. ③④   C. ②④   D. ①③

8. 已知 m，n 是两条不同的直线，α，β 是两个不同的平面，给出下列 4 个命题：

  ①如果 $m \subset \alpha$，$n \subset \alpha$，$m // \beta$，$n // \beta$，那么 $m // n$；

  ②如果 $m // n$，$n \perp \alpha$，那么 $m \perp \alpha$；

  ③如果 $\alpha \perp \beta$，$m \subset \alpha$，$n \subset \beta$，那么 $m \perp n$；

  ④如果 $\alpha \cap \beta = m$，$m \perp n$，$n \subset \alpha$，那么 $n \perp \beta$

  其中正确命题有（   ）．

  A. 4 个   B. 3 个   C. 2 个   D. 1 个

9. 如图所示，圆柱 OO' 中，AA' 是侧面的母线，AB 是底面的直径，C 是底面圆上一点，则（   ）．

  A. $BC \perp$ 平面 $A'AC$

  B. $BC \perp$ 平面 $A'AB$

  C. $AC \perp$ 平面 $A'BC$

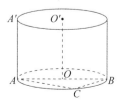

第 9 题图

D. $AC \perp$ 平面 $A'AB$

10. 如图所示，AC 为圆 O 的直径，B 为圆周上不与点 A，C 重合的点，$SA \perp$ 圆 O 所在的平面，连接 SB，SC，AB，BC，则图中直角三角形的个数是(　　)．
A. 1　　　　B. 2
C. 3　　　　D. 4

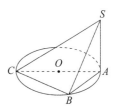

第 10 题图

二、填空题

11. 下列命题中为真命题的是_____．
①若直线 l 与平面 α 内的无数条直线垂直，则 $l \perp \alpha$；
②若 $a \perp b$，$b \perp \alpha$，则 $a // \alpha$；
③到已知平面距离相等的两条直线平行；
④如果两条平行直线中的一条垂直于一个平面，则另一条也垂直于这个平面．

12. △ABC 所在的平面为 α，直线 $l \perp AB$，$l \perp AC$，直线 $m \perp BC$，$m \perp AC$，若 m 与 l 不重合，则直线 l，m 的位置关系是_____．

13. 在正方体 $ABCD - A_1B_1C_1D_1$ 中，直线 A_1B 与平面 AB_1C_1D 所成的角是_____．

14. 如图所示，P 为△ABC 所在平面 α 外一点，$PB \perp \alpha$，$PC \perp AC$，则△ABC 的形状为_____．

15. 如图所示，$\angle BCA = 90°$，$PC \perp$ 平面 ABC，则在△ABC，△PAC 的边所在的直线中与 PC 垂直的直线有_____．

　　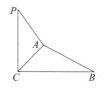

第 14 题图　　　第 15 题图

16. 在△ABC 中，$AB = AC = 5$，$BC = 6$，$PA \perp$ 平面 ABC，$PA = 8$，则点 P 到 BC 的距离是_____．

三、解答题

17. 矩形 $ABCD$ 和矩形 $CDEF$ 有一公共边 CD，且 $ED \perp AD$，$AB = 2$，$BC = \sqrt{2}$，$ED = \sqrt{2}$．
求：(1)点 B 到平面 AED 的距离；(2)EF 到平面 $ABCD$ 的距离．

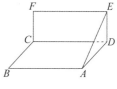

第 17 题图

18. 如图所示，△ABC 和 △BCD 所在平面互相垂直，且 $AB=BC=BD=2$，$\angle ABC=\angle DBC=120°$，点 E，F，G 分别为 AC，DC，AD 的中点．

求证：$EF \perp$ 平面 BCG．

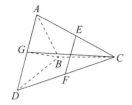

第 18 题图

19. 如图所示，四面体 $ABCD$ 中，O，E 分别是 BD，BC 的中点，$CA=CB=CD=BD=2$，$AB=AD=\sqrt{2}$．

求证：$AO \perp$ 平面 BCD．

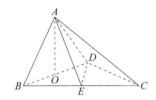

第 19 题图

20. 如图所示，PA 是三棱锥 $P-ABC$ 的高，线段 BC 的中点为 M，且 $AB \perp AC$，$AB=AC=PA=2$．

(1) 证明：$BC \perp$ 平面 PAM；

(2) 求点 A 到平面 PBC 的距离．

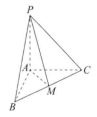

第 20 题图

【课堂拓展训练】

一、填空题

1. 下列命题中为真命题的是_____．

① 如果直线 l 与平面 α 所成的角为 $60°$，且 $m \subset \alpha$，则直线 l 与 m 所成的角也是 $60°$；

② 若直线 a ∥ 平面 α，直线 $b \perp$ 平面 α，则直线 $b \perp$ 直线 a；

③ 若直线 $a \perp$ 平面 α，直线 $a \perp$ 直线 b，则直线 b ∥ 平面 α．

2. 下列命题中，正确的序号是_____．

① 若直线 l 与平面 α 内的一条直线垂直，则 $l \perp \alpha$；
② 若直线 l 不垂直于平面 α，则 α 内没有与 l 垂直的直线；
③ 若直线 l 不垂直于平面 α，则 α 内也可以有无数条直线与 l 垂直；
④ 若平面 α 内有一条直线与直线 l 不垂直，则直线 l 与平面 α 不垂直.

3. 如图所示，在以下 4 个正方体中，直线 AB 与平面 CDE 垂直的有 _____．

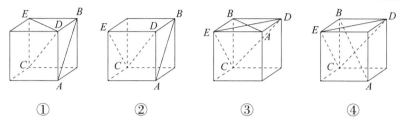

第 3 题图

4. 过平面外一点作该平面的垂线有 _____ 条，平行线有 _____ 条．

5. AB 是圆 O 的直径，点 C 是异于 A，B 的圆周上的任意一点，PA 垂直于圆 O 所在的平面，则 $\triangle PAB$，$\triangle PAC$，$\triangle PBC$，$\triangle ABC$ 中共有 _____ 个直角三角形．

6. 在 Rt$\triangle ABC$ 所在平面外一点 P，其中 $\angle BCA = 90°$，$PC \perp$ 平面 ABC，则在 $\triangle ABC$，$\triangle PAC$ 的边所在的直线中与 AP 垂直的直线有 _____．

二、解答题

7. 如图所示，Rt$\triangle ABC$ 所在平面外一点 S，且 $SA = SB = SC$，点 D 为斜边 AC 的中点．

(1) 求证：$SD \perp$ 平面 ABC；

(2) 若 $AB = BC$，求证：$BD \perp$ 平面 SAC．

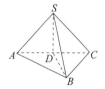

第 7 题图

8. 已知 AB 是圆柱上底面的一条直径，C 是上底面圆周上异于 A，B 的一点，D 为下底面圆周上一点，且 $AD \perp$ 圆柱的底面．

求证：$BC \perp$ 平面 ACD．

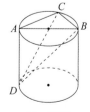

第 8 题图

9. 如图所示，PA 垂直于以 AB 为直径的圆所在平面，C 为圆上异于 A，B 的任意一点，$AE \perp PC$ 于点 E，点 F 是 PB 上一点．

(1)求证：$BC \perp$ 平面 PAC；

(2)求证：$AE \perp EF$.

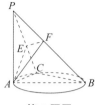

第 9 题图

10. 如图所示，正方体 $ABCD-A_1B_1C_1D_1$ 中．

(1)求证：$AC \perp DB_1$；

(2)求证：$DB_1 \perp$ 平面 ACD_1.

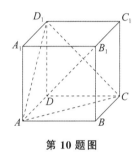

第 10 题图

5.3.3 直线与平面所成的角

【知识要点预习】

1. 斜线、_____、射影；

2. 直线与平面所成角的范围是_____．

【知识要点梳理】

一、斜线、斜足、射影

如图所示：

1. 斜线：一条直线 PA 和一个平面 α 相交，但不和这个平面垂直，这条直线称为这个平面的斜线．

2. 斜线和平面的交点 A 称为斜足．

3. 过斜线上斜足以外一点 P 向平面 α 引垂线 PO，过垂足 O 和斜足 A 的直线 AO 称为斜线 PA 在这个平面上的射影．

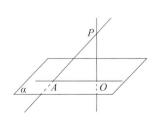

二、直线与平面所成的角

1. 平面的一条斜线和它在平面上的射影所成的角,称为这条斜线和这个平面所成的角.

2. 一条直线垂直于平面,我们说它们所成的角是 $90°$;一条直线和平面平行或在平面内,我们说它们所成的角是 $0°$.

3. 直线与平面所成角的范围:设直线与平面所成的角为 θ,$0°\leqslant\theta\leqslant 90°$.

【课堂基础训练】

一、选择题

1. 直线 l 与平面 α 所成的角为 $70°$,直线 $l\!\parallel\!m$,则 m 与 α 所成的角等于( ).
   A. $20°$ B. $70°$ C. $90°$ D. $110°$

2. 若两条不同的直线与同一平面所成的角相等,则这两条直线( ).
   A. 平行   B. 相交   C. 异面   D. 以上皆有可能

3. 平面的一条斜线段等于它在平面上射影的 2 倍,那么斜线与平面所成的角等于( ).
   A. $30°$ B. $45°$ C. $60°$ D. $75°$

二、填空题

4. 判断下列命题为真命题的是_____.
   ①直线与平面所成角为 α,则 $0°<\alpha\leqslant 90°$;
   ②若直线 l 与平面 α 垂直,则直线 l 与平面 α 内所有直线所成的角均为 $90°$;
   ③若直线 l 与平面 α 所成的角为 $0°$,则直线 $l\!\parallel\!$ 平面 α;
   ④如果直线 l 与平面 α 所成的角为 $60°$,且 $m\subset\alpha$,则直线 l 与 m 所成的角也是 $60°$.

5. 在正方体 $ABCD-A_1B_1C_1D_1$ 中:
   (1)直线 A_1B 与平面 $ABCD$ 所成的角的大小为_____;
   (2)直线 A_1B 与平面 ABC_1D_1 所成的角的大小为_____.

三、解答题

6. 如图所示,在正方体 $ABCD-A_1B_1C_1D_1$ 中,求 A_1B 与平面 AA_1D_1D 所成的角.

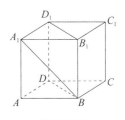

第 6 题图

【课堂拓展训练】

一、选择题

1. 平面 α 外的直线 a 与平面 α 所成的角是 θ,则 θ 的取值范围是( ).
   A. $[0°,180°)$ B. $[0°,180°]$ C. $[0°,90°)$ D. $[0°,90°]$

2. 若 $AB=2$，线段 AB 所在直线和平面 α 成 $30°$ 角，且 $A\in\alpha$，则点 B 到平面的距离为（　　）．

A. $\dfrac{1}{2}$　　　　B. $\sqrt{3}$　　　　C. 1　　　　D. $\sqrt{3}$

3. 如图所示，AB 是的 $\odot O$ 直径，$PA\perp\odot O$ 所在的平面，C 是圆上一点，且 $\angle ABC=30°$，$PA=AB$，则直线 PC 与平面 ABC 所成角的正切值为（　　）．

A. $\dfrac{1}{2}$　　　　B. 2

C. $\sqrt{5}$　　　　D. $\sqrt{5}$

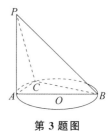

第 3 题图

二、填空题

4. 矩形 $ABCD$ 中，$AB=1$，$BC=\sqrt{2}$，$PA\perp$ 平面 $ABCD$，$PA=1$，则 PC 与平面 $ABCD$ 所成角的大小为＿＿＿＿＿＿．

5. 已知点 P 在平面 α 外，点 P 在平面 α 上的射影为 O，PA，PB，PC 是平面 α 的三条斜线，且 $A\in\alpha$，$B\in\alpha$，$C\in\alpha$．若 $PA>PB>PC$，则 OA，OB，OC 间的大小关系是＿＿＿＿＿＿．

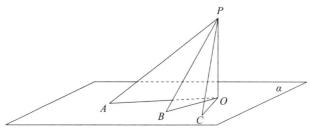

第 5 题图

三、解答题

6. 如图所示，在正方体 $ABCD-A_1B_1C_1D_1$ 中，求 A_1B 与平面 BB_1D_1D 所成的角．

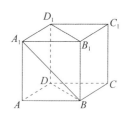

第 6 题图

5.4 平面与平面的位置关系

5.4.1 平面与平面平行

【知识要点预习】

1. 平面与平面的位置关系：_____和_____.
2. 平面与平面平行的判定定理：如果一个平面内有两条_____直线分别平行于另一个平面，那么这两个平面平行．
3. 平面与平面平行的性质定理：如果两个平行平面同时与第三个平面_____，那么它们的交线平行．

【知识要点梳理】

一、平面与平面的位置关系

如果两个平面有公共点，我们称这两个平面相交；如果两个平面没有公共点，我们称这两个平面互相平行．

两个平面的位置关系如下：

位置关系	两平面平行	两平面相交
公共点	没有公共点	有一条公共直线
符号表示	$\alpha // \beta$	$\alpha \cap \beta = a$
图形表示		

二、平面与平面平行的判定定理

如果一个平面内有两条相交直线分别平行于另一个平面，那么这两个平面平行．

用符号表示为：若 $a \subset \beta$，$b \subset \beta$，$a \cap b = P$，$a // \alpha$，$b // \alpha$，则 $\alpha // \beta$．

推论：如果一个平面内有两条相交直线分别平行于另一个平面内的两条直线，则这两个平面平行．

用符号表示为：若 $a \subset \alpha$，$b \subset \alpha$，$a \cap b = P$，$a_1 \subset \beta$，$b_1 \subset \beta$，且 $a // a_1$，$b // b_1$，则 $\alpha // \beta$．

三、平面与平面平行的性质定理

如果两个平行平面同时与第三个平面相交，那么它们的交线平行．

用符号表示为：若 $\alpha // \beta$，$\alpha \cap \gamma = a$，$\beta \cap \gamma = b$，那么 $a // b$．

【知识盲点提示】

1. 根据平面与平面平行的判定定理或推论，我们可以得到平行平面的传递性：如

果 α∥β，β∥γ，那么 α∥γ．

2．夹在两个平行平面间的平行线段相等．

3．如果一条直线垂直于两个平行平面中的一个平面，可以知道，它也垂直于另一个平面．与两个平行平面都垂直的直线，称为这两个平行平面的公垂线，公垂线夹在这两个平行平面间的线段，称为这两个平行平面的公垂线段．两个平行平面的公垂线的长度都是相等的，我们把公垂线段的长度称为两个平行平面间的距离．

【课堂基础训练】

一、选择题

1．两个平面重合的条件是它们的公共部分有（　　）．

A．两个点　　　　　　　　　B．一条直线与一个点

C．三个点　　　　　　　　　D．两条平行直线

2．在下列条件中，可判定平面 α 与平面 β 平行的是（　　）．

A．α，β 都平行于直线 a

B．α 内存在不共线的三点到 β 的距离相等

C．l，m 是 α 内的两条直线，且 $l\∥\beta$，$m\∥\beta$

D．l，m 是两条异面直线，且 $l\∥\alpha$，$m\∥\alpha$，$l\∥\beta$，$m\∥\beta$

3．如图所示，已知平面 $\alpha\∥$ 平面 β，点 P 为 α，β 外一点，直线 PB，PD 分别与 α，β 相交于 A，B 和 C，D，则 AC 与 BD 的位置关系为（　　）．

A．平行　　　　B．相交

C．异面　　　　D．平行或异面

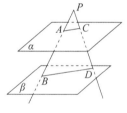

第3题图

二、填空题

4．设有不同的直线 a，b，c 和不同的平面 α，β，下列命题中为真命题的是_____．

①若 $a\∥\alpha$，$b\∥\alpha$，则 $a\∥b$；②若 $a\∥\alpha$，$a\∥\beta$，则 $\alpha\∥\beta$；

③若 $a\perp\alpha$，$b\perp\alpha$，则 $a\∥b$；④若 $a\perp b$，$b\perp c$，则 $a\perp c$

5．若平面 $\alpha\∥$ 平面 β，$a\subset\alpha$，$b\subset\beta$，则直线 a 和 b 的位置关系是_____．

三、解答题

6．如图所示，在三棱柱 $ABC-A_1B_1C_1$ 中，E，F，G，H 分别是 AB，AC，A_1B_1，A_1C_1 的中点．求证：平面 $EFA_1\∥$ 平面 $BCHG$．

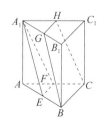

第6题图

【课堂拓展训练】

一、选择题

1. 下列命题中为假命题的是(　　).
   A. 平行于同一条直线的两个平面平行
   B. 平行于同一平面的两个平面平行
   C. 平行于同一平面的两直线关系不确定
   D. 两平面平行，一平面内的直线必平行于另一平面

2. 已知 α，β，γ 是三个不同的平面，m，n 是两条不同的直线，则下列命题中正确的是(　　).
   A. 若 $\alpha\perp\gamma$，$\beta\perp\gamma$，则 $\alpha//\beta$
   B. 若 $m//\alpha$，$m//\beta$，则 $\alpha//\beta$
   C. 若 $m\perp\alpha$，$n\perp\alpha$，则 $m//n$
   D. 若 $m//\alpha$，$n//\alpha$，则 $m//n$

3. 已知 m，n 是两条不同的直线，α，β 是两个不同的平面，则下列说法中正确的是(　　).
   A. 若 $m//\alpha$，$n//\beta$，$m//n$，则 $\alpha//\beta$
   B. 若 $m\perp\alpha$，$\alpha\perp\beta$，$n//\beta$，则 $m\perp n$
   C. 若 $m\perp\alpha$，$m//n$，$n\perp\beta$，则 $\alpha//\beta$
   D. 若 $m//\alpha$，$n//\beta$，$m\perp n$，则 $\alpha\perp\beta$

二、填空题

4. 已知 a，b 是两条不重合的直线，α，β 是两个不重合的平面，给出下列命题：
   ① $a//\alpha$，$b//\alpha \Rightarrow a//b$；
   ② $a//b$，$b//\alpha \Rightarrow a//\alpha$；
   ③ $\alpha//\beta$，$a\subset\alpha$，$b\subset\beta \Rightarrow a//b$．
   其中假命题的序号是　　　　．(写出所有假命题的序号)

5. 如图所示，已知正方体 $ABCD-A_1B_1C_1D_1$，则平面 A_1BD 与平面 D_1B_1C 的位置关系为　　　　．

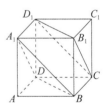

第 5 题图

三、解答题

6. 如图所示，已知正方体 $ABCD-A_1B_1C_1D_1$．
   求证：平面 $A_1BC_1//$ 平面 ACD_1．

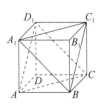

第 6 题图

5.4.2　平面与平面垂直

【知识要点预习】

1. 二面角、二面角的平面角以及直二面角.

2. 平面与平面垂直的判定定理：如果一个平面经过另一个平面的一条_____，那么这两个平面互相垂直.

3. 平面与平面垂直的性质定理：如果两个平面互相_____，那么在一个平面内垂直于它们交线的直线垂直于另一个平面.

【知识要点梳理】

一、二面角

1. 平面内的一条直线把这个平面分成两个部分，其中的每一部分都称为半平面，当其中一个半平面绕着这条直线旋转时，这两个半平面就形成了一定的角度.

2. 一般地，从一条直线出发的两个半平面所组成的图形称为二面角. 这条直线称为二面角的棱，这两个半平面称为二面角的面，如图所示.

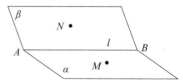

棱为 AB，半平面分别为 α，β 的二面角，记作二面角 $\alpha-AB-\beta$.

3. 在二面角 $\alpha-l-\beta$ 的棱 l 上任取一点 O. 以点 O 为垂足，在半平面 α 和 β 内分别作垂直于棱 l 的射线 OA 和 OB，则射线 OA 和 OB 构成的 $\angle AOB$ 称为二面角的平面角.

4. 二面角的范围：$0°\leqslant\theta\leqslant180°$. 平面角是直角的二面角称为直二面角.

二、平面与平面垂直的判定定理

如果一个平面经过另一个平面的一条垂线，那么这两个平面互相垂直.

用符号表示：若 $l\perp\alpha$，$l\subset\beta$，则 $\beta\perp\alpha$，如图所示.

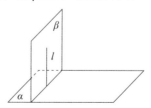

三、平面与平面垂直的性质定理

如果两个平面互相垂直，那么在一个平面内垂直于它们交线的直线垂直于另一个平面.

用符号表示为：若 $\alpha\perp\beta$，$\alpha\cap\beta=l$，$a\subset\alpha$，且 $a\perp l$，则 $a\perp\beta$.

【知识盲点提示】

两个平面垂直的判定是通过线面垂直去判定的，所以要了解如何由线线垂直来判定线面垂直,及由线面垂直来判定面面垂直;反过来,也要了解如何由面面垂直去判定线面垂直,及由线面垂直来判定线线垂直.

【课堂基础训练】

一、选择题

1. 直线 $l \perp$ 平面 α,直线 $l \subset$ 平面 β,则 α 与 β 的位置关系是( ).
   A. 平行   B. 可能重合   C. 垂直   D. 相交不垂直

2. 已知 $l \perp \alpha$,则过 l 与 α 垂直的平面有( ).
   A. 1个   B. 2个   C. 无数个   D. 不存在

3. 设 m,n 是两条不同的直线,α,β 是两个不同的平面,则下列说法中正确的是( ).
   A. 若 $m // \alpha,n \perp \beta,m \perp n$,则 $\alpha \perp \beta$ B. 若 $m // \alpha,m \perp \beta$,则 $\alpha \perp \beta$
   C. 若 $m \perp n,m \subset \alpha,n \subset \beta$,则 $\alpha \perp \beta$ D. 若 $m \perp \alpha,n \subset \beta,m \perp n$,则 $\alpha \perp \beta$

4. 在正方体 $ABCD-A_1B_1C_1D_1$ 中,截面 A_1BD 与底面 $ABCD$ 所成的二面角 A_1-BD-A 的正切值等于( ).
   A. $\dfrac{\sqrt{3}}{3}$ B. $\dfrac{\sqrt{2}}{2}$
   C. $\sqrt{2}$ D. $\sqrt{3}$

   第4题图

5. 下列命题中正确的是( ).
   ①两个相交平面组成的图形叫作二面角;
   ②异面直线 a,b 分别和一个二面角的两个面垂直,则 a,b 所成的角与这个二面角的平面角相等或互补;
   ③二面角的平面角是从棱上一点出发,分别在两个面内作射线所成的角;
   ④二面角的大小与其平面角的顶点在棱上的位置没有关系.
   A. ①③   B. ②④   C. ③④   D. ①②

6. 若平面 $\alpha \perp$ 平面 β,直线 $l \perp$ 平面 α,则( ).
   A. $l // \beta$ B. $l \perp \beta$ C. $l \subset \beta$ D. $l // \beta$ 或 $l \subset \beta$

7. 下列命题中正确的是( ).
   A. 平面 α 和 β 分别过两条互相垂直的直线,则 $\alpha \perp \beta$
   B. 若平面 α 内的一条直线垂直于平面 β 内的两条平行直线,则 $\alpha \perp \beta$
   C. 若平面 α 内的一条直线垂直于平面 β 内的两条相交直线,则 $\alpha \perp \beta$
   D. 若平面 α 内的一条直线垂直于平面 β 内的无数条直线,则 $\alpha \perp \beta$

8. 已知直线 m,n,平面 α,β,满足 $\alpha \cap \beta = n$ 且 $\alpha \perp \beta$,则"$m \perp \beta$"是"$m \perp n$"的( )条件.
   A. 充分不必要   B. 必要不充分条
   C. 充要   D. 既不充分也不必要

9. 如图所示，已知 $PA \perp$ 平面 $ABCD$，四边形 $ABCD$ 是矩形，则互相垂直的面共有( ).
   A. 2 对   B. 3 对
   C. 4 对   D. 5 对

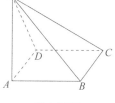

第 9 题图

10. 空间四边形 $ABCD$ 中，若 $AD \perp BC$，$AD \perp BD$，那么有( ).
    A. 平面 $ABC \perp$ 平面 ADC
    B. 平面 $ABC \perp$ 平面 ADB
    C. 平面 $ABC \perp$ 平面 DBC
    D. 平面 $ADC \perp$ 平面 DBC

二、填空题

11. 下列命题中为真命题的是_____．
    ①若平面 $\alpha \perp$ 平面 β，则平面 α 内所有直线都垂直于平面 β；
    ②若平面 α 内的一条直线垂直于平面 β 内两条平行线，则 $\alpha \perp \beta$；
    ③二面角的平面角所确定的平面与二面角的棱垂直；
    ④对于确定的二面角，平面角的大小与顶点在棱上的位置有关．

12. 已知 α，β 是二个不重合的平面，l 是直线．若 $l \perp \alpha$，$l // \beta$，则 α _____ β．

13. 在正方体 $ABCD-A_1B_1C_1D_1$ 中，二面角 A_1-BC-A 的大小是_____．

14. 经过平面 α 外一点和平面 α 内一点与平面 α 垂直的平面有_____个．

15. 在长方体 $ABCD-A_1B_1C_1D_1$ 中，已知 $AB=BC=\dfrac{\sqrt{2}}{2}AA_1$，$E$ 为 CC_1 的中点，则二面角 $E-BD-C$ 的平面角的大小为_____．

16. 三棱锥 $D-ABC$ 中，$\triangle BCD$ 是边长为 2 的正三角形，$\triangle BCD$ 与 $\triangle ABC$ 所在平面互相垂直，且 $AC=1$，$AB=\sqrt{3}$．则 $AD=$_____．

三、解答题

17. 在四棱锥 $P-ABCD$ 中，底面为梯形，$AB//CD$，$\triangle PAD$ 为正三角形，且 $PA=AB=2$，$\angle BAP=\angle CDP=90°$．求证：平面 $PAD \perp$ 平面 $ABCD$．

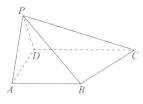

第 17 题图

18. 如图所示，已知 $PA \perp$ 矩形 $ABCD$ 所在的平面，求证：

(1) 平面 $PAD \perp$ 平面 PAB；

(2) 平面 $PBC \perp$ 平面 PAB.

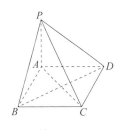

第 18 题图

19. 如图所示，正方形 $ABCD$ 中，E，F 分别是 AB，BC 的中点，将 $\triangle ADE$，$\triangle CDF$，$\triangle BEF$ 分别沿 DE，DF，EF 折起，A，B，C 恰重合于点 P.

(1) 求证：平面 $PDE \perp$ 平面 PDF；

(2) 求二面角 $P-EF-D$ 的平面角的余弦值.

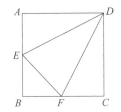 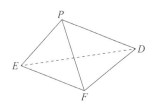

20. 如图所示，在正方体 $ABCD-A_1B_1C_1D_1$ 中，P 为 CC_1 的中点.

(1) 求证：平面 $BCC_1B_1 \perp$ 平面 ABP；

(2) 求直线 AA_1 与平面 ABP 所成角的余弦值.

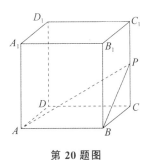

第 20 题图

【课堂拓展训练】

一、填空题

1. 设 m，n 是两条不同的直线，α，β，γ 是三个不同的平面，则下列命题中错误的是_____．

① 若 $m \perp n$，$n \subset \alpha$，则 $m \perp \alpha$ 　　② 若 $m \perp \alpha$，$m \parallel n$，则 $n \perp \alpha$

③若 $m/\!/\alpha$,$n/\!/\alpha$,则 $m/\!/n$ ④若 $\alpha\perp\beta$,$\beta\perp\gamma$,则 $\alpha/\!/\gamma$

2. 如图所示,已知六棱锥 $P-ABCDEF$ 的底面是正六边形,$PA\perp$ 平面 ABC,$PA=2AB$,则直线 PD 与平面 ABC 所成角为_____.

3. 以等腰直角三角形 ABC 的斜边 BC 上的高 AD 为折痕,把 $\triangle ABD$ 和 $\triangle ACD$ 折成互相垂直的两个平面后,某学生得出下列 4 个结论,其中正确的个数是_____.

①$BD\perp AC$;②$\triangle ABC$ 是等边三角形;

③三棱锥 $D-ABC$ 是正三棱锥;④平面 $ADC\perp$ 平面 ABC

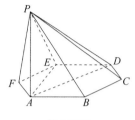

第 2 题图

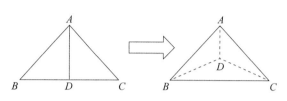

第 3 题图

4. 如图所示,在正方体 $ABCD-A_1B_1C_1D_1$ 所有经过 4 个顶点的平面中,垂直于平面 ABC_1D_1 的平面有_____.

5. 如图所示,已知四边形 $ABCD$ 是正方形,$PA\perp$ 平面 $ABCD$,则二面角 $B-PA-D$ 的平面角的大小为_____.

6. 如图所示,点 P 为平面四边形 $ABCD$ 外一点,$PA\perp$ 底面 $ABCD$,且底面各边都相等,当 $DM\perp PC$ 时,则平面 MBD 与平面 PCD 的关系为_____.

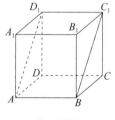

第 4 题图

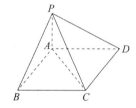

第 5 题图

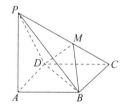

第 6 题图

二、解答题

7. 如图所示,在边长为 a 的菱形 $ABCD$ 中,$\angle ABC=60°$,$PC\perp$ 平面 $ABCD$,求证:平面 $PDB\perp$ 平面 PAC.

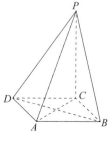

第 7 题图

8. 如图所示，AB 是 $\odot O$ 的直径，PA 垂直于 $\odot O$ 所在的平面，C 是圆周上的一点，且 $PA=AC$，求二面角 $P-BC-A$ 的大小．

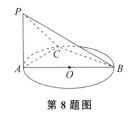

第 8 题图

9. 如图所示，已知三棱锥 $P-ABC$，$\angle ACB=90°$，$CB=4$，$AB=20$，D 为 AB 的中点，且 $\triangle PDB$ 是正三角形，$PA\perp PC$．
   (1) 求证：平面 $PAC\perp$ 平面 ABC；
   (2) 求二面角 $D-AP-C$ 的正弦值；

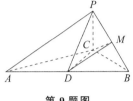

第 9 题图

10. 如图所示，在四棱锥 $P-ABCD$ 中，已知底面 $ABCD$ 为矩形，$PA\perp$ 平面 PDC，点 E 为棱 PD 的中点．求证：
    (1) $PB//$ 平面 EAC；
    (2) 平面 $PAD\perp$ 平面 $ABCD$．

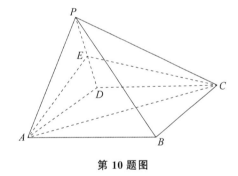

第 10 题图

单元测试题 A 卷

（满分 120 分，时间 120 分钟）

一、选择题(本大题共 15 个小题，每小题 3 分，共 45 分)

1. 若 a，b，c 是空间三条直线，$a//b$，a 与 c 相交，则 b 与 c 的位置关系是(   )．
   A. 异面   B. 相交   C. 平行   D. 异面或相交

2. 下列说法中正确的是( ).
   ①任意三点确定一个平面;
   ②圆上的三点确定一个平面;
   ③任意四点确定一个平面;
   ④两条平行线确定一个平面.
   A. ①②   B. ②③   C. ②④   D. ③④

3. 如图所示,在三棱锥 $S-MNP$ 中,E,F,G,H 分别是棱 SN,SP,MN,MP 的中点,则 EF 与 HG 的位置关系是( ).
   A. 平行   B. 相交
   C. 异面   D. 平行或异面

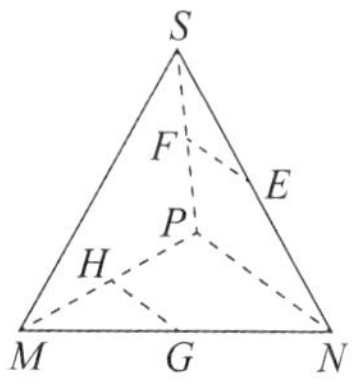

第3题图

4. 如果在两个平面内分别有一条直线,这两条直线互相平行,那么两个平面的位置关系一定是( ).
   A. 平行   B. 相交   C. 平行或相交   D. 不能确定

5. 给出下列 4 个命题:
   ①垂直于同一平面的两条直线相互平行;
   ②垂直于同一平面的两个平面相互平行;
   ③若一个平面内有无数条直线与另一个平面都平行,那么这两个平面相互平行;
   ④若一条直线垂直于一个平面内的任一直线,那么这条直线垂直于这个平面.
   其中真命题的个数是( ).
   A. 1   B. 2   C. 3   D. 4

6. 已知下列 4 个命题:
   ①垂直于同一直线的两条直线平行;
   ②垂直于同一直线的两个平面平行;
   ③垂直于同一平面的两条直线平行;
   ④一条直线垂直于平面内的无数条直线,则这条直线垂直于这个平面.
   其中,正确命题的序号是( ).
   A. ①③④   B. ①②③   C. ②③   D. ②④

7. 设 m,n 是两条不同的直线,α,β 是两个不同的平面,下面命题正确的是( ).
   A. 若 $m\perp\alpha$,$n\subset\beta$,$m\perp n$,则 $\alpha\perp\beta$
   B. 若 $\alpha\perp\beta$,$m\perp\alpha$,$n\perp\beta$,则 $m\perp n$
   C. 若 $\alpha\perp\beta$,$m\perp\alpha$,$n//\beta$,则 $m//n$
   D. 若 $\alpha\perp\beta$,$\alpha\cap\beta=m$,$n\perp m$,则 $n\perp\beta$

8. 已知 l 是直线,α,β 是两个不同的平面,则下列命题中的真命题是( ).
   A. 若 $l//\alpha$,$l//\beta$,则 $\alpha//\beta$
   B. 若 $\alpha\perp\beta$,$l//\alpha$,则 $l\perp\beta$
   C. 若 $l//\alpha$,$\alpha//\beta$,则 $l//\beta$

D. 若 $l\perp\alpha$，$l/\!/\beta$，则 $\alpha\perp\beta$

9. 如图所示，正方体 $ABCD-A_1B_1C_1D_1$ 中，

①DA_1 与 BC_1 平行；

②DD_1 与 BC_1 垂直；

③BC_1 与 AC 所成角为 $60°$．

以上三个结论中，正确结论的序号是（　　）．

A. ①　　　　B. ②

C. ③　　　　D. ②③

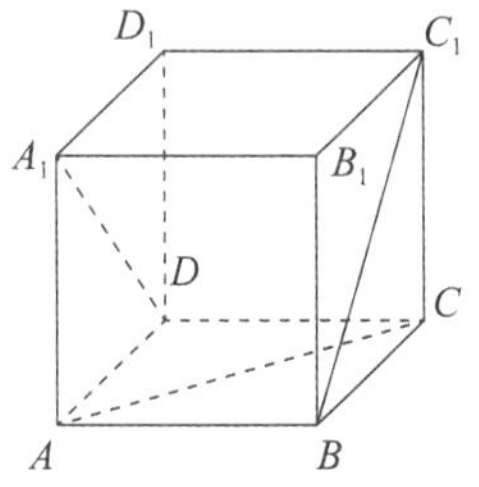

第9题图

10. 已知直线 a，b，平面 α，则以下三个命题：

①若 $a/\!/b$，$b\subset\alpha$，则 $a/\!/\alpha$；

②若 $a/\!/b$，$a/\!/\alpha$，则 $b/\!/\alpha$；

③若 $a/\!/\alpha$，$b/\!/\alpha$，则 $a/\!/b$．

其中真命题的个数是（　　）．

A. 0　　　B. 1　　　C. 2　　　D. 3

11. 设 α 是空间中的一个平面，l，m，n 是三条不同的直线．

①若 $m\subset\alpha$，$n\subset\alpha$，$l\perp m$，$l\perp n$，则 $l\perp\alpha$；

②若 $l/\!/m$，$m/\!/n$，$l\perp\alpha$，则 $n\perp\alpha$；

③若 $l/\!/m$，$m\perp\alpha$，$n\perp\alpha$，则 $l/\!/n$；

④若 $m\subset\alpha$，$n\perp\alpha$，$l\perp n$，则 $l/\!/m$．

则上述命题中正确的是（　　）．

A. ①②　　B. ②③　　C. ③④　　D. ①④

12. 设 m，n 是两条不同的直线，α，β 是两个不同的平面，则下列命题正确的是（　　）．

A. 若 $m/\!/\alpha$，$n/\!/\alpha$，则 $m/\!/n$

B. 若 $m/\!/\alpha$，$m/\!/\beta$，则 $\alpha/\!/\beta$

C. 若 $m/\!/n$，$m\perp\alpha$，则 $n\perp\alpha$

D. 若 $m/\!/\alpha$，$\alpha\perp\beta$，则 $m\perp\beta$

13. 若平面 $\alpha/\!/$ 平面 β，点 A，$C\in\alpha$，B，$D\in\beta$，则直线 $AC/\!/$ 直线 BD 的充要条件是（　　）．

A. $AB/\!/CD$

B. $AD/\!/CB$

C. AB 与 CD 相交

D. A，B，C，D 四点共面

14. 直线 PA 垂直于 $\odot O$ 所在的平面，$\triangle ABC$ 内接于 $\odot O$，且 AB 为 $\odot O$ 的直径，点 M 为线段 PB 的中点．现有结论：①$BC\perp PC$；②$OM/\!/$ 平面 APC；③点 B 到平面 PAC 的距离等于线段 BC 的长．其中正确的是（　　）．

A. ①②　　B. ①②③　　C. ①　　D. ②③

15. 在 $\triangle ABC$ 中，$AB=AC=5$，$BC=6$，$PA\perp$ 平面 ABC，$PA=8$，则 P 到 BC 的距离是（　　）．

A. $\sqrt{5}$　　B. $2\sqrt{5}$　　C. $3\sqrt{5}$　　D. $4\sqrt{5}$

二、填空题(本大题共15个小题，每小题2分，共30分)

16. 设 a，b，c 是空间中的三条直线，下面给出命题：

①若 $a /\!/ b$，$b /\!/ c$，则 $a /\!/ c$；

②若 $a \perp b$，$b \perp c$，则 $a /\!/ c$；

③若 a 与 b 相交，b 与 c 相交，则 a 与 c 相交；

④若 $a \subset$ 平面 α，$b \subset$ 平面 β，则 a，b 一定是异面直线.

上述命题中正确的命题是_____（只填序号）.

17. 如图所示，在四棱锥 $P-ABCD$ 中，底面 $ABCD$ 为矩形，$PA \perp$ 平面 $ABCD$，则图中共有直角三角形的个数为_____.

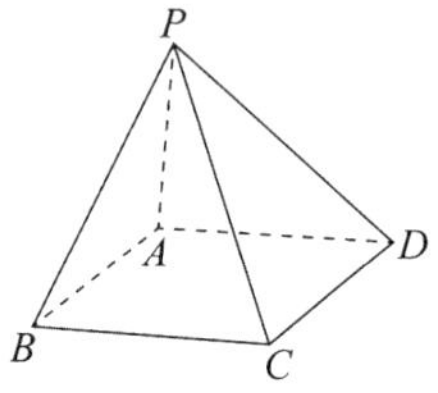

18. 以下 4 个命题：

①若 $a /\!/ b$，$b /\!/ c$，则 $a /\!/ c$；

②若 $a \perp b$，$b \perp c$，则 $a /\!/ c$；

③若 a 与 b 相交，b 与 c 相交，则 a 与 c 相交；

④若直线 a，b 共面，直线 a，c 共面，则直线 b，c 共面.

其中正确命题的个数有_____.

第 17 题图

19. 在四面体 $A-BCD$ 中，H，G，E，F 分别为 AD，DC，AB，BC 上的点，若 EF 与 GH 相交于点 M，则点 M 在直线_____上.

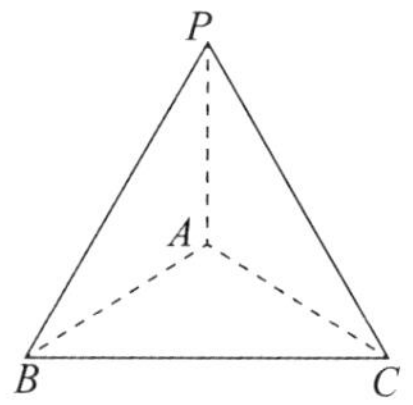

20. 如图所示，在三棱锥 $P-ABC$ 中，$PA \perp$ 面 ABC，$\angle BAC = 90°$，则二面角 $B-PA-C$ 的平面角是_____.

第 20 题图

21. 正方体 $ABCD-A_1B_1C_1D_1$ 的棱长为 a，则 BD_1 与底面 $ABCD$ 所成角的正切值为_____.

22. 边长为 2 的正方形 $ABCD$ 沿对角线 BD 折叠成直二面角后，AC 的长为_____.

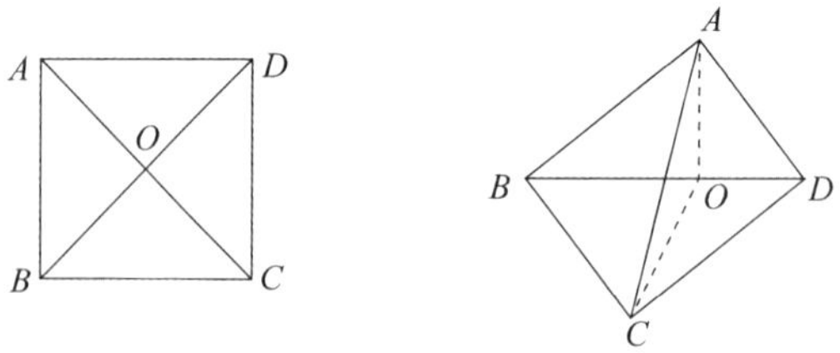

第 22 题图

23. 如图所示，已知正方体 $ABCD-A_1B_1C_1D_1$，则直线 BD_1 与平面 ABB_1A_1 所成角的正弦值为_____.

24. 如图所示，在三棱锥 $S-ABC$ 中，$\triangle SAC$ 和 $\triangle ABC$ 都是边长为 2 的正三角形，若 $SB = \sqrt{3}$，则二面角 $S-AC-B$ 的平面角等于_____.

25. 如图所示，四棱锥 $P-ABCD$ 的底面是一直角梯形，$AB /\!/ CD$，$BA \perp AD$，

$CD=2AB$，$PA\perp$ 底面 $ABCD$，E 为 PC 的中点，则 BE 与平面 PAD 的位置关系为 _____．

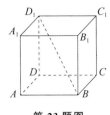
第 23 题图

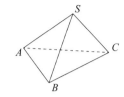
第 24 题图

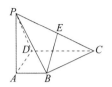
第 25 题图

26．在 $\triangle ABC$ 中，$AB=AC=5$，$BC=6$，$PA\perp$ 平面 ABC，$PA=8$，则 P 到 BC 的距离是 _____．

27．已知二面角 $\alpha-AB-\beta$ 为 $30°$，点 $P\in$ 平面 α，过 P 点作 $PC\perp\beta$ 于 C，$PC=2$，则点 C 到 AB 的距离为 _____．

28．两个平面间的距离为 3，一条直线与它们相交成 $60°$，那么这条直线夹在两个平面之间的线段长为 _____．

29．在正方体 $ABCD-A_1B_1C_1D_1$ 中，BD_1 与 AD 所成角的正切值为 _____．

30．在正三棱锥 $P-ABC$ 中，D，E 分别是 AB，BC 的中点，有下列三个论断：
①$AC\perp PB$；②AC∥平面 PDE；③$AB\perp$ 平面 PDE．其中正确结论的序号为 _____．

三、解答题（本大题共 7 个小题，共 45 分）

31．(6 分) 如图所示，在四棱锥 $P-ABCD$ 中，底面 $ABCD$ 是矩形，$PA\perp$ 底面 $ABCD$，E 是 PC 的中点，已知 $AB=2$，$AD=2\sqrt{2}$，$PA=2$．求：
(1) 三角形 PCD 的面积；
(2) 异面直线 BC 与 AE 所成角的大小．

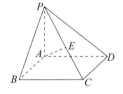
第 31 题图

32．(6 分) 如图所示，在四棱锥 $P-ABCD$ 中，底面是边长为 a 的正方形，侧棱 $PD=a$，$PA=PC=\sqrt{2}a$，求证：
(1) $PD\perp$ 平面 $ABCD$；
(2) 平面 $PAC\perp$ 平面 PBD

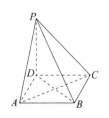
第 32 题图

33.(6分)如图所示,在三棱锥 $P-ABC$ 中,E,F 分别为 AC,BC 的中点.

(1)求证:EF∥平面 PAB;

(2)若平面 PAC⊥平面 ABC,且 $PA=PC$,$\angle ABC=90°$,求证:平面 PEF⊥平面 PBC.

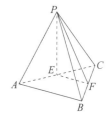

第33题图

34.(6分)如图所示,在梯形 $ABCD$ 中,AD∥BC,$AB\perp BC$,$AB=BC=1$,$PA\perp$平面 $ABCD$,$CD\perp PC$.

(1)证明:$CD\perp$平面 PAC;

(2)若 E 为 AD 的中点,求证:CE∥平面 PAB.

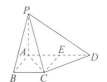

第34题图

35.(7分)如图所示,在三棱柱 $ABC-A_1B_1C_1$ 中,侧棱垂直于底面,$AB\perp BC$,$AA_1=AC=2$,$BC=1$,E,F 分别是 A_1C_1,BC 的中点.

(1)求证:平面 ABE⊥平面 B_1BCC_1;

(2)求证:C_1F∥平面 ABE;

(3)求三棱锥 $E-ABC$ 的体积.

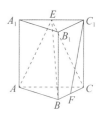

第35题图

36.(7分)如图所示,在△ABC中,∠ABC=90°,D 是 AC 的中点,S 是△ABC 所在平面外一点,且 SA=SB=SC.
(1)求证:SD⊥平面 ABC;
(2)若 AB=BC,求证:BD⊥平面 SAC.

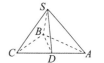

第 36 题图

37.(7分)如图所示,在三棱锥 P-ABC 中,PA=PB=PC=13,∠ABC=90°,AB=8,BC=6,M 为 AC 的中点.
(1)求证:PM⊥平面 ABC;
(2)求直线 BP 与平面 ABC 所成角的正切值.

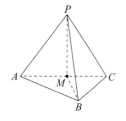

第 37 题图

单元测试题 B 卷

(满分 120 分,时间 120 分钟)

一、选择题(本大题共 15 个小题,每小题 3 分,共 45 分)

1. 用符号语言表示下列语句,正确的个数是( ).
   ① 点 A 在平面 α 内,但不在平面 β 内:$A \subset \alpha$,$A \not\subset \beta$;
   ② 直线 a 经过平面 α 外的点 A,且 a 不在平面 α 内:$A \in a$,$A \notin \alpha$,$a \not\subset \alpha$;
   ③ 平面 α 与平面 β 相交于直线 l,且 l 经过点 P:$\alpha \cap \beta = l$,$P \in l$.
   A. 1   B. 2   C. 3   D. 0

2. 下列说法中正确的是( ).
   A. 三点可以确定一个平面   B. 一条直线和一个点可以确定一个平面

C. 四边形是平面图形　　　　　　　　D. 两条相交直线可以确定一个平面

3. 设 m，n，l 是空间中三条不重合的直线，则下列命题中正确的是(　　).

   A. 若 $m//n$，$n\perp l$，则 $m\perp l$

   B. 若 $m\perp n$，$n\perp l$，则 $m//l$

   C. 若 m，n 共面，n 与 l 共面，则 m 与 l 共面

   D. 若 m，n 异面，n 与 l 异面，则 m 与 l 异面

4. 图所示为正方体的平面展开图，在这个正方体中，有以下判断：

   ①BF 与 DN 平行；②CM 与 BN 是异面直线；

   ③DF 与 BN 垂直；④AE 与 DN 是异面直线.

   则判断正确的个数是(　　).

   A. 1　　　　　　B. 2

   C. 3　　　　　　D. 4

   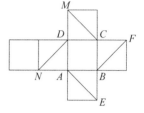

   第 4 题图

5. 已知 $AB//PQ$，$BC//QR$，若 $\angle ABC=30°$，则 $\angle PQR=$(　　).

   A. 30°　　　　　　　　　　　　　　B. 150°

   C. 30°或150°　　　　　　　　　　　D. 以上结论都不对

6. 已知空间四边形 $ABCD$，E，H 分别是 AB，AD 的中点，F，G 分别是 CB，CD 的中点，则四边形 $EFGH$ 的形状是(　　).

   A. 平行四边形　　B. 矩形　　　　C. 菱形　　　　D. 正方形

7. 异面直线是指(　　).

   A. 空间中两条不相交的直线

   B. 分别位于两个不同平面内的两条直线

   C. 平面内的一条直线与平面外的一条直线

   D. 空间中既不平行也不相交的两条直线

8. "直线 l 在平面 α 外"是"直线 l 与平面 α 平行"的(　　).

   A. 充分不必要条件　　　　　　　　B. 必要不充分条件

   C. 充要条件　　　　　　　　　　　D. 既不充分也不必要条件

9. 若 $l//\alpha$，$l\subset\beta$，$\alpha\cap\beta=m$，则(　　).

   A. l 与 m 相交　　B. l 与 m 平行　　C. l 与 m 异面　　D. 无法确定

10. 若 $l\perp m$，$l\perp n$，$m\cap n=A$，$m\subset\alpha$，$n\subset\alpha$，则(　　).

    A. $l\subset\alpha$　　　　B. $l//\alpha$

    C. $l\perp\alpha$　　　　D. l 与 α 的关系不确定

11. 如图所示，已知 S 为四边形 $ABCD$ 外一点，点 G，H 分别为 SB，BD 上的点，若 $GH//$ 平面 SCD，则(　　).

    A. $GH//SA$　　　　B. $GH//SD$

    C. $GH//SC$　　　　D. 以上均有可能

    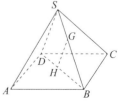

    第 11 题图

12. 如图所示，已知正方体 $ABCD-A_1B_1C_1D_1$ 的棱长为 1，点 P 是面 AA_1D_1D 的中心，点 Q 是面 $A_1B_1C_1D_1$ 的对角线 B_1D_1 上一点，且 PQ∥平面 AA_1B_1B，则线段 PQ 的长为(　　).

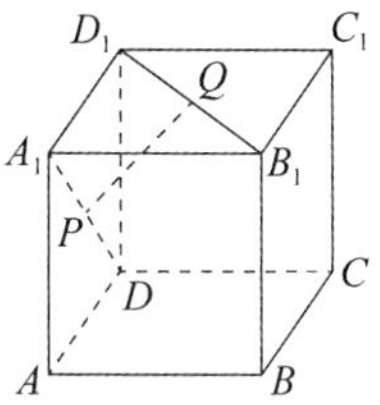

   A. $\dfrac{\sqrt{2}}{2}$　　B. $\dfrac{\sqrt{3}}{2}$

   C. 1　　D. $\sqrt{2}$

   第12题图

13. 在正方体 $ABCD-A_1B_1C_1D_1$ 中，直线 A_1B 与平面 ABC_1D_1 所成角的大小为(　　).

    A. 15°　　B. 30°　　C. 45°　　D. 60°

14. 如图所示，AB 是⊙O 的直径，PA 垂直于⊙O 所在的平面，C 是圆周上的一点，且 $PA=AC$，则下列说法中错误的是(　　).

    A. $PA\perp BC$

    B. $PC\perp BC$

    C. $BC\perp$ 平面 PAC

    D. 二面角 $P-BC-A$ 的大小是 60°

    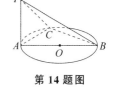
    第14题图

15. 如图所示，三棱锥 $P-ABC$ 的底面在平面 α 内，且 $AC\perp PC$，平面 $PAC\perp$ 平面 PBC，点 P，A，B 是定点，则动点 C 的轨迹是(　　).

    A. 一条线段

    B. 一条直线

    C. 一个圆

    D. 一个圆，但要去掉两个点

    第15题图

二、填空题(本大题共15个小题，每小题2分，共30分)

16. 直线 l 和平面 α 相交于点 A，用集合符号表示_____．

17. 不共线的三点确定_____个平面．(填数字)

18. 有下列命题：①两个平面可以有且仅有一个公共点；②三条互相平行的直线必在同一个平面内；③两两相交的三条直线一定共面；④过三个点有且仅有一个平面．其中正确命题是_____．

19. 若点 $A\in$ 面 α，点 $B\notin$ 面 α，点 $C\notin$ 面 α，则平面 ABC 与平面 α 的位置关系是_____．

20. 已知空间四边形 $ABCD$，E，H 分别是 AB，AD 的中点，F，G 分别是 CB，CD 的中点，且 $AC=BD$，则四边形 $EFGH$ 的形状是_____．

21. 设 a，b，c 是空间中的三条直线，下面给出 4 个命题：①若 a∥b，b∥c，则 a∥c；②若 $a\perp b$，$b\perp c$，则 a∥c；③若 a 与 b 相交，b 与 c 相交，则 a 与 c 相交．上述命题中错误的是_____．(写出所有错误命题的序号)

22. 正方体 $ABCD-A_1B_1C_1D_1$ 中，异面直线 AB_1 与 BD 所成角的大小为_____．

23. 如图所示，P 为矩形 $ABCD$ 所在平面外一点，矩形对角线交点为 O，M 为 PB 的中点，则

① $OM \parallel PD$；

② $OM \parallel$ 平面 PCD；

③ $OM \parallel$ 平面 PDA；

④ $OM \parallel$ 平面 PBA；

⑤ $OM \parallel$ 平面 PBC．

其中正确命题的序号为_____．

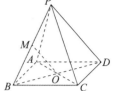

第23题图

24. 在正方体 $ABCD-A_1B_1C_1D_1$ 中，E 是 DD_1 的中点，则 A_1C_1 与平面 ACE 的位置关系为_____．

25. 如图所示，四边形 $ABCD$ 是梯形，$AB \parallel CD$，且 $AB \parallel$ 平面 α，AD，BC 与平面 α 分别交于点 M，N，且点 M 是 AD 的中点，$AB=4$，$CD=6$，则 $MN=$_____．

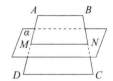

第25题图

26. 已知直线 $l \cap$ 平面 α 于点 O，$A \in l$，$B \in l$，$A \notin \alpha$，$B \notin \alpha$，且 $OA=AB$；若 $AC \perp$ 平面 α，垂足为 C，$BD \perp$ 平面 α，垂足为 D，$AC=1$，则 $BD=$_____．

27. 矩形 $ABCD$ 中，$AB=1$，$BC=\sqrt{2}$，$PA \perp$ 平面 $ABCD$，$PA=1$，则 PC 与平面 $ABCD$ 所成角的大小为_____．

28. 正方体 $ABCD-A_1B_1C_1D_1$ 中，平面 AB_1D_1 和平面 BC_1D 的位置关系为_____．

29. 若三个平面两两相交，则它们交线的条数是_____条．

30. 已知四边形 $ABCD$ 是正方形，$PA \perp$ 平面 $ABCD$．二面角 $B-PA-C$ 的平面角的大小为_____．

三、解答题(本大题共7个小题，共45分)

31. (6分)已知直线 $a \parallel b$，直线 l 与 a，b 都相交，求证：过 a，b，l 有且只有一个平面．

32.（6分）如图所示，在正方体 $ABCD-A_1B_1C_1D_1$ 中，M，M_1 分别是棱 AD 和 A_1D_1 的中点．

求证：四边形 BB_1M_1M 为平行四边形．

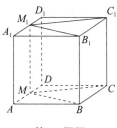

第 32 题图

33.（6分）如图所示，已知 $PA\perp\odot O$ 所在平面，AB 是 $\odot O$ 的直径，过 A 作 $AE\perp PC$，求证：$AE\perp$ 平面 PBC．

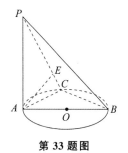

第 33 题图

34.（6分）在 Rt$\triangle ABC$ 中，$\angle C=90°$，$CE\perp$ 平面 ABC，已知 $CE=2$，$AC=3$，$BC=4$，D 是 AB 的中点．求 ED 与平面 ABC 所成角的正切值．

35.（7分）如图所示，已知 $\triangle ADB$ 和 $\triangle ADC$ 都是以 D 为直角顶点的直角三角形，且 $AD=BD=CD$，$\angle BAC=60°$．

(1) 求证：$BD\perp$ 平面 ADC；

(2) 若 M 和 N 分别为 $\triangle ABD$ 和 $\triangle BCD$ 的外心，求证：MN∥平面 ADC．

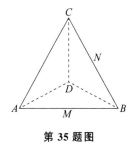

第 35 题图

36. (7分) 如图所示, 在底面边长为 a 的正三棱柱 $ABC-A_1B_1C_1$ 中, 在 AA_1 上截取 $AD=a$, 在 CC_1 上截取 $CE=\dfrac{1}{2}a$.

(1) 求平面 BDE 与平面 ABC 所成角的大小;
(2) 求点 C 到平面 BDE 的距离.

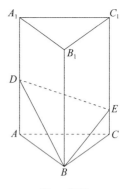

第36题图

37. (7分) 如图所示, 已知菱形 $ABCD$, P 为平面 $ABCD$ 外一点, 且 $PA\perp$ 面 $ABCD$.

(1) 求证: 面 $PAC\perp$ 面 PBD;
(2) 若 $AB=4$, $\angle DAB=120°$, $PA=3$, 求二面角 $P-BD-A$ 的正弦值.

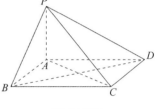

第37题图

第 6 章

复　数

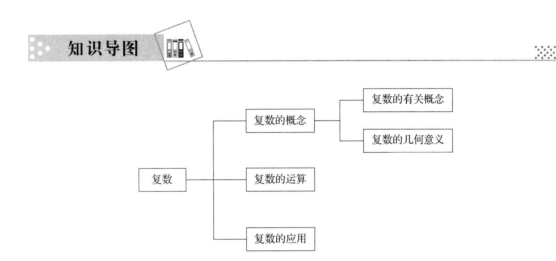

【学习目标导航】

1. 理解虚数单位和复数的有关概念．
2. 了解复数的代数形式与复数的几何意义．
3. 理解共轭复数，掌握两个复数相等的条件．
4. 理解复数代数形式的加法、减法和乘法运算．了解复数加法合成和减法运算的几何意义．
5. 在复数范围内了解实系数一元二次方程的解法．

6.1 复数的概念

6.1.1 复数的有关概念

【知识要点预习】

$i^2 = $ _____ .

$z = a + bi(a, b \in \mathbf{R})$，其中 a 为 _____ ，b 为 _____ .

【知识要点梳理】

复数的概念：

1. 虚数单位 i，满足 $i^2 = -1$.

2. 复数的定义：一般地，当 a 与 b 都是实数时，称 $a + bi$ 为复数，其中 a、b 分别叫它的实部和虚部．复数一般用小写字母 z 表示，即 $z = a + bi(a, b \in \mathbf{R})$，$Re(z) = a$，$Im(z) = b$. 所有复数组成的集合称为复数集，通常用大写字母 C 表示，$C = \{z \mid z = a + bi, a, b \in \mathbf{R}\}$.

(1) $z = a + bi$ 是实数 $\Leftrightarrow b = 0 (a, b \in \mathbf{R})$；

(2) $z = a + bi$ 是虚数 $\Leftrightarrow b \neq 0 (a, b \in \mathbf{R})$；

(3) $z = a + bi$ 是纯虚数 $\Leftrightarrow a = 0$ 且 $b \neq 0 (a, b \in \mathbf{R})$；

(4) $a + bi = c + di \Leftrightarrow a = c$ 且 $b = d (a, b, c, d \in \mathbf{R})$；

(5) $a + bi = 0 \Leftrightarrow a = b = 0$.

【知识盲点提示】

1. 两个复数，如果不全是实数，不能比较大小．

2. 两个复数中，$a = c$ 和 $b = d$，只要有一个不成立，那么 $a + bi \neq c + di$.

【课堂基础训练】

一、选择题

1. 复数 $(1 - \sqrt{2})i$ 的实部和虚部分别为（　　）.

   A. $1, -\sqrt{2}$ B. $0, 1 - \sqrt{2}$ C. $1 - \sqrt{2}, 0$ D. $-\sqrt{2}, 1$

2. 在 $3 - \sqrt{2}, -6i, 3 - 2i, (2 - \sqrt{3})i, 4i^2$ 这几个数中，纯虚数的个数为（　　）.

   A. 0 B. 1 C. 2 D. 3

3. 复数 $m(m+1) + m(m-1)i(m \in \mathbf{R})$ 表示纯虚数，则 m 的值为（　　）.

   A. 0 B. -1 C. 1 D. 0 或 -1

二、填空题

4. 已知 $(2x - 1) + i = y - (3 - y)i(x, y \in \mathbf{R})$，则 $x = $ _____ ，$y = $ _____ .

5. 已知 $m + mi = 1 - ni(m, n \in \mathbf{R})$，则 $2m + ni = $ _____ .

三、解答题

6. 复数 $z=(2m^2-3m-2)+(m^2-2m)\mathrm{i}(m\in\mathbf{R})$，$m$ 分别为何值时，z 表示实数、虚数、纯虚数？

【课堂拓展训练】

一、选择题

1. 设集合 $A=\{$实数$\}$，$B=\{$纯虚数$\}$，$C=\{$复数$\}$，若全集 $M=C$，则下列结论中正确的是(　　)．
   A. $A\cup B=C$
   B. $B=C$
   C. $\complement_U A\cap \complement_U B=C$
   D. $\complement_U A\cup \complement_U B=C$

2. 已知 $A=\{1,2,m^2-3m-1+(m^2-5m-6)\mathrm{i}\}$，$B=\{-1,3\}$，$A\cap B=\{3\}$，则实数 m 为(　　)．
   A. -1 或 4
   B. -1
   C. 4
   D. -1 或 6

3. 对于复数 $z=a+b\mathrm{i}(a,b\in\mathbf{R})$，下列结论中错误的是(　　)．
   A. 若 $a=0$，则 $a+b\mathrm{i}$ 是纯虚数
   B. 若 $a-b\mathrm{i}=1+2\mathrm{i}$，则 $a=1$，$b=-2$
   C. 若 $b=0$，则 $a+b\mathrm{i}$ 是实数
   D. $x,y\in\mathbf{R}$，$x+y\mathrm{i}=1+\mathrm{i}$ 的充要条件是 $x=y=1$

二、填空题

4. 下列命题：①若 $a+b\mathrm{i}=0$，则 $a=b=0$；②$x+y\mathrm{i}=2+2\mathrm{i}$，则 $x=y=2$；③若 $y\in\mathbf{R}$，且 $(y^2-1)+(y-1)\mathrm{i}=0$，则 $y=1$．其中正确命题的个数为_____．

5. 已知 $(x+2y)+(x-3y)\mathrm{i}=2(x,y\in\mathbf{R})$，则 $xy=$ _____．

三、解答题

6. 若复数 $(a^2-3a-2)+(a-1)\mathrm{i}(a\in\mathbf{R})$ 的实部和虚部互为相反数，求 a 值．

6.1.2 复数的几何意义

【知识要点预习】

复数 $z=a+bi(a,b\in\mathbf{R})$ 的模为_____，共轭复数为_____.

【知识要点梳理】

1. 复数的几何意义：在复平面内，x 轴通常为实轴，y 轴称为虚轴．

$z=a+bi(a,b\in\mathbf{R}) \xleftrightarrow{\text{一一对应}} 点 Z \xleftrightarrow{\text{一一对应}} \overrightarrow{OZ} \xleftrightarrow{\text{一一对应}} 有序实数对(a,b)$.

任何一个实数 a 与 x 轴上的 $(a,0)$ 一一对应，任一个纯虚数 $bi(b\neq 0)$ 与 y 轴上的点 $(0,b)$ 一一对应．

2. 复数的模：复数 $z=a+bi(a,b\in\mathbf{R})$ 对应的向量 $\overrightarrow{OZ}$ 的长度称为复数 $a+bi$ 的模，即 $|z|=|a+bi|=\sqrt{a^2+b^2}(a,b\in\mathbf{R})$.

3. 共轭复数：如果两个复数的实部相等，虚部互为相反数，则称这两个复数互为共轭复数，复数 z 的共轭复数用 $\bar{z}$ 表示，即 $z=a+bi$，则 $\bar{z}=a-bi$.

共轭复数的特点：

(1) 在复平面内，表示两个互为共轭复数的点关于实轴对称；

(2) 共轭复数的模相等；

(3) 一个实数的共轭复数是它本身．

【知识盲点提示】

1. 复数与平面内以坐标原点为起点的向量是一一对应的．

2. 理解复数 $|z|$ 的意义：是复数 z 所对应的向量 $\overrightarrow{OZ}$ 的长度，即点 Z 到原点的距离．

3. 复数的模可以比较大小．

【课堂基础训练】

一、选择题

1. 复数 $z=-6+8i$ 对应的点在（　　）.

  A. 第一象限 B. 第二象限 C. 第三象限 D. 第四象限

2. 复数 $z=4+3i$ 的共轭复数是（　　）.

  A. $4-3i$ B. $-4+3i$ C. $-4-3i$ D. $-3+4i$

3. 已知 $z=(m-3)+(m-5)i$ 在复平面内对应的点在第四象限，则实数 m 的取值范围为（　　）.

  A. $(5,3)$ B. $(5,+\infty)$ C. $(-\infty,3)$ D. $(3,5)$

二、填空题

4. 若复数 $z=2\sqrt{3}-2i$ 的模为 a，虚部为 b，实部为 c，则 $a+b+\sqrt{3}c=$_____．

5. 在复平面内，O 为原点，向量 $\overrightarrow{OA}$ 对应的复数为 $-2+4i$，若点 A 关于虚轴的对称点为 B，则向量 $\overrightarrow{OB}$ 对应的复数为_____．

三、简答题

6. 已知复数 $z=(m^2-2m-3)+(m^2-4m+3)\mathrm{i}\,(m\in\mathbf{R})$，在复平面上对应的点为 Z.

   (1) 若点 Z 在实轴上，求实数 m 的取值；

   (2) 若点 Z 在虚轴上，求实数 m 的取值；

   (3) 若点 Z 在第三象限，求实数 m 的取值范围.

【课堂拓展训练】

一、选择题

1. 已知复数 $z_1=(m^2-1)+(m^2+2m-3)\mathrm{i}$，$z_2=m+\sqrt{3}\mathrm{i}$，其中 i 为虚数单位，$m\in\mathbf{R}$，若 z_1 为纯虚数，则下列说法中正确的是（　　）.

   A. $|z_1|^2=|z_2|^2$

   B. $|z_2|=2$

   C. $m=\pm 1$

   D. 复数 z_2 在复平面内对应的点在第一象限

2. 已知复数 $z=a-b\mathrm{i}(b<0)$，满足 $|z|=1$，复数 z 的实部为 $\dfrac{\sqrt{2}}{2}$，则复数 z 的虚部为（　　）.

   A. $-\dfrac{\sqrt{2}}{2}$ B. $\dfrac{1}{2}$ C. $-\dfrac{1}{2}$ D. $\dfrac{\sqrt{2}}{2}$

3. 下列命题：(1) 实数在复平面内所对应的点在实轴上；(2) 虚轴上的点所对应的数是纯虚数；(3) 若 $a,b\in\mathbf{R}$，则 $z=a+b\mathrm{i}$ 是虚数；(4) 复数 $|z|=3$，在复平面内对应的点 Z 的轨迹是以原点为圆心，以 3 为半径的圆；(5) 复数 $z_1=a+\mathrm{i}$，$z_2=2-\mathrm{i}$，若 $|z_1|<|z_2|$，则实数 a 的取值范围为 $(-2,2)$. 其中正确的命题个数是（　　）.

   A. 0   B. 1   C. 2   D. 3

二、填空题

4. 复数 $z=(m-2)-(m+2)\mathrm{i}$ 对应的点在函数 $y=2x-4$ 图像上，则 $m=$ _____ .

5. 已知复数 $z_1=3-4\mathrm{i}$，$|z|=2$，则 $|z-z_1|$ 的最大值为 _____ ，$|z-z_1|$ 的最小值为 _____ .

三、解答题

6. 已知复数 z 满足 $z+|z|=2+i$，求复数 z 及其共轭复数 $\bar{z}$.

6.2 复数的运算

【知识要点预习】

若 $a,b,c,d \in \mathbf{R}$，则

$(a+bi)+(c+di)=$ _____，　　$(a+bi-c+di)=$ _____，

$(a+bi)(c+di)=$ _____．

【知识要点梳理】

1. 复数的加法：一般地，设 $z_1=a+bi$，$z_2=c+di(a,b,c,d \in \mathbf{R})$，称 z_1+z_2 为 z_1 与 z_2 的和，并规定：$z_1+z_2=(a+bi)+(c+di)=(a+c)+(b+d)i$.

两个复数的加法运算满足：

交换律：$z_1+z_2=z_2+z_1$；

结合律：$(z_1+z_2)+z_3=z_1+(z_2+z_3)$．

复数加法的几何意义：按向量的加法来进行，符合向量加法的平行四边形法则．

2. 复数的减法：一般地，设 $z_1=a+bi$，$z_2=c+di(a,b,c,d \in \mathbf{R})$，$z_1-z_2$ 称为 z_1 与 z_2 的差，且 $z_1-z_2=a+bi-(c+di)=(a-c)+(b-d)i$.

两个复数的减法不满足交换律：$z_1-z_2 \neq z_2-z_1$．

复数减法的几何意义：按向量的减法来进行，符合向量减法的三角形法则．

3. 复数的乘法：一般地，设 $z_1=a+bi$，$z_2=c+di(a,b,c,d \in \mathbf{R})$，称 $z_1 z_2$ 为 z_1 与 z_2 的积，且有 $z_1 z_2=(a+bi)(c+di)=(ac-bd)+(ad+bc)i$；两个复数的积仍为复数．

复数的乘法运算满足：

交换律：$z_1 z_2=z_2 z_1$；

结合律：$(z_1 z_2)z_3=z_1(z_2 z_3)$；

分配律：$z_1(z_2+z_3)=z_1 z_2+z_1 z_3$．

4. 常用结论：

(1) $z\bar{z}=|z|^2=|\bar{z}|^2$；

(2) $z^m z^n = z^{m+n}$，$(z^m)^n = z^{mn}$，$(z_1 z_2)^n = z_1^n z_2^n$；

(3) $(z_1+z_2)^2=z_1^2+2z_1z_2+z_2^2$;

(4) $z_1^2-z_2^2=(z_1-z_2)(z_1+z_2)$;

(5) $i^{4n}=1$，$i^{4n+1}=i$，$i^{4n+2}=-1$，$i^{4n+3}=-i$(具有周期性);

(6) 两个共轭复数的和是一个实数.

【知识要点提示】

理解复数加法、减法的几何意义：利用复数与向量的对应关系，转化为向量加法、减法的几何表示.

【课堂基础训练】

一、选择题

1. 设复数 $z+3-i=-1+i$，则 $\bar{z}=($).

   A. $-4+2i$　　　B. $4-2i$　　　C. $-4-2i$　　　D. $4+2i$

2. 复数 $z_1=2+bi$，$z_2=a+i(a,b\in\mathbf{R})$，当 $z_1+z_2=0$ 时，复数 $a+bi$ 为( ).

   A. $-2-i$　　　B. 3　　　C. $1+i$　　　D. $2+2i$

3. 若复数 $z_1=3-i$，$z_2=1+i$，则 $z_1z_2=($).

   A. $2+2i$　　　B. $2+i$　　　C. $3+i$　　　D. $4+2i$

二、填空题

4. 若复数 $z_1=1-2i$，$z_2=3+4i$(i 是虚数单位)，则 z_1z_2 的虚部为_____.

5. 复数 $z=i^1+i^2+i^3+i^4=$_____.

三、解答题

6. 计算：(1) $(2-i)(3+5i)$；(2) $(1-i)(1+i)$；(3) $\left(-\dfrac{1}{2}+\dfrac{\sqrt{3}}{2}i\right)^2$；(4) $(1+i)^2$；(5) $(1-i)^2$.

【课堂拓展训练】

一、选择题

1. $(1-\sqrt{3}i)^3=($).

   A. -8　　　B. 8　　　C. $-8i$　　　D. $8i$

2. 在复平面内，复数 $(2-i)(2+4i)$ 对应的点在( ).

   A. 第一象限　　　B. 第二象限　　　C. 第三象限　　　D. 第四象限

3. 若 $(a-2i)i=b+2i$，其中 $a,b\in\mathbf{R}$，则 $a^2+b^2=($).

A. 2　　　　　B. 4　　　　　C. 8　　　　　D. 0

二、填空题

4. 已知复数 $z_1=3+i$，$z_2=-1+2i$，z_3 在复平面内对应的点分别是 A、B、C，若四边形 $OABC$ 为平行四边形，则 $z_3 \cdot \overline{z_3} =$ _____．

5. 已知 i 为虚数单位，下列 5 个命题正确的是 _____．

(1) $z+\bar{z}$ 是纯虚数；(2) $z \cdot \bar{z}$ 是实数；(3) 若 $z=(1+2i)^2$，则复平面内 $\bar{z}$ 对应的点位于第四象限；(4) 若 $|z|=2$，则 $\bar{z}=\dfrac{4}{z}$；(5) 已知复数 z 满足 $|z-1|=|z+1|$，则 z 在复平面内对应的点的轨迹为直线．

三、解答题

6. 已知复数 $z_1=1+2i$，$z_2=1+i$，求：

(1) z_1-2z_2；

(2) $|z_1 z_2|$；

(3) z_2^3；

(4) $z_1 \cdot \overline{z_1}$．

6.3　复数的应用

【知识要点预习】

实系数一元二次方程 $ax^2+bx+c=0$ 在判别式 $\Delta<0$ 时，$x=$ _____．

【知识要点梳理】

一元二次方程 $ax^2+bx+c=0(a\neq 0$，且 $a,b,c\in\mathbf{R})$，方程的解有：

(1) 当 $\Delta\geqslant 0$ 时，$x=\dfrac{-b\pm\sqrt{b^2-4ac}}{2a}$；

(2) 当 $\Delta<0$ 时，$x=\dfrac{-b\pm\sqrt{4ac-b^2}\,i}{2a}$，两根是一对共轭复数．

特别地，当 $\Delta<0$ 时，实系数一元二次方程的根与系数关系同样成立，即 $x_1+x_2=-\dfrac{b}{a}$，$x_1 x_2=\dfrac{c}{a}$．

【知识盲点提示】

在复数集中解一元二次方程 $ax^2+bx+c=0$ 的系数必须是实数，且它的虚数根是成对出现的，互为共轭复数．

【课堂基础训练】

一、选择题

1. 方程 $x^2+25=0$ 的解是（　　）．
   A. $5i$　　　　　B. $-5i$　　　　　C. $\pm 5i$　　　　　D. ± 5

2. 方程 $x^2+4x+7=0$ 的根是（　　）．
   A. $-4\pm 2\sqrt{3}i$　　B. $2\sqrt{3}\pm 4i$　　C. $-\sqrt{3}\pm 2i$　　D. $-2\pm\sqrt{3}i$

3. 已知 $3-2i$ 是实系数一元二次方程 $x^2+ax+b=0$ 的一个根，则 $a+b=$（　　）．
   A. -6　　　　　B. 13　　　　　C. 7　　　　　D. -7

二、填空题

4. 若实系数方程 $x^2+nx+2n=0$ 有虚数根，则实数 n 的取值范围为_____．

5. 在复数范围内，方程 $x^2+4x+5=0$ 的解集是_____．

三、解答题

6. 已知实系数一元二次方程 $x^2+2x+a=0$ 的两个虚根为 x_1，x_2，且 $|x_1-x_2|=3$，求实数 a 的值．

【课堂拓展训练】

一、选择题

1. 已知 $1-i$ 是方程 $x^2-2x+c=0$ 的一个根，则实数 c 的值为（　　）．
   A. 2　　　　　B. $\sqrt{2}$　　　　　C. -2　　　　　D. $-\sqrt{2}$

2. 在复数范围内，下列哪个不是方程 $x^3-64=0$ 的根？（　　）．
   A. 4　　　　　B. $-2+2\sqrt{3}i$　　　C. $2-2\sqrt{3}i$　　　D. $-2-2\sqrt{3}i$

3. 已知两个数的和为 6，两个数的积为 18，则这两个数为（　　）．
   A. $3\pm 3i$　　　B. $-3\pm 3i$　　　C. $6\pm 6i$　　　D. $-6\pm 6i$

二、填空题

4. 已知 α，β 是方程 $2x^2+3x+4=0$ 的两个根，则 $\alpha^2+\beta^2=$_____．

5. 已知实系数方程 $x^2+mx+5=0$ 两个虚根为 α，β，则 $|\alpha|+|\beta|=$_____．

三、解答题

6. 已知关于 x 的方程 $x^2+6x+m=0$ 的两个根为 x_1，x_2，若 $|x_1-x_2|=8$，求实数 m 的值．

单元测试卷 A

(满分 120 分，时间 120 分钟)

一、选择题(本大题共 15 个小题，每小题 3 分，共 45 分)

1. 复数 $(1-i)^3$ 对应的点位于第(　　)象限．
   A. 一　　　　　　B. 二　　　　　　C. 三　　　　　　D. 四

2. 已知 i 是虚数单位，复数 $z=(x^2-9)+(x+3)i$ 是纯虚数，则实数 x 的值为(　　)．
   A. 3　　　　　　B. -3　　　　　　C. ± 3　　　　　　D. 9

3. 下列命题中正确命题的个数是(　　)．
   (1)若 $a\in \mathbf{R}$，则 $(a+2)i$ 是纯虚数；
   (2)若 a，$b\in \mathbf{R}$ 且 $a>b$，则 $a+2i>b+2i$；
   (3)若 $z=\bar{z}$，则 $z\in \mathbf{R}$；
   (4)两个虚数不能比较大小，其模也不能比较大小．
   A. 0　　　　　　B. 1　　　　　　C. 2　　　　　　D. 3

4. 已知复数 $z_1=1+3i$ 的实部与复数 $z_2=-2-ai$ 的虚部相等，则实数 $a=($ 　　$)$．
   A. 3　　　　　　B. -3　　　　　　C. -1　　　　　　D. 1

5. 若 $(x-2y)+(x+4y)i=3-4i(x,y\in \mathbf{R})$，则 $x+yi=($ 　　$)$．
   A. $\dfrac{2}{3}-\dfrac{7}{6}i$　　　B. $-\dfrac{2}{3}+\dfrac{7}{6}i$　　　C. $-\dfrac{2}{3}-\dfrac{7}{6}i$　　　D. $\dfrac{2}{3}+\dfrac{7}{6}i$

6. $3+4i-(5+6i)=($ 　　$)$．
   A. $-2-2i$　　　　B. $2-2i$　　　　C. $2+2i$　　　　D. $-2+2i$

7. $(1+i)(2-3i)=($ 　　$)$．
   A. $3-3i$　　　　B. $5-i$　　　　C. $5+i$　　　　D. $-1-i$

8. 复数 $iz=6+8i$，则 z 的共轭复数为(　　)．
   A. $-6-8i$　　　B. $8+6i$　　　C. $8-6i$　　　D. $-8+6i$

9. 若复数 $z=(2+i)i$（i 为虚数单位），则复数 z 的模为（　　）.
   A. 5　　　　B. $\sqrt{5}$　　　　C. $-\sqrt{5}$　　　　D. 5i

10. 复数 $(3-4i)i=a+bi(a,b\in\mathbf{R})$，则 $a+b=$（　　）.
    A. 1　　　　B. -7　　　　C. 7　　　　D. -1

11. $1+2i$ 是一元二次方程 $x^2-2x+c=0$ 的一个根，则实数 $c=$（　　）.
    A. 2　　　　B. -2　　　　C. 5　　　　D. -5

12. $3-2i$ 是一元二次方程 $x^2-ax+b=0(a,b\in\mathbf{R})$ 的一个根，则 $a+bi=$（　　）.
    A. $-6+13i$　　B. $-6-13i$　　C. $6-13i$　　D. $6+13i$

13. $(1+i)^4+(1-i)^4=$（　　）.
    A. -4　　　　B. $4i$　　　　C. $-8i$　　　　D. -8

14. 复数 $z_1=1-2i$，$z_2=-2+3i$，则 z_1z_2 共轭复数为（　　）.
    A. $-4+7i$　　B. $-4-7i$　　C. $4+7i$　　D. $4-7i$

15. 若复数 $z=(3a-2)+(a-1)i$ 在复平面内对应的点在第三象限，则实数 a 的取值范围为（　　）.
    A. $a<1$　　B. $a<\dfrac{2}{3}$　　C. $\dfrac{2}{3}<a<1$　　D. $a>1$

二、填空题（本大题共 15 个小题，每小题 2 分，共 30 分）

16. 复数 $(1-i)(2-i)=$ _____ .

17. 复数 $(1+3i)-(-2+5i)=$ _____ .

18. 若复数满足 $(1+i)z=1-i$，则 $\bar{z}=$ _____ .

19. 若复数 $z=(m+3)+(2m-4)i$ 为纯虚数，则实数 m 的值为 _____ .

20. 若复数 $z=(m^2-2m)+(m^2+2m-3)i$ 在复平面内对应的点在第二象限，则实数 m 的取值范围为 _____ .

21. 若复数 $z=(m+1)+(m^2-5m-6)i$ 在复平面内对应的点在实轴上，则实数 m 的值为 _____ .

22. 在复平面内，复数 $z_1=2-i$，$z_2=4+5i$ 对应的点分别为 A，B，则 AB 中点所对应的复数 $z=$ _____ .

23. 复数 $z=2i(-2+3i)$ 对应的点在复平面内位于 _____ .

24. 在复数范围内，方程 $x^2+4=0$ 的解是 _____ .

25. 已知复数 $|z|=3$，则 $|z-4|$ 的最大值为 _____ .

26. 在复数范围内，方程 $x^2+bx+c=0(b,c\in\mathbf{R})$ 的一个解是 $2-i$，则 $bc=$ _____ .

27. 已知复数 $z_1=3+3i$，$z_2=2-2i$，$z_3=-1+3i$，则 $z_1z_2+z_3=$ _____ .

28. 设复数 $z=-\dfrac{1}{2}+\dfrac{\sqrt{3}}{2}i$，则 $z^2+z=$ _____ .

29. 已知复数 $(1+bi)i=-1+i(b\in\mathbf{R})$，则 $|3b-2bi|=$ _____ .

30. 已知复数 z 的共轭复数为 $\bar{z}$，满足 $z\cdot\bar{z}=8$，$z+\bar{z}=4$，则 $z=$ _____ .

三、解答题(本大题共 7 个小题，共 45 分)

31. (6 分) 已知复数 $z_1=2+3i$，$z_2=3-2i$. 求 $\overline{z_1}+\overline{z_2}$，$\overline{z_1}-\overline{z_2}$，$\overline{z_1 z_2}$ 的值.

32. (6 分) 已知复数 $z=(m^2-m-6)+(m^2-2m-8)i\,(m\in\mathbf{R})$，当 m 为何值时？
(1) 为纯虚数；
(2) 在复平面内对应的点 z 在第三象限.

33. (6 分) 已知复数 $z=1+mi\,(m\in\mathbf{R})$，且 $\overline{z}(3+i)$ 为纯虚数，求实数 m 的值.

34. (6 分) 已知复数 $z=a+\sqrt{3}i$，在复平面内对应的点在第二象限，且 $|z|=2$，求复数 z 的共轭复数 $\overline{z}$.

35. (7 分) 已知复数 z 在复平面内对应的点在 $y=2x$，且 $z\overline{z}=20$，求复数 z.

36. (7分)在复数范围内解方程：
(1) $x^2-4x+8=0$；
(2) $2x^2-4x+5=0$.

37. (7分)已知复数 $z=3x-(x^2-x)\mathrm{i}(x\in\mathbf{R})$ 的实部与虚部的差为8，求 $\mathrm{i}z$ 的虚部.

单元测试卷 B

（满分120分，时间120分钟）

一、选择题(本题共15个小题，每小题3分，共45分)

1. 若复数$(1-\mathrm{i})(a+\mathrm{i})$(i是虚数单位)为纯虚数，则实数 a 的值为(　　).
   A. 2　　　　　　B. -1　　　　　　C. 0　　　　　　D. 1

2. 复数$(1+\mathrm{i})(3-\mathrm{i})$的实部是(　　).
   A. $2\mathrm{i}$　　　　　B. $-2\mathrm{i}$　　　　C. 4　　　　　　D. -4

3. 复数 $z=1+\sqrt{2}\mathrm{i}$，则 $z^2-2z=$(　　).
   A. $3\mathrm{i}$　　　　　B. $-3\mathrm{i}$　　　　C. 3　　　　　　D. -3

4. 若 $a,b\in\mathbf{R}$，i是虚数单位，$a+2023\mathrm{i}=3-b\mathrm{i}$，则 $a^2+b\mathrm{i}=$(　　).
   A. $2023+3\mathrm{i}$　　B. $2023+9\mathrm{i}$　　C. $9-2023\mathrm{i}$　　D. $9+2023\mathrm{i}$

5. 下列命题中正确的序号是(　　).
   (1) i 是 -1 的一个平方根；
   (2) i 是一个正数；
   (3) 若 $a+b\mathrm{i}=4+3\mathrm{i}(a,b\in\mathbf{C})$，则 $a=4,b=3$；
   (4) 复数 $z_1=1+\mathrm{i}$ 与复数 $z_2=\sqrt{2}\mathrm{i}$ 的模相等.
   A. (1)(2)　　　　B. (2)(3)　　　　C. (1)(4)　　　　D. (3)(4)

6. 当 $1<m<2$ 时，复数 $m(2+\mathrm{i})-(4+\mathrm{i})$ 在复平面内对应的点位于第(　　)象限.
   A. 一　　　　　　B. 二　　　　　　C. 三　　　　　　D. 四

7. 复数 z 对应的点在直线 $y=-2x$ 上，且 $|z|=\sqrt{5}$，则复数 $z=$(　　).

A. $1-2i$　　　　B. $-1+2i$　　　　C. $\pm 1\pm 2i$　　　　D. $1-2i$ 或 $-1+2i$

8. 复数 $z=(m^2-1)+(m-1)i$，$m\in\mathbf{R}$，下列结论中正确的是(　　).

　　A. 若 z 对应复平面上的点在第四象限，则 $m<1$

　　B. 若 z 是纯虚数，则 $m=\pm 1$

　　C. 当 $m\neq 1$ 时，z 是虚数

　　D. 当 $m=2$ 时，复数 z 的共轭复数为 $3+i$

9. 复数 $(-1+\sqrt{3}i)^3=(\quad)$.

　　A. 8　　　　B. -8　　　　C. $8i$　　　　D. $-8i$

10. 复数 $|4-2i|-|8+4i|=(\quad)$.

　　A. 60　　　　B. $2\sqrt{5}$　　　　C. -60　　　　D. $-2\sqrt{5}$

11. 方程 $x^2+2x+17=0$ 的两根为(　　).

　　A. $1+4i$　　　　B. $-1\pm 4i$　　　　C. $4\pm i$　　　　D. $-4\pm i$

12. 复数 $z_1=3+4i$，$z_2=a+i$，且 $\overline{z_1}\cdot z_2$ 是实数，则实数 $a=(\quad)$.

　　A. $\dfrac{3}{4}$　　　　B. $-\dfrac{3}{4}$　　　　C. $\dfrac{4}{3}$　　　　D. $-\dfrac{4}{3}$

13. 在复平面内，复数 $6+8i$，$-3+4i$ 对应的向量分别为 $\overrightarrow{OA}$，$\overrightarrow{OB}$，则向量 $\overrightarrow{AB}$ 对应的复数为(　　).

　　A. $9+4i$　　　　B. $-9+4i$　　　　C. $-9-4i$　　　　D. $9-4i$

14. 已知复数 $z=(m^2-2m-3)+(m+1)i$ 是纯虚数，则 $|(m-1)+(m+1)i|=(\quad)$.

　　A. $2\sqrt{5}$　　　　B. 20　　　　C. $-2\sqrt{5}$　　　　D. 2

15. 已知两个实数的和为 10，两个数的乘积为 41，则这两个数为(　　).

　　A. $5\pm 4i$　　　　B. $-5\pm 4i$　　　　C. $4\pm 5i$　　　　D. $-4\pm 5i$

二、填空题(本大题共 15 个小题，每小题 2 分，共 30 分)

16. 复数 $z_1=2+i$，$z_2=3+i$，则 $|z_1 z_2|=$ ＿＿＿＿.

17. 若复数 $z=(m+2)+(m^2-9)i(m\in\mathbf{R})$ 是正实数，则实数 m 的值为＿＿＿＿.

18. 若复数 $(a+bi)i=3+4i(a,b\in\mathbf{R})$，则 $ab=$ ＿＿＿＿.

19. 复数 $z=(m^2-2m+3)+(m^2-m+1)i(m\in\mathbf{R})$ 在复平面内对应的点位于＿＿＿＿.

20. 复数 z 与 $(z+2)^2-8i$ 均是纯虚数，则 $z=$ ＿＿＿＿.

21. 已知复数 $|z|=2$，则 $|z-(3+4i)|$ 的取值范围为＿＿＿＿.

22. 已知复数 $(x+y-2)+(2x-y+5)i=0(x,y\in\mathbf{R})$，则 $y-x=$ ＿＿＿＿.

23. 复数 $z_1=-6+3i$，$z_2=1-2i$，则 $|z_1-z_2|=$ ＿＿＿＿.

24. 已知复数 $z=5-4i$，则 $(z+\overline{z})(z-\overline{z})$ 的值为＿＿＿＿.

25. 复数范围内 $1+\sqrt{5}i$ 是实系数方程 $x^2-ax+b=0$ 的一个根，则 $a+b=$ ＿＿＿＿.

26. 已知复数 $z=(m^2-2m-3)+(m^2+m-6)i$ 在复平面内对应的点落在实轴负半轴上，则实数 m 的值为＿＿＿＿.

27. 已知 x_1，x_2 是方程 $2x^2-4x+5=0$ 的两个根，则 $|x_1-x_2|=$ _____．

28. 已知复数 z 满足 $z(\bar{z}-1)=3-i$，则 z 的实部与虚部之和为_____．

29. 已知复数 $z=1+ai(1<a<2)$，则 $|z|$ 的取值范围为_____．

30. 已知复数在 $(1+i)z=3-i$，则 $z=$ _____．

三、解答题(本大题共 7 个小题，共 45 分)

31. (6 分) 若复数 $z=(3-i)(1+2i)$，求复数 z 的共轭复数 $\bar{z}$ 的实部和虚部．

32. (6 分) 已知复数 z 满足 $|z|+z=3-i$，求复数 z．

33. (6 分) 已知复数 z 满足 $z+3i$ 是实数，且 $(1-3i)z$ 是纯虚数，其中 i 是虚数单位，求复数 z．

34. (6 分) 已知复数 $z=(m^2-2m-3)+(m^2-4m+3)i(m\in \mathbf{R})$．

(1) 在复平面内对应的点 z 在上半平面(含实轴)，求实数 m 的取值范围；

(2) 在复平面内对应的点 z 在左半平面(不含虚轴)，求实数 m 的取值范围．

35. (7分)已知复数 z 满足 $(1-i)z=2i$,且复数 z 是实系数方程 $x^2+bx+c=0$ 的一个根,求 $\log_2(bc)$ 的值.

36. (7分)在复数范围内解方程 $|z|^2+(z+\bar{z})i=\dfrac{(3-i)(2-i)}{5}$ (i为虚数单位),求复数 z.

37. (7分)已知复数 z 在复平面上对应的点在第二象限,且满足 $z^2=\bar{z}$.
(1)求复数 z;
(2)设 z,z^2,z^3 在复平面上对应点分别为 A,B,C,求 $\triangle ABC$ 的面积.

概率与统计

知识导图

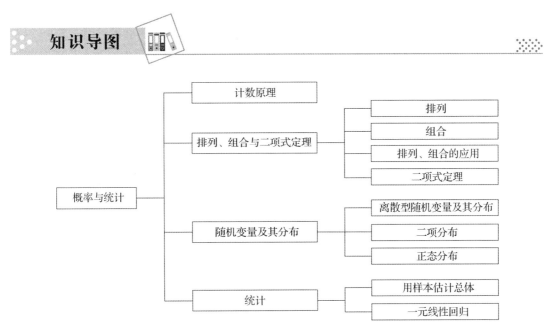

【学习目标导航】

1. 掌握分类计数原理和分步计数原理，并会应用两个原理解决实际问题．

2. 理解排列、组合的定义及区别，掌握排列数公式和组合数公式，理解组合数性质及应用．

3. 会运用排列、组合的知识解决简单的实际问题．

4. 了解二项式定理，能进行简单的计算．

5. 了解随机变量、离散型随机变量及其分布的含义，了解离散型随机变量的特征．

6. 了解独立重复试验、二项分布、正态分布的概念及服从二项分布的随机变量的概率分布，服从正态分布的随机变量的概率，了解解决简单的实际问题的方法．

7. 了解用样本数据估计总体的集中、分散程度的参数，样本估计总体的取值规律．

8. 了解样本线性相关关系和一元线性回归模型的含义，掌握用其模型进行预测的方法．

7.1 计数原理

【知识要点预习】

两个计数原理：_____和_____．

【知识要点梳理】

1. 分类计数原理（又称加法原理）：完成一件事，如果有 n 类办法，且第 1 类办法中有 m_1 种方法，第 2 类办法中有 m_2 种方法，…，在第 n 类办法中有 m_n 种方法，那么完成这件事共有 $N=m_1+m_2+\cdots+m_n$ 种方法．

2. 分步计数原理（又称乘法原理）：完成一件事，如果需要分成 n 个步骤，做第 1 步有 m_1 种方法，做第 2 步有 m_2 种方法，…，做第 n 步有 m_n 种方法，那么完成这件事共有 $N=m_1\times m_2\times\cdots\times m_n$ 种方法．

【知识盲点提示】

分类计数原理中每一类的每一种方法都能独立完成这件事，而分步计数原理每一步不能独立完成这件事，缺少其中任何一步都不能完成这件事．

【课堂基础训练】

一、选择题

1. 两个袋子里分别装有 20 个红球，10 个黑球，从中任取一个球，有（　　）种取法．
   A. 10　　　　B. 20　　　　C. 30　　　　D. 200

2. 将 5 封信投入 3 个信箱，可能的投放方法有（　　）个．
   A. 5^3　　　B. 3^5　　　C. 3^3　　　D. 5^5

3. 已知 $a\in\{1,2,3,4,5\}$，$b\in\{-2,-1,0,1\}$，则坐标 (a,b) 表达的不同点数是（　　）．
   A. 9　　　　B. 25　　　　C. 16　　　　D. 20

4. 一副扑克牌有黑桃、红桃、方块、梅花各 13 张，大小王各 1 张，从中任取一张牌，则取法有（　　）种．
   A. 13　　　　B. 13^4　　　C. 4^{13}　　　D. 54

5. 用 5 部机床加工 3 个不同的零件，其安排方法有（　　）种．
   A. 5^3　　　B. 3^5　　　C. 15　　　　D. 3^3

6. 书架有 3 本不同的语文书，2 本不同的数学书，4 本不同的英语书，从中各取 1 本，共有（　　）种取法．
   A. 9　　　　B. 8　　　　C. 6　　　　D. 24

7. 由数字 1，2，3，4，5 可以组成（　　）个四位数．
   A. 4^5　　　B. 5^4　　　C. 120　　　　D. 60

8. 用数 1，2，3，4 可以组成（　　）个没有重复数字的三位数．

A. 12 B. 24 C. 64 D. 81

9. 一种密码锁有 3 个拨盘,每个拨盘上有 0~9 十个数字,某人设密码时首位不取数字 0,则他最多可以设置不同密码的个数是( ).

A. 3^9 B. 9^3 C. 9×10^2 D. 10^3

10. 用 6 种不同的颜色涂 3 个区域,每个区域颜色不同的涂法有( )种.

A. 60 B. 120 C. 6^3 D. 3^6

二、填空题

11. 四位同学从英语、日语中选一门课程,共有_____种选法.

12. 高三(1)班计算机专业学生分有 3 个小组,甲组 5 人,乙组 6 人,丙组 8 人,若从中任选 1 人参加学校的技能比赛,选派方法有_____种;若从各组中选出 1 人参加学校的技能比赛,则选派方法有_____种.

13. 已知集合 $A=\{1,2,3,4\}$,$B=\{(x,y) | x \in A, y \in A\}$,则集合 B 中元素的个数有_____.

14. 将一颗质地均匀的骰子向桌面先后抛掷两次,则其中向上的点数之和为 6 的结果有_____种.

15. $(a+b+c)(d+e+f)(m+n+k+l)$ 展开式后不同的项数为_____.

16. 奥运选手选拔赛上,8 名男运动员参加 100m 决赛,其中甲、乙、丙三人必须在 1,2,3,4,5,6,7,8 八条跑道的偶数号跑道上,则安排这 8 名运动员比赛的方式共有_____种.

三、解答题

17. 某班有 20 名男生,15 名女生.
(1) 若从全班中任选 1 人参加团委会的工作,则选法有多少种?
(2) 若从全班中选男生、女生各 1 人参加一个会议,则选法有多种?

18. 用 1,2,3,4,5 这五个数字,每次取出 3 个数字组成一个三位数.
(1) 若三位数中的数字不允许重复,能得到多少个三位数?
(2) 若三位数中的数字允许重复,能得到多少个三位数?

19. 用 1，5，7，9 中任意一个数做分子，4，6，8，16 中任意一个数做分母，可组成多少个分数？可组成多少个真分数？

20. 某信号员用红、黄、蓝三面旗从上到下挂在旗杆上表示，每次可以挂一面、两面和三面，不同的顺序表示不同的信号，共可以表示多少种信号？

【课堂拓展训练】

一、填空题

1. 四名同学参加 3 场比赛，每场比赛的冠军获得者共有_____种可能（冠军没有并列）．

2. 将 4 个不同的球投入 4 个不同的盒子中，共有_____种方法；若每个盒子不空，有_____种方法．

3. 用数字 2，3 组成四位数，且数字 2，3 至少都出现一次，这样的四位数有_____个．

4. 将一个四面体 $ABCD$ 的六条棱上涂上红、黄、白三种颜色，要求共端点的棱不能涂相同的颜色，则涂色方法有_____种．

5. 从分别写有 1，2，3，4，5，6，7，8，9 九张数字的卡片中抽出两张数字之和为奇数的卡片，共有_____种抽法．

6. 甲、乙、丙、丁四个人各写一张贺卡放在一起，再各取一张不是自己所写的贺卡，共有_____种取法．

二、解答题

7. 一个口袋中有 6 封信，另一个口袋中有 3 封信，各封信内容均不相同．

(1) 从两个口袋中各取一封信，有多少种取法？

(2) 把这两个口袋里的 9 封信分别投入 3 个邮筒，有多少种放法？

8. 某班有 10 人外语较好,每人至少会俄语和法语中的一门,其中 8 人会俄语,3 人会法语.从中选出会俄语和法语的各 1 人,有多少种选法?

9. 用 0,1,2,3,4,5 这 6 个数字:
(1) 可以组成多少个四位数?
(2) 可以组成多少个数字不允许重复的四位数?
(3) 可以组成多少个数字不允许重复的四位奇数?
(4) 可以组成多少个数字不允许重复的四位偶数?
(5) 可以组成多少个数字不允许重复且能被 5 整除的四位数?

10. 从 $-3,-2,-1,0,1,2,3$ 这 7 个数字中任取 3 个不重复的数字作为二次函数 $y=ax^2+bx+c$ 的系数.
(1) 可以组成多少个二次函数?
(2) 可以组成多少个开口向上的二次函数?

7.2 排列、组合与二项式定理

7.2.1 排列

【知识要点预习】
1. 由排列的定义可知,排列与元素的_____有关.
2. 排列数公式:$A_n^m=$_____=_____$(m\leqslant n)$.

【知识要点梳理】
1. 排列:一般地,从 n 个不同元素中任取 $m(m\leqslant n)$ 个元素,按照一定的顺序排成一列，称为从 n 个不同元素中取出 m 个元素的一个排列．当 $m=n$ 时，称为全排列；当 $m<n$ 时，这样的排列称为选排列．

2．排列数：一般地，从 n 个不同元素中取出 $m(m\leq n)$ 个元素的所有排列的个数，称为从 n 个不同元素中取出 m 个元素的排列数．用 A_n^m 表示．

3．排列数公式：$A_n^m=n\cdot(n-1)\cdot(n-2)\cdots(n-m+1)$，其中 $m,n\in \mathbf{N}_+$，且 $m\leq n$．全排列的排列数等于自然数 $1\sim n$ 的连乘积，这个连乘积叫作 n 的阶乘，用 $n!$ 表示，即 $A_n^n=n!=n\cdot(n-1)\cdot(n-2)\cdots 3\cdot 2\cdot 1$．排列数公式还可以写成 $A_n^m=\dfrac{n!}{(n-m)!}$．规定 $0!=1$．因此当 $m=n$ 时，$(n-m)!=1$，此公式也是成立的．

【知识盲点提示】

1．由排列定义可知，排列与元素的顺序有关，也就是说与位置有关的问题才能归结为排列问题．从 n 个不同元素中取出同样的 m 个元素，只要排列顺序不同，就是两个不同的排列．

2．分清排列与排列数这两个不同的概念．一个排列是从 n 个不同元素中任取 m 个不同元素，按照一定顺序排成一列的一种具体排法，一个具体的事，不是一个数；而排列数是指从 n 个不同元素中任取 m 个不同元素的所有排列的个数，是一个数．

【课堂基础训练】

一、选择题

1．已知 $a\in \mathbf{N}^*$，$a<50$，$(50-a)(51-a)(52-a)\cdots(60-a)$ 用排列数符号可表示为（　　）．
   A．A_{60-a}^{55-a} B．A_{55-a}^{11} C．A_{60-a}^{11} D．A_{60-a}^{10}

2．用 $1,2,3,4$ 四个数字可以组成（　　）个无重复数字的三位数．
   A．4 B．24 C．12 D．48

3．不同的 5 种商品在货架上排成一排，其中甲、乙必须排在一起，共有（　　）种排法．
   A．120 B．24 C．48 D．12

4．7 人并排站成一行，如果甲、乙两人不相邻，那么不同的排法种数是（　　）．
   A．1 440 种 B．3 600 种 C．4 800 种 D．4 820 种

5．用 $0,1,2,3,4,5$ 六个数字可以组成没有重复数字的四位数的个数为（　　）．
   A．600 B．120 C．300 D．720

6．满足 $a,b\in\{-2,-1,0,1,2\}$，则点 $P(a,b)$ 在第二象限中的个数为（　　）．
   A．2 B．4 C．6 D．12

7．5 个人中选出 4 人完成 4 项不同的工作，选派方法有（　　）种．
   A．5 B．5^4 C．4^5 D．120

8．7 个人站成一排照相，其中甲同学站在中间的排法共有（　　）种．
   A．720 B．5 040 C．120 D．24

9. 5个人站成一排照相，其中甲不排在中间的排法共有（　　）种.
   A. 48　　　　　B. 96　　　　　C. 120　　　　　D. 24

10. 从数字1，2，3中任取2个分别做幂的指数和底数，可以做出幂的个数是（　　）.
    A. 3　　　　　B. 4　　　　　C. 5　　　　　D. 6

二、填空题

11. 某宿舍有6位同学，约定假期每两人互通一封信，共有_____封信.

12. 某高铁客运段上有12站，那么该线路上共需要_____种车票.

13. $A_n^3 = 120$，则 $n = $_____.

14. 4名男生、3名女生站成一排照相，男生和女生相间的排法有_____种.

15. 5个人站成一排照相，其中甲、乙两人之间隔1人，有_____种排法.

16. 7个人站成2排照相，前排3人，后排4人，则共有_____种排法.

三、解答题

17. 计算：(1) $3A_3^2 + 2A_4^2$；(2) $A_7^7 - 5A_6^6 - 10A_5^5$.

18. 用0，1，2，3，4，5，6，7，8，9这10个数字.
    (1) 可以组成多少个没有重复数字的四位奇数？
    (2) 可以组成多少个没有重复数字的四位偶数？
    (3) 可以组成多少个没有重复数字且能被5整除的四位数？

19. 从 n 个不同元素中取出2个元素的排列数等于从 $n-4$ 个不同元素中取出2个元素的排列数的7倍，求元素个数 n.

20. 15个篮球队进行NBA比赛，每队要与其余各队在主、客场分别比赛一次，共进行多少场比赛？

【课堂拓展训练】

一、填空题

1. 某单位安排甲、乙、丙、丁4人从周一到周五值班，每天有且只有1人值班，每人至少安排一天，且甲连续两天值班，则安排方法有_____种．

2. 6个人排成一列，甲不在排头，乙不在排尾的排法有_____种．

3. 4名男同学，4名女同学站成一排，男女相间的排法有_____种．

4. 在a，b，c，d，e，f，g 7个字母排序时，要求字母c，d，e从左到右的顺序不变，则排法总数有_____．

5. 5名同学站成一排，甲、乙、丙3人不排在一起的排法有_____种．

6. 由数字0，1，2，3这4个数字可以组成无重复数字的自然数_____个．

二、解答题

7. 用0，1，2，3，4，5这6个数字可以组成多少个无重复数字且比3 000大的四位数？

8. 证明：$A_n^m + mA_n^{m-1} = A_{n+1}^m$．

9. 用 1，2，3，4，5，6，7，8，9 这 9 个数字中的两个数字，分别作为一个对数的底数和真数，求所得的不同值的个数.

10. 有 4 男 2 女站成一排照相.
(1) 若两名女生不站两端，有多少种排法？
(2) 分两排照相，女生必须站在前排，每排三人，有多少种排法？
(3) 若两名女生之间间隔两名男生，有多少种排法？
(4) 若两名女生不相邻，有多少种排法？
(5) 若两名女生相邻，有多少种排法？

7.2.2 组合

【知识要点预习】

1. 由组合的定义可知，组合与元素的顺序_____.
2. 组合数公式：$C_n^m = $ _____ $= $ _____.
3. 组合数性质：$C_n^m = $ _____；$C_{n+1}^m = $ _____.

【知识要点梳理】

1. 组合：一般地，从 n 个不同元素中任取 $m(m \leqslant n)$ 个元素并组成一组，称为从 n 个不同元素中取出 m 个元素的一个组合.

2. 组合数：从 n 个不同元素中取出 $m(m \leqslant n)$ 个元素的所有组合的个数，称为从 n 个不同元素中取出 m 个元素的组合数，用 C_n^m 表示.

3. 组合数公式：
$$C_n^m = \frac{A_n^m}{A_m^m} = \frac{n(n-1)(n-2)\cdots(n-m+1)}{m!}，其中 m, n \in \mathbf{N}_+，且 m \leqslant n.$$

组合数公式还可以写成 $C_n^m = \dfrac{n!}{m!(n-m)!}$.

规定：$C_n^0 = C_n^n = 1$.

4. 组合数的两个性质：$C_n^m = C_n^{n-m}$，$C_{n+1}^m = C_n^m + C_n^{m-1}$.

【知识盲点提示】

1. 排列与组合的区别：排列与元素的顺序有关，而组合与元素的顺序无关，做题时要分清楚是排列问题还是组合问题．

2. 理解组合数两个性质的实际意义．

【课堂基础训练】

一、选择题

1. 在 5 名同学中，选出 2 人去参加会议，有（　　）种选法．
   A. 10　　　　B. 5^2　　　　C. 2^5　　　　D. 20

2. 有 6 本不同的书籍，某同学要借 3 本，有（　　）种借法．
   A. 120　　　　B. 20　　　　C. 3^6　　　　D. 6^3

3. $C_{99}^{97} + C_{99}^{98} = ($　　$)$.
   A. C_{99}^{99}　　　　B. C_{100}^{98}　　　　C. C_{100}^{99}　　　　D. C_{101}^{99}

二、填空题

4. 计算：$C_4^3 =$ _____，$C_8^4 =$ _____，$C_{20}^{18} =$ _____．

5. 若 $C_{12}^{x-2} = C_{12}^{2x-4}$，则 $x =$ _____．

三、解答题

6. 某学校的学生会成员有 10 人，从他们中选取 6 人去参加某项活动，有多少种选法？若在选出的 6 人去参加活动前，还要确定其中一人为组长，又有多少种选法？

【课堂拓展训练】

一、选择题

1. 下列属于组合问题的是（　　）．
   (1) 在 3，5，7，13 中任取 2 个数乘积；
   (2) 在 3，5，7，13 中任取 2 个数相减；
   (3) 5 人中每两人互握一次手；
   (4) 从北京到上海共有 10 个高铁站，有多少种票价？
   (5) 5 人中每 2 人互发一条微信．
   A. (1)(3)　　　　B. (2)(3)(4)　　　　C. (1)(3)(4)　　　　D. (3)(4)(5)

2. 从集合 $A=\{1,2,3,4,5,6,7\}$ 中取 4 个元素按由小到大的顺序排列,这样的排列个数有为( ).

  A. 35   B. 840   C. 2^4 D. 4^2

3. 若 $C_n^4 = C_n^6$,则 $n=($).

  A. 2   B. 10   C. -2 D. 无解

二、填空题

4. $C_2^2 + C_3^2 + C_4^2 + C_5^2 + C_6^2 + C_7^2 = $ _____.

5. 某校高三年级共 15 个班,班级之间要进行羽毛球单循环赛(每个队都要与其他队比赛一场),共需要举行比赛的场数为_____.

三、解答题

6. 在平面内有 12 个点.

(1) 以其中每两个点为端点的线段共有多少条?

(2) 以其中每两个点为端点的有向线段共有多少条?

7.2.3 排列、组合的应用

【知识要点预习】

排列问题与组合问题的根本区别:_____.

【知识要点梳理】

1. 简单的排列、组合应用问题:对于无限制条件的排列组合问题,只根据排列、组合的定义直接写出排列、组合数.注意分清:元素的个数;取出元素的个数;分类还是分步.判断是排列问题(与顺序有关)还是组合问题(与顺序无关).

2. 有限制条件的排列、组合问题:可采用直接法或间接法(正难则反).注意"至少""至多""恰好"等语言的含义.

3. 分组分配问题:注意分组(不到位)与分配(到位)问题的区别;平均分组与不平均分组的区别.

4. 排列、组合的综合应用题的解题思路:先分类后分步,先分组后排列.

【知识盲点提示】

做排列、组合应用时,关键要分清是排列问题还是组合问题;做题分类时要做到不重复、不遗漏.

数学知识点强化练习（下）

【课堂基础训练】

一、选择题

1. 羽毛球队有 5 男 4 女共 9 名运动员，选出 3 名运动员去参加比赛．既有男运动员又有女运动员的选法有（　　）种．
   A. 420　　　　B. 70　　　　C. 30　　　　D. 40

2. 不共面的 4 点可以确定的平面个数为（　　）．
   A. 4　　　　B. 4^3　　　　C. 3^4　　　　D. 6

3. 从 1，3，5，7，9 中选出两个数，从 2，4，6，8 中选出两个数，一共可以组成（　　）个没有重复数字的四位数．
   A. $C_5^2 C_4^2$　　B. $C_5^2 C_4^2 A_4^4$　　C. $C_5^2 C_4^2 A_2^2$　　D. A_4^4

4. 将 5 个不同的小球放入 4 个不同的盒子中，每个盒子至少放一球，共有（　　）种放法．
   A. 120　　　　B. 5　　　　C. 60　　　　D. 240

5. 凸八边形共有对角线（　　）条．
   A. 28　　　　B. 56　　　　C. 20　　　　D. 48

6. 袋中有大小相同的白、黑两种球，7 个白球，5 个黑球，从袋中任取 3 球，其中白球和黑球至少各有一个的取法共有（　　）种．
   A. 105　　　　B. 70　　　　C. 175　　　　D. 35

7. 若一个集合有 10 个元素，其中含有 3 个元素的子集个数共有（　　）个．
   A. 120　　　　B. 720　　　　C. 2^{10}　　　　D. 8

8. 将 4 个小球放入分别编有 1，2，3，4 号的盒子中，每个盒子中至少放一球，其中甲球不能放入 1 号盒子中的方法有（　　）种．
   A. 24　　　　B. 72　　　　C. 18　　　　D. 36

9. 8 个座位 3 个人去坐，每人一个座位，且每人两边都有空位，有（　　）种坐法．
   A. 56　　　　B. 336　　　　C. 24　　　　D. 28

10. 6 名教师去新疆的 4 所职中支教，其中甲、乙两名教师必须在内的选派方法有（　　）种．
    A. 6　　　　B. 24　　　　C. 360　　　　D. 144

二、填空题

11. $C_{12}^5 - C_{11}^5 = $ ＿＿＿＿＿．

12. 一个小组有 6 名男生，4 名女生，从中选 3 名代表，恰好有 1 名女生的选法有＿＿＿＿＿种．

13. 100 件产品中有 5 件次品，从中任取 3 件，至少有 1 件次品的选法有＿＿＿＿＿种．

14. 将 2 名教师、4 名学生分成两个小组，分别安排到甲、乙两地参加社会实践活动．每个小组由 1 名教师和 2 名学生组成，共有＿＿＿＿＿种方案．

15. 有 8 本相同的书，分给 6 个人，每人至少一本，有＿＿＿＿＿种分法．

16. 将 5 名实习教师分配到高二年级的 4 个班实习,每班至少一名,则有_____种方案.

三、解答题

17. 某市工商局对 20 件商品进行抽样调查,已知其中有 5 件假货,现从中选取 3 件.
(1)其中某一件假货必须在内,不同的取法有多少种?
(2)其中某一假货不能在内,不同的选取法有多少种?
(3)恰有 1 件假货在内,不同的取法有多少种?
(4)至少有 1 件假货在内,不同的取法有多少种?
(5)至多有 1 件假货在内,不同的取法有多少种?

18. 现安排甲、乙、丙、丁、戊 5 名同学参加上海世博会志愿者服务活动,每人从事翻译、导游、礼仪、驾驶员四项工作之一,每项工作至少有一人参加.甲、乙、丙不会开车,但能从事其他三项工作,丁、戊能胜任四项工作,共有多少种方案?

19. 从 5 位男生、4 位女生中选 4 位代表,其中至少有两位男生,且至少有一位女生,分别到 4 个不同的工厂调查,共有多少种分配方法?

20. 从 1,3,5 中任取两个数字,从 0,2,4,6,8 中任取两个数字,可以组成多少个没有重复数字的四位数?

【课堂拓展训练】

一、填空题

1. 将 5 个不同的小球放入编号为 1，2，3，4，5 的 5 个盒子中，恰有一个空盒的方法有_____种．

2. 若 $A = \{1, 3, 5, 7\}$，$a, b \in A$，则方程 $y = \dfrac{b}{a}x$ 表示不同直线的条数有_____．

3. 某职中高二年级有 11 个班，现有 15 个优秀团员名额，每个班至少分到一个优秀团员名额，共有_____种分配方法．

4. 若 $C_x^7 = C_{12}^7 + C_{12}^6$，则 $x =$ _____．

5. 平面内有 12 个点，其中 4 个点在一条直线上，此外没有 3 个点在一条直线上，则最多可确定_____条直线．

6. 现有 6 名医护人员，平均分到三个乡镇进行医疗支援，有_____种分配方法．

二、解答题

7. 有 6 名志愿者分到三个不同的社区参加服务，每个社区分配两名志愿者，其中甲、乙两人分到同一社区，共有多少种分配方案？

8. 有 6 本不同的书，按下列要求各有多少种分法？
(1) 分给甲、乙、丙三人，每人 2 本；
(2) 分成三份，每份 2 本；
(3) 分成三份，一份 1 本，一份 2 本，一份 3 本；
(4) 分给甲 1 本，乙 2 本，丙 3 本；
(5) 分给甲、乙、丙三人，一人 1 本，一人 2 本，一人 3 本；
(6) 分给甲 1 本，乙 1 本，丙 4 本；
(7) 分成三份，一份 4 本，另两份各 1 本；
(8) 分给甲、乙、丙三人，每人至少 1 本．

9. 为加强精准扶贫工作,某地市计划从8名处级干部(包括甲、乙、丙三位同志)中选派4名同志去4个贫困村工作,每村一人. 问:

(1)甲、乙必须去,但丙不去的选派方案有多少种?

(2)甲必须去,但乙和丙都不去的选派方案有多少种?

(3)甲、乙、丙都不去的选派方案有多少种?

10. 4名学生和3名教师站成一排照相,按下列要求各有多少种方法?

(1)3名教师不相邻;

(2)学生与教师相间排列;

(3)3名教师不在两端;

(4)学生甲与学生乙之间隔一人;

(5)4名学生相邻,3名教师相邻;

(6)4名学生按照从左到右、由高到低的顺序排列.

7.2.4 二项式定理

【知识要点预习】

1. 二项式$(a+b)^n$展开式的通项公式为_____.

2. 二项式$(a+b)^n$展开式的二项式系数和为_____.

【知识要点梳理】

1. 二项式定理:一般地,$(a+b)^n = C_n^0 a^n b^0 + C_n^1 a^{n-1} b^1 + \cdots + C_n^m a^{n-m} b^m + \cdots + C_n^n a^0 b^n$ ($n \in \mathbf{N}_+$),这个公式所表示的规律称为二项式定理,右边的多项式称为$(a+b)^n$的二项展开式. 其中$C_n^m a^{n-m} b^m$是展开式中的第$m+1$项(用T_{m+1}表示),C_n^m称第$m+1$项的二项式系数. 我们将$T_{m+1} = C_n^m a^{n-m} b^m$称为二项展开式的通项公式.

2. 二项式系数的性质:由杨辉三角可以得到二项式系数的性质.

(1)除每行两端的1以外,每个数字都等于它肩上两个数之和,即$C_{n+1}^r = C_n^r + C_n^{r-1}$.

(2)在二项展开式中,与首末两端"等距离"的两项的二项式系数相等,即$C_n^r = C_n^{n-r}$.

(3)如果二项式的幂指数是偶数$2n$,那么二项展开式有$2n+1$项,且中间一项的二项式系数最大；如果二项式的幂指数是奇数 $2n-1$，那么二项展开式有 $2n$ 项，中间两项的二项式系数相等且最大．

(4) 二项展开式中，所有项的二项式系数和为 2^n，即 $C_n^0+C_n^1+C_n^2+\cdots+C_n^n=2^n$；在二项展开式中，奇数项的二项式系数和与偶数项的二项式系数和相等，即 $C_n^0+C_n^2+C_n^4+\cdots=C_n^1+C_n^3+C_n^5+\cdots=2^{n-1}$．

【知识盲点提示】

1. 在二项展开式解题时，注意通项公式的应用；分清二项展开式中某一项的二项式系数与该项的系数的区别．

2. 理解用赋值法求二项展开式中的系数和．

【课堂基础训练】

一、选择题

1. 在 $(2-\sqrt{3}x)^{10}$ 展开式中，x^{10} 的系数是( )．
   A. -3^5　　　　B. 1　　　　C. 3^5　　　　D. 2^{10}

2. $\left(x-\dfrac{2}{x}\right)^{10}$ 的展开式中，常数项等于( )．
   A. $C_{10}^5 2^5$　　　B. $C_{10}^5(-2)^4$　　　C. $C_{10}^6 2^4$　　　D. $C_{10}^5(-2)^5$

3. $(a+b)^n$ 的二项展开式中，第 m 项的二次项系数为( )．
   A. C_n^m　　　B. C_n^{m+1}　　　C. C_n^{m-1}　　　D. $(-1)^{m-1}C_n^{m-1}$

4. $(x-2y)^7$ 展开式的第 2 项的系数是( )．
   A. 14　　　　B. -14　　　　C. 128　　　　D. -128

5. $(x-y)^6$ 展开式的中间一项是( )．
   A. $20x^3y^3$　　B. $20x^2y^4$　　C. $-20x^3y^3$　　D. $-20x^4y^2$

6. 设 $\left(\sqrt[5]{x}-\dfrac{1}{x}\right)^{18}$ 展开式的第 k 项为常数项，则 k 的值为( )．
   A. 3　　　　B. 4　　　　C. 5　　　　D. 6

7. $(1+x)^{10}$ 展开式中二项式系数和为( )．
   A. 2^9　　　　B. 2^{10}　　　　C. 2^8　　　　D. 1

8. $(3x-4)^{2\,023}$ 展开式中各项系数和是( )．
   A. $2^{2\,023}$　　B. -1　　C. 1　　D. $7^{2\,023}$

9. 设 $(2x-1)^{2\,023}=a_0+a_1x+a_2x^2+\cdots+a_{2\,023}x^{2\,023}$，则 $a_1+a_2+\cdots+a_{2\,023}=($ $)$．
   A. 0　　　B. 1　　　C. 2　　　D. $2^{2\,023}+1$

10. 二项式 $\left(2x-\dfrac{1}{x^2}\right)^{13}$ 展开式中，二项式系数最大的项是( )．
    A. $C_{13}^6 2^7 x^{-5}$
    B. $-C_{13}^7 2^6 x^{-8}$
    C. $C_{13}^6 2^7 x^{-5}$ 和 $-C_{13}^7 2^6 x^{-8}$
    D. $C_{13}^6 2^7 x^{-5}$ 和 $C_{13}^7 2^6 x^{-8}$

二、填空题

11. 二项式 $(1-2x)^6$ 展开式中，x^4 的系数是 _____．

12. $\left(x-\dfrac{1}{x}\right)^n$ 的展开式中，二项式系数和为 128，则 $n=$ _____．

13. 在二项式 $\left(x-\dfrac{1}{x}\right)^7$ 的展开式中，系数最大的项为 _____．

14. $C_5^1+C_5^2+C_5^3+C_5^4+C_5^5=$ _____．

15. $C_9^0+C_9^2+C_9^4+C_9^6+C_9^8=$ _____．

16. $(1-2x)^9=a_0+a_1x+a_2x^2+\cdots+a_9x^9$，则 $a_0+a_1+a_2+\cdots+a_9=$ _____．

三、解答题

17. 求 $\left(x+\dfrac{1}{\sqrt[3]{x}}\right)^8$ 展开式中的常数项．

18. 已知 $\left(\sqrt[3]{x}-\dfrac{2}{\sqrt{x}}\right)^n$ 展开式中，第 4 项的二项式系数等于倒数第 2 项的二项式系数的 7 倍，求 n．

19. 求 $\left(2x+\dfrac{1}{x}\right)^9$ 展开式中 x^3 项的系数．

20. 求 $(x^2+x)^5$ 展开式中二项式系数的最大项．

【课堂拓展训练】

一、填空题

1. $(3x-2y)^5$ 展开式中的二项式系数和为_____，各项系数和为_____.
2. 1.002^9 的近似值为_____.（精确到 0.000 01）
3. $(1-x)^6(1+2x)^5$ 展开式中，x^3 的系数是_____.
4. $(x-y)^5+5(x-y)^4y+10(x-y)^3y^2+10(x-y)^2y^3+5(x-y)y^4+y^5=$ _____.
5. $(x+y)^n$ 的展开式中，若倒数第 3 项的系数是 105，则 $n=$ _____.
6. 63^5 被 64 整除余数为_____.

二、解答题

7. 求 $\left(2\sqrt{x}-\dfrac{1}{\sqrt{x}}\right)^6$ 的展开式中含 x^{-2} 的项.

8. 已知展开式 $(x+a)^7$ 中第 4 项的系数是 -280，求 a 的值.

9. 已知展开式 $\left(2x^3+\dfrac{1}{x}\right)^n$ 中的常数项是第 7 项，求含 x^4 的项.

10. $(1-2x)^7 = a_0 + a_1 x + a_2 x^2 + \cdots + a_7 x^7$. 求:

(1) $a_0 + a_1 + a_2 + \cdots + a_7$;

(2) a_0;

(3) $a_1 + a_2 + \cdots + a_7$;

(4) $a_1 + a_3 + a_5 + a_7$;

(5) $a_0 + a_2 + a_4 + a_6$.

7.3 随机变量及其分布

7.3.1 离散型随机变量及其分布

【知识要点预习】

1. 离散型随机变量：_____．

2. 离散型随机变量的分布列：(1) p_i _____ 0；(2) $p_1 + p_2 + \cdots + p_n =$ _____．

【知识要点梳理】

1. 随机变量：为一个变量取不同值时，用来表示不同的随机事件，我们把它叫作随机变量，通常用 ξ，η 来表示．

2. 离散型随机变量：在随机现象中，如果随机变量的所有可能取值能一一列举出来，那么这样的随机变量称为离散型随机变量

3. 离散型随机变量的概率分布：我们把离散型随机变量的取值与其对应概率值的全体称为离散型随机变量 ξ 的概率分布，简称分布．

计算离散型随机变量概率分布列的主要步骤，一般设随机变量为 ξ．

(1) 写出随机变量 ξ 的所有可能取值 x_1，x_2，$\cdots$，x_n；

(2) 取每一个对应概率 p_1，p_2，$\cdots$，p_n，列出表格．

ξ	x_1	x_2	$\cdots$	x_i	$\cdots$	x_n
p	p_1	p_2	$\cdots$	p_i	$\cdots$	p_n

离散型随机变量分布列的性质：

(1) $p_i \geqslant 0$, $i=1, 2, \cdots, n$;

(2) $p_1+p_2+\cdots+p_n=\sum\limits_{i=1}^{n} p_i=1$.

离散型随机变量 X 的均值或数学期望（期望）：

$E(X)=x_1 p_1+x_2 p_2+\cdots+x_n p_n=\sum\limits_{i=1}^{n} x_i p_i$.

离散型随机变量 X 的方差：

$D(X)=[x_1-E(X)]^2 p_1+[x_2-E(X)]^2 p_2+\cdots+[x_n-E(X)]^2 p_n=\sum\limits_{i=1}^{n}[x_i-E(X)]^2 p_i$.

【知识盲点提示】

写出随机变量的概率分布列时，必须验证是否满足 $p_1+p_2+\cdots+p_n=1$，若不能满足，则是错误的．

【课堂基础训练】

一、选择题

1. 6 个人排成一排，甲、乙两人相邻的概率为（　　）．

A. $\dfrac{1}{6}$　　　　B. $\dfrac{5}{6}$　　　　C. $\dfrac{1}{3}$　　　　D. $\dfrac{2}{3}$

2. 甲、乙、丙、丁 4 人跑 4×100 m 接力赛，其中丙不跑第一棒，丁不跑第二棒的概率为（　　）．

A. $\dfrac{5}{12}$　　　　B. $\dfrac{7}{12}$　　　　C. $\dfrac{2}{3}$　　　　D. $\dfrac{1}{3}$

3. 从 0～9 这 10 个数字中任取 2 个数字，组成无重复数字的两位数，则组成奇数的概率为（　　）．

A. $\dfrac{1}{2}$　　　　B. $\dfrac{5}{9}$　　　　C. $\dfrac{7}{9}$　　　　D. $\dfrac{40}{81}$

4. 已知离散型随机变量 X 的概率分布如下：

X	1	2	3	4
P	0.12		0.36	0.22

则 $P(X=2)=$（　　）．

A. 0.30　　　　B. 0.48　　　　C. 0.34　　　　D. 0.7

5. 已知随机变量 x 的概率分布如下：

X	5	6	7	8
P	0.4	a	b	0.1

且 x 的数字期望 $E(X)=6$，则（　　）．

A. $a=0.2$, $b=0.3$　　　　B. $a=0.4$, $b=0.1$

C. $a=0.3$，$b=0.2$ D. $a=0.1$，$b=0.4$

6. 下列说法中正确的是(　　).

   A. 离散型随机变量 ξ 的均值 $E(\xi)$，反映 ξ 取值的概率的平均值
   B. 离散型随机变量 ξ 的方差 $D(\xi)$，反映 ξ 取值的平均水平
   C. 离散型随机变量 ξ 的方差 $E(\xi)$，反映 ξ 取值的平均水平
   D. 离散型随机变量 ξ 的方差 $D(\xi)$，反映取值的概率的平均值

7. 现有10张奖券，8张两元的，2张五元的，某人随机无放回地抽取3张奖券，则此人得奖金额的数学期望为(　　).

   A. 9   B. $\dfrac{39}{5}$ C. $\dfrac{41}{5}$ D. 6

8. 一质地均匀的骰子抛掷2次，出现的点数之和为 ξ，则 $P(\xi=5)=$(　　).

   A. $\dfrac{3}{4}$ B. $\dfrac{1}{9}$ C. $\dfrac{1}{4}$ D. $\dfrac{1}{3}$

9. 一个袋中有3个黑球，2个白球，甲、乙顺次不放回各摸一球，则甲、乙都摸到白球的概率是(　　).

   A. $\dfrac{3}{10}$ B. $\dfrac{3}{5}$ C. $\dfrac{2}{5}$ D. $\dfrac{1}{10}$

10. 从20名男同学、10名女同学中任选3名参加演讲比赛，设所选3人中男生人数为 ξ，则 $P(0<\xi<3)=$(　　).

    A. $\dfrac{10}{29}$ B. $\dfrac{19}{29}$ C. $\dfrac{20}{29}$ D. $\dfrac{9}{29}$

二、填空题

11. 已知离散型随机变量 X 的分布列如下：

X	0	1
P	$9c^2-c$	$3-8c$

则常数 $c=$ _____ .

12. 随机变量 X 的值为 $0,1,2$，若 $P(X=0)=\dfrac{1}{5}$，$E(X)=1$，则 $D(X)=$ _____ .

13. 将不同的4个小球随机地放入3个盒子中，则每个盒子中至少有一个小球的概率等于 _____ .

14. 6个不同的小球，其中4个白球，2个红球，任取2个小球，取到红球的数目用随机变量 ξ 表示，则 ξ 的所有可能取值为 _____ .

15. 下列命题中正确的个数为 _____ .

    (1) 15 s 内，通过某十字路口的汽车的数量是随机变量；
    (2) 一个电影院有4个出口，散场后某一出口退场的人数是随机变量；
    (3) 高铁站内，在第一时间内，候车室内的旅客人数是随机变量；

(4)随机变量 X 的分布列如下：

X	1	2	3
P	0.4	0.7	-0.1

(5)投掷两枚骰子，所得点数之和为 X，则 $X=4$ 表示的随机试验是两枚都是 2 点．

16. 盒中有 10 只螺丝钉，其中有 3 只坏的，现从盒中随机抽取 4 只，则概率为 $\dfrac{3}{10}$ 的事件为 _____．

三、解答题

17. 口袋中有 5 个白球和 3 个红球，从中任取 2 个球，求：
(1)恰有 1 个红球的概率；
(2)取到红球个数 ξ 的概率分布．

18. 一袋中装有编号为 1，2，3，4，5，6 的 6 个大小相同的球，现从中随机取出 3 个球，以 X 表示取出的最大号码：
(1)求 X 的分布列；
(2)求 $X>4$ 的概率．

19. 某小组有 2 名女生与 3 名男生，任选 3 个人去参加某项活动，所选男生的数目用 ξ 表示：
(1)求所选 3 个人中男生数目 ξ 的概率分布和期望；
(2)求 $P(\xi\leqslant 2)$．

20. 某班有 6 名班干部,其中男生 4 人,女生 2 人,任选 3 人参加学校组织的义务植树活动,求:

(1) 男生甲、女生乙被选中的概率;

(2) 所选 3 人中女生人数 X 的概率分布及数学期望.

【课堂拓展训练】

一、填空题

1. 设随机变量 X 的分布列为 $P(x=k)=km(k=1,2,3,4,5)$,则 $P\left(\dfrac{1}{2}<X<\dfrac{5}{2}\right)=$ _____.

2. 在 5 个村庄中,有 2 个交通不方便,现从中任意选出 3 个村庄,用 ξ 表示这 3 个村庄中交通不便的村庄数,则 $P(\xi=2)=$ _____.

3. 在一次购物抽奖活动中,假设某 10 张券中有一等奖券 1 张,可获价值 50 元的奖品,有二等奖券 3 张,每张可获价值 10 元的奖品,其余 6 张没有奖,某顾客从此 10 张中任抽 1 张,该顾客获得的奖品总价值为随机变量 ξ,则 $E(\xi)=$ _____.

4. 5 个不同的球分别放在 4 个盒子里,甲球必须放在第一个盒子里,且每个盒子不空的概率为 _____.

5. 一个课外兴趣小组有男生 8 人,女生 2 人,现从中抽取 3 人参加一项比赛,抽到的男生数用随机变量 X 表示,则 X 的所有可能取值为 _____.

6. 袋中有 5 个白球,n 个红球,从中任取两个球,恰有 1 个红球的概率为 $\dfrac{5}{9}$,则 $n=$ _____.

二、解答题

7. 甲、乙两人独立解某一道数学题,已知该题被甲独立解出的概率为 0.6,被甲或乙解出的概率为 0.92;

(1) 求该题被乙独立解出的概率;

(2) 求解出该题人数的数字期望和方差.

8. 已知箱中装有 2 个白球和 3 个黑球,且规定:取出一个白球得 2 分,取出一个黑球得 1 分. 现从该箱中一次任取 3 个球,设取出 3 个球所得分数之和为随机变量 X,求:

(1) X 的分布列;

(2) X 的期望值.

9. 某职业中学将 6 名新生平均分配到甲、乙、丙三个班中,若这 6 名新生中恰好有 3 名男生,求:

(1) 每一个班分配到 1 名男生的概率;

(2) 2 名男生分配到同一个班的概率;

(3) 甲班分配的女生人数的概率分布.

10. 某迷宫有三个通道,进入迷宫的每个人却要经过一扇智能门,首次到达此门,系统会随机(即等可能)为你打开一个通道,若是 1 号通道,则需要 1 h 走出迷宫,若是 2 号通道、3 号通道,则分别需要 2 h、3 h 返回智能门. 再次到智能门时,系统会随机打开一个你未到过的通道,直到走出迷宫为止. 设 X 表示走出迷宫的所需时间,求:

(1) X 的分布列;

(2) X 的数期望.

7.3.2 二项分布

【知识要点预习】

在 n 次独立重复试验中,事件 A 恰好发生 k 次的概率是_____.

【知识要点梳理】

1. 独立试验:在相同的条件中,重复做 n 次试验,如果每一次试验结果出现的概率都不依赖其他多次试验的结果,则这种试验称为独立试验.

2. n 次独立重复试验:如果在 n 次独立试验的每一次试验中,我们只考察事件 A 发生或不发生这两个结果,并且在每次试验中,事件 A 发生的概率不变,那么这样的 n 次独立试验就称为 n 次独立重复试验.

一般地,如果在一次试验中,事件 A 发生的概率是 p,那么在 n 次独立重复试验中,事件 A 发生 k 次的概率为 $P_n(k)=C_n^k p^k(1-p)^{n-k}(k=0,1,2,\cdots,n)$.

3. 二项分布:在 n 次独立重复试验中,若将事件 A 发生的次数设为 X,设事件 A 不发生的概率 $q=1-p$,则 X 的分布列如下:

X	0	1	$\cdots$	k	$\cdots$	n
P	$C_n^0 p^0 q^n$	$C_n^1 p^1 q^{n-1}$		$C_n^k p^k q^{n-k}$		$C_n^n p^n q^0$

满足:$(q+p)^n=C_n^0 p^0 q^n+C_n^1 p^1 q^{n-1}+\cdots+C_n^k p^k q^{n-k}+\cdots+C_n^n p^n q^0$,称这样的离散型随机变量 X 服从参数 n,p 的二次分布,记作:$X\sim B(n,p)$.

【知识盲点提示】

1. 在 n 次独立重复试验中要牢记:每次试验结果只有 2 个,每次试验中事件发生的概率不变.

2. 实际问题中,出现"有放回地""一大批产品"等语言,做题时看作 n 次独立重复试验比较好.

【课堂基础训练】

一、选择题

1. 若 $X\sim B(5,0.5)$,则 $P(X\leqslant 1)=$( ).

A. $\dfrac{1}{12}$ B. $\dfrac{1}{32}$ C. $\dfrac{3}{16}$ D. $\dfrac{5}{32}$

2. 某一批玉米种子,如果每一粒发芽的概率为 $\dfrac{4}{5}$,那么播下 3 粒种子,恰有两粒发芽的概率是( ).

A. $\dfrac{96}{125}$ B. $\dfrac{48}{125}$ C. $\dfrac{12}{125}$ D. $\dfrac{16}{125}$

3. 投篮测试中,每人投 3 次,至少投中两次才能通过测试,已知某同学每次投篮投中的概率为 0.6,则各次投篮是否投中相互独立,则该同学通过测试的概率为( ).

A. 0.648 B. 0.432 C. 0.36 D. 0.312

二、填空题

4. 某人射击一次击中目标的概率为 $\dfrac{3}{5}$,经过 3 次射击,此人至多有一次击中目标的概率为_____.

5. 抛掷一枚硬币一次,则出现正面向上的次数 ξ 的概率分布为_____.

三、解答题

6. 取一副扑克牌，去掉大小王，剩下梅花、黑桃、红桃、方块 4 种花色共 52 张，现有放回地随机抽取 3 次，设 ξ 为抽到梅花的次数，求：

(1) 至少抽到一次梅花的概率；

(2) ξ 的概率分布．

【课堂拓展训练】

一、选择题

1. 同时抛掷 3 枚硬币，3 枚出现相同一面的概率为（　　）．

  A. $\dfrac{1}{8}$　　　　B. $\dfrac{1}{6}$　　　　C. $\dfrac{1}{2}$　　　　D. $\dfrac{1}{4}$

2. 甲、乙两人同时报考某一所大学，甲被录取的概率为 0.6，乙被录取的概率为 0.7，两人是否被录取互不影响，则其中至少有一人被录取的概率为（　　）．

  A. 0.12　　　　B. 0.42　　　　C. 0.46　　　　D. 0.88

3. 若每名同学，测试达标的概率都是 $\dfrac{2}{3}$，且相互独立，经计算 5 人中恰有 k 人同时达标的概率是 $\dfrac{80}{243}$，则 k 的值为（　　）．

  A. 3 或 5　　　　B. 4 或 5　　　　C. 3 或 4　　　　D. 3

二、填空题

4. 某篮球队员在比赛中每次罚球命中率相同，且在两次罚球中至多命中一次的概率为 $\dfrac{16}{25}$，那么该队员每次罚球的命中率为_____．

5. 一大批产品中，次品率为 0.05，从这批产品中抽取 5 件进行检查，抽到的产品中恰有 2 件次品的概率为_____．（只列式子，不计算）

三、解答题

6. 一个盒子中装有 5 张卡片，每张卡片上写有一个数字，分别是 1，2，3，4，5，现从盒子中随机抽取卡片：

(1) 从盒子中无放回地连抽两次，每次抽一张，求两次取到的卡片是一奇一偶的概率；

(2) 若从盒子中有放回地抽取 3 次，每次抽取一张，求抽到奇数次数的概率分布．

7.3.3 正态分布

【知识要点预习】

1. 正态曲线的特点：_____，_____，_____．
2. 正态曲线的性质 $\varphi(-a)+\varphi(a)=$_____．

【知识要点梳理】

1. 概率密度曲线：在我们以前学过的频率分布直方图中，若标本容量 n 越来越大，分组越来越细，平布分布直方图的轨迹状越来越接近课本图 7-5 中的曲线，随机变量用 X 表示，则这条曲线通常称为 X 的概率密度曲线．

概率密度曲线反映概率变化规律所起的作用与离散型随机变量分布列的作用是相同的．

2. 正态分布：在生产、科研和日常生活中，经常会遇到这样一类随机现象，它们是由一些互相独立的偶然因素所引起的，而每一个这种偶然因素在总体中变化，只起着均匀的、微小的作用，这类随机变量的概率分布一般近似服从正态分布，服从正态分布的随机变量称为正态随机变量，简称正态变量，正态变量的概率密度曲线称为正态曲线．

由课本图 7-6 可得，正态曲线特点：正态变量平均值为 μ，标准差为 δ，计作 $N(\mu, \delta^2)$．

(1) 曲线在 x 轴的上方，并且关于直线 $x=\mu$ 对称；

(2) 曲线在 $X=\mu$ 时处于最高点，并由此处向左右两边延伸时，曲线逐渐降低，呈现"中间高，两边低"的形状，即钟形形状；

(3) 曲线的形状由正态参数 δ 确定，δ 越大，曲线也越"矮胖"；δ 越小，曲线越"高瘦"．

从理论可以证明，正态变量 $N(\mu, \delta^2)$ 在区间 $(\mu-\delta, \mu+\delta)$，$(\mu-2\delta, \mu+2\delta)$，$(\mu-3\delta, \mu+3\delta)$ 内的取值概率分别为 68.3%，95.4%，99.7%．由于正态变量 $(-\infty, +\infty)$ 内取值的概率是 1，故落在 $(\mu-3\delta, \mu+3\delta)$ 之外的概率为 0.3%．

$\mu=0$，$\delta=1$ 的正态分布称为标准正态分布，这一结论称为正态分布的"3δ"原则．

$X \sim N(0, 1)$ 对于任意 a，通常记：$\varphi(a)=P(X<a)$，也就是说，$\varphi(a)$ 表示 $N(0, 1)$ 对应的正态曲线与 x 轴在区间 $(-\infty, a)$ 内所围成的面积．

正态曲线的性质：$\varphi(-a)+\varphi(a)=1$．

【知识盲点提示】

理解正态曲线的意义及特点．

【课堂基础训练】

一、选择题

1. 设随机变量 X 服从标准正态分布 $N(0, 1)$，已知 $\varphi(-1.96)=0.025$，则 $P(|X|<1.96)=($).

   A. 0.025   B. 0.050   C. 0.950   D. 0.975

2. 已知随机变量 X 服从正态分布 $N(3, \delta^2)$，则 $P(X<3)=($).

A. $\dfrac{1}{5}$　　　　B. $\dfrac{1}{3}$　　　　C. $\dfrac{1}{2}$　　　　D. $\dfrac{1}{4}$

3. 已知正态分布有两个参数 μ 与 δ，(　　)相应的正态曲线的形状越"瘦高".

A. δ 越小　　B. δ 越大　　C. μ 越大　　D. μ 越小

二、填空题

4. 已知随机变量 X 服从正态分布 $N(0,\delta^2)$，且 $P(-2\leqslant X\leqslant 0)=0.4$，则 $P(X>2)=$ _____ .

5. 某班有 50 名学生，一次测验后的数学成绩服从正态分布 $N(80,100)$，那么考试成绩在 $[80,90]$ 分的人数是 _____ .

三、解答题

6. 设随机变量服从 $N(0,1)$，利用正态分布表，求以下概率值：

(1) $P(\xi<0.38)$；

(2) $P(\xi\geqslant 0.23)$；

(3) $P(\xi\leqslant -0.15)$.

【课堂拓展训练】

一、选择题

1. 某次数学考试中，考生的分数服从正态分布 $N(90,100)$，则分数在 $[70,110]$ 分的考生占总考生数的百分比是(　　).

A. 68.3%　　　B. 95.4%　　　C. 99.7%　　　D. 49.87%

2. 设随机变量 X 服从正态分布 $N(2,9)$，若 $P(X>c+1)=P(X<c-1)$，则 c 的值是(　　).

A. 2　　　　B. 3　　　　C. 1　　　　D. 0

3. 已知随机变量 X 服从正态分布 $N(\mu,\delta^2)$，且正态密度曲线在 $(-\infty,80)$ 上是增函数，在 $(80,+\infty)$ 上是减函数，$P(72\leqslant X\leqslant 88)=68.3\%$，则参数 μ,δ 的值分别为(　　).

A. 80，8　　　B. 80，4　　　C. 80，2　　　D. 80，3

二、填空题

4. 有学生 900 人，一次数学考试成绩(满分 150 分)服从正态分布 $N(100,\delta^2)$，统计结果显示，学生考试成绩在 80 分到 100 分的人数占总人数的 $\dfrac{1}{3}$，则此次考试成绩不低于 120 分的学生约有 _____ 人.

5. 工人制造机器零件尺寸在正常情况下服从正态分布 $N(\mu, \delta^2)$，在一次正常的试验中，取 10 000 个零件，不属于 $(\mu-3\delta, \mu-3\delta)$ 这个尺寸范围的零件个数可能为_____．

三、解答题

6. 某县农民年均收入服从正态分布 $(500, 400)$，求：
(1) 此县农民平均收入在 $480\sim500$ 元人数的百分比；
(2) 此县农民平均收入超过 540 元的人数的概率．

7.4　统　计

7.4.1　用样本估计总体

【知识要点预习】

样本标准差 $s=$ _____．

【知识要点梳理】

一、总体集中趋势的估计

用样本的平均数与中位数估计总体的平均数与中位数时，样本的平均数和中位数只是总体的平均数与中位数的近似．

一组数据中，某个数据出现的次数称为这个数据的频数，出现次数最多的数据，为这组数据的众数．有些情形中，我们用众数来描述这一组数据的中心位置．

二、总体离散程度的估计

数据的离散程度可以用极差、方差或标准差来描述．极差反映了一组数据变化的幅度，样本方差描述了一组数据围绕平均数波动幅度的大小．为了得到以样本数据的单位表示的波动幅度，通常要求出样本方差的算术平方根，即样本标准差．一般地，设样本数据为 x_1, x_2, x_3, $\cdots$, x_n, 样本平均数为 $\overline{x}$, 则样本方差 $s^2 = \dfrac{(x_1-\overline{x})^2+(x_2-\overline{x})^2+\cdots+(x_n-\overline{x})^2}{n}$；

样本标准差 $s = \sqrt{\dfrac{(x_1-\overline{x})^2+(x_2-\overline{x})^2+\cdots+(x_n-\overline{x})^2}{n}}$．

【知识盲点提示】

标准差、方差反映数据离散、波动的程度，标准差较大，表明数据的波动程度较大，数据离散程度较高；标准差较小，数据离散程度较低．

【课堂基础训练】

一、选择题

1. 一组样本数据为 19，23，12，14，14，17，10，12，18，14，27，则这组数据的众数和中位数分别为（　　）．
   A. 14，14　　　B. 12，14　　　C. 14，15.5　　　D. 12，15.5

2. 10 名工人生产某一零件，生产的件数分别是 10，12，14，14，15，15，16，17，17，17，设其平均数为 a，中位数为 b，众数为 c，则（　　）．
   A. $a>b>c$　　　B. $c>b>a$　　　C. $c>a>b$　　　D. $b>c>a$

3. 某商店促销一种新款女鞋，销售情况如下：

码数	34	35	36	37	38	39	40	41
数量/双	2	5	9	16	9	5	3	2

如果你是鞋店经理，最关心的是哪种号码的鞋销量最大，那么下列统计量中对你来说最重要的是（　　）．
   A. 平均数　　　B. 中位数　　　C. 众数　　　D. 极差

二、填空题

4. 已知 5 个数 1，2，3，4，a 的平均数为 3，则这 5 个数的标准差是 _____．

5. 某同学使用计算器求 10 个数据的平均数时，错将其中一个数据 105 输入为 15，因此求出的平均数与实际平均数的差是 _____．

三、解答题

6. 某小区广场上有甲、乙两群市民，正在进行晨练，两群市民的年龄如下（单位：岁）：

甲群：13　13　14　15　15　15　15　16　17　17

乙群：54　3　4　4　5　5　6　6　6　57

(1) 甲群市民年龄的平均数、中位数和众数各是多少岁？其中哪个统计量能较好地反映甲群市民的年龄特征？

(2) 乙群市民年龄的平均数、中位数和众数各是多少岁？其中哪个统计量能较好地反映乙群市民的年龄特征？

【课堂拓展训练】

一、选择题

1. 甲、乙、丙、丁 4 人参加奥运会射击项目选拔赛，4 人的平均成绩如下：

项目	甲	乙	丙	丁
平均成绩	8.5	8.8	8.8	8.1
方差 s^2	3.4	2.5	5.6	3.5

这4个人中,选择一人参加奥运会射击项目比赛,最佳人选是(　　).

A. 甲　　　　　B. 乙　　　　　C. 丙　　　　　D. 丁

2. 从某校测试中抽取100人的成绩统计如下,则这100人成绩的标准差为(　　).

分数	5	4	3	2	1
人数	20	10	30	30	10

A. 1.6　　　　B. $\dfrac{2\sqrt{10}}{5}$　　　　C. 3　　　　D. 9

3. 已知一组数据90,89,90,95,93,94,93,则这组数据的平均数和标准差分别为(　　).

A. 92,$\dfrac{32}{7}$　　B. 93,$\dfrac{4\sqrt{14}}{7}$　　C. 92,$\dfrac{4\sqrt{14}}{7}$　　D. 93,$\dfrac{32}{7}$

二、填空题

4. 某班的中考英语口语考试成绩如下:

考试成绩/分	30	29	28	27	26
学生数/人	3	15	13	6	3

则该班中考英语口语考试成绩的众数比中位数多_____分.

5. 某足球队10名队员的年龄估样如下:

年龄	19	20	21	22	24	26
人数	1	1	a	b	2	1

已知该队员年龄中位数为21.5,则 $a=$ _____,该足球队队员的平均年龄为_____.

三、解答题

6. 甲、乙两名射击运动员,两人各自射击10次,成绩如下:

甲:7　8　7　9　5　4　9　10　7　4

乙:9　5　7　8　7　6　8　6　7　7

甲、乙两人谁的成绩更稳定些?

7.4.2 一元线性回归

【知识要点预习】

一元线性回归直线方程：_____．

【知识要点梳理】

1. 变量之间存在着两种关系：一类是函数关系，这是确定性关系；另一类是相关关系，这是非确定性关系．例如，研究人的身高、体重时，这两个变量是非确定性的．

2. 一元线性回归：由课本图 7-11 的散点图所有点分布在图中画出的一条直线附近，它能最好地反映 x 与 y 之间的关系，记此直线方程为 $\hat{y}=ax+b$，称为 y 对 x 的回归直线方程，b 叫回归系数．

一般地，a，b 满足公式：$\begin{cases} b=\dfrac{\sum\limits_{i=1}^{n}x_iy_i-n\overline{x}\overline{y}}{\sum\limits_{i=1}^{n}x_i^2-n\overline{x}^2} \\ a=\overline{y}-b\overline{x} \end{cases}$．

【知识盲点提示】

在现实生活中，相关关系是大量存在的．从某种意义上来看，函数关系是一种理想的关系模型，而相关关系是一种更为一般的情况．

【课堂基础训练】

一、选择题

1. 下列两个变量之间的关系中不是函数关系的是（　　）．
   A. 圆锥体积与圆锥高度　　　　B. 圆的面积与圆的半径
   C. 正方形面积与边长　　　　　D. 家庭的年收入与年饮食支出

2. 已知 x 与 y 之间的一组数据 $(1,3)$，$(2,5)$，$(3,7)$，$(4,9)$，则 y 与 x 的线性回归方程 $\hat{y}=ax+b$ 必过（　　）．
   A.（2，6）　　　B.（3，8）　　　C.（2.5，6）　　　D.（3.5，8）

3. 为了庆祝建党 100 周年，某网站从 7 月 1 日开始推出党史类书籍免费下载活动．已知活动推出时间 x（单位：天）与累计下载量 y（单位：万次）的统计数据如下：

x	4	5	6	7	8
y	6	8	9	10	12

根据上表数据给出的 y 与 x 的回归直线方程 $\hat{y}=1.4x+a$．该模型预测活动推出 11 天的累计下载量约为（　　）．
   A. 13.8 万次　　B. 14.6 万次　　C. 16 万次　　D. 18 万次

二、填空题

4. 变量之间的关系可以分为两大类：_____ 和 _____．

5. 对于回归直线方程 $\hat{y}=ax+b$，b 称为 _____，$a=$ _____，$b=$ _____.

三、解答题

6. 某家庭 2015—2019 年的年收入和年支出情况如下：

年收入和支出	2015 年	2016 年	2017 年	2018 年	2019 年
收入 x/万元	9	9.6	10	10.4	11
支出 y/万元	7.3	7.5	8	8.5	8.7

(1) 根据上表数据，求出 y 关于 x 的回归直线方程 $\hat{y}=ax+b$；

(2) 假设受自然气候影响，该家庭 2021 年的年收入为 9.5 万元，请根据 (1) 表中的直线回归方程预测该家庭 2021 年的年支出金额.

【课堂拓展训练】

一、选择题

1. 具有相关关系的两个变量的特点是( )．
   A. 一个变量的取值不能由另一个变量唯一确定
   B. 一个变量的取值由另一个变量唯一确定
   C. 一个变量的取值增大时，另一个变量的取值肯定变小
   D. 一个变量的取值减小时，另一个变量的取值也一定减小

2. 进行相关分析时的两个变量( )．
   A. 都是随机变量
   B. 都不是随机变量
   C. 一个是随机变量，一个不是随机变量
   D. 随机或非随机都可以

3. 19 世纪中期英国的著名统计学家弗朗西斯·高尔顿搜集了 1 078 对夫妇及其儿子的身高数据，发现这些数据的散点图大致呈直线状态，即儿子的身高 y（单位：cm）与其父母的平均身高 x（单位：cm）具有线性相关关系．通过样本数据 $(x_i, y_i)(i=1, 2, \cdots, n)$，求得回归直线方程 $\hat{y}=85.67+0.516x$，则下列结论中正确的是( )．

   A. 回归直线方程至少过 (x_1, y_1)，(x_2, y_2)，$\cdots$，(x_n, y_n) 中的一个点
   B. 若 $\bar{x}=\dfrac{x_1+x_2+\cdots+x_n}{n}$，$\bar{y}=\dfrac{y_1+y_2+\cdots+y_n}{n}$，则回归直线一定不过点 $(\bar{x}, \bar{y})$
   C. 若父母平均身高增加 1 cm，则儿子身高估计增加 0.516 cm

D. 样本数据 $(x_i, y_i)(i=1, 2, \cdots, n)$ 所构成的点一定都在回归直线上

二、填空题

4. 已知一个回归直线方程为 $\hat{y}=1.2x+40$，$x\in\{2, 8, 6, 11, 18\}$，则 $\overline{y}=$ _____.

5. 某电子产品的成本价格由两部分组成：一是固定成本，二是可变成本．为确定该产品的成本，进行 5 次试验，收集到的数据如下：

产品数 x 个	10	20	30	40	50
产品总成本 y 元	62	68	a	81	89

根据表中的数据得出 y 与 x 的回归直线方程为 $\hat{y}=0.67x+54.9$，则 $a=$ _____.

三、解答题

6. 假定产品产量 x（千件）与单位成本 y（元/件）之间存在相关关系，数据如下：

x	2	3	4	3	4	5
y	73	72	71	73	69	68

1. 根据表中数据求出 y 与 x 的回归直线方程是 $\hat{y}=ax+b$；
2. 当单位成本为 70 元/件时，预测产量为多少．

单元测试卷 A

（满分 120 分，时间 120 分钟）

一、选择题(本大题共 15 个小题，每小题 3 分，共 45 分)

1. 在书架上有 5 本不同的科技书，8 本不同的文学书，一人从中任选一本阅读，共有（　　）种选法．
   A. 5　　　B. 8　　　C. 13　　　D. 40

2. 有 5 名学生、2 名教师站成一行照相，2 名教师不能相邻的排法有（　　）种．
   A. $A_5^2 C_7^2$　　B. $A_5^2 A_2^2$　　C. $A_7^7 - A_6^6$　　D. $A_7^7 - A_2^2 A_6^6$

3. 从 1，2，3，4，5 中任取两个数字组成无重复数字的两位偶数的个数为（　　）．
   A. 20　　　B. 12　　　C. 10　　　D. 8

4. 在 $(1-\sqrt{3}x)^{10}$ 展开式中，x^{10} 的系数是（　　）．

A. -3^5 B. -2^{10} C. 3^5 D. 2^{10}

5. 二项式 $(2x-3)^{2023}$ 展开式中各项系数和为( ).

   A. 1   B. 0   C. -1 D. 2^{2023}

6. 在相同环境下,某人投篮的命中率是 0.8,则其投篮 10 次恰好有 8 次命中的概率是( ).

   A. $C_{10}^8 0.8^2 0.2^8$ B. $C_{10}^2 0.8^8 0.2^2$ C. $C_{10}^2 0.8^2 0.2^8$ D. $C_{10}^8 0.8^8$

7. 6 本不同的书放在书架上,其中指定的 3 本书放在一起的概率是( ).

   A. $\dfrac{1}{3}$ B. $\dfrac{1}{6}$ C. $\dfrac{1}{4}$ D. $\dfrac{1}{5}$

8. "两个事件是对立事件"是"这两个事件是互斥事件"的( )条件.

   A. 充分   B. 必要
   C. 充要   D. 既不充分也不必要

9. 从 4 名女生和 6 名男生中选出 3 人参加数学兴趣小组,则 3 名中恰有一名男生的概率是( ).

   A. $\dfrac{3}{10}$ B. $\dfrac{1}{2}$ C. $\dfrac{1}{30}$ D. $\dfrac{1}{6}$

10. 已知随机变量 x 服从正态分布 $(4,1)$,且 $P(3\leqslant x\leqslant 5)=0.6826$,则 $p(x>5)=$( ).

    A. 0.1585   B. 0.1586   C. 0.1587   D. 0.1588

11. 已知一组样本数据是 11,12,13,14,15,则样本标准差是( ).

    A. 4   B. 2   C. $\sqrt{2}$ D. 13

12. 已知身高 x(单位:cm)和体重 y(单位:kg)的回归直线方程 $\hat{y}=0.849x-85.712$,则由回归直线方程可以估计身高 175 cm 的人的体重约为( )kg.

    A. 61.863   B. 62.863   C. 63.863   D. 60.3

13. 某高校进行新生军训,在射击训练中,甲同学射击的命中率为 $\dfrac{1}{3}$,则他连续射击 3 次,至少有 1 次命中的概率为( ).

    A. $\dfrac{4}{27}$ B. $\dfrac{5}{9}$ C. $\dfrac{4}{9}$ D. $\dfrac{19}{27}$

14. 100 件产品中有 5 件次品,从中任取 3 件进行检查,则 3 件中至少有一正品的取法共有( )种.

    A. $C_{100}^3-C_5^3$ B. $C_{95}^1 C_5^1 C_{98}^1$ C. $C_{95}^1 C_5^2+C_{95}^2 C_5^1$ D. $C_{100}^3-C_{95}^3$

15. 口袋中装有 6 个白球,4 个红球,从中任取 2 个球,取到白球的个数为 ξ,则 $P(\xi=2)=$( ).

    A. $\dfrac{1}{3}$ B. $\dfrac{2}{15}$ C. $\dfrac{1}{15}$ D. $\dfrac{1}{5}$

二、填空题(本大题共 15 个小题,每小题 2 分,共 30 分)

16. 用 0,1,2,3,4 四个数可以组成_____个没有重复数字的四位数.

17. 从7个人中选出3人去北京参加数学高考培训会议,其中甲、乙两人至少选一人参加的选法有_____种.

18. 将4位医生分配到3个乡镇进行教学支援,每个乡镇至少一人,分配方法共有_____种.

19. 将桃树、苹果树、梨树、山楂树、杏树各一棵种成一排,则山楂树与梨树不相邻的种植方法有_____种.

20. 一个学习小组共有8名同学,其中有3名女生,现在从小组中选3名代表,其中男生不少于两名的概率为_____.

21. $\left(x+\dfrac{1}{x^2}\right)^9$ 展开式中的常数项为_____.

22. 已知随机变量 X 的概率分布如下:

X	0	1	2
P	$\dfrac{1}{10}$	$\dfrac{3}{5}$	$\dfrac{3}{10}$

则 $E(X)=$ _____.

23. 抛掷两颗质地均匀的骰子,点数是10的概率为_____.

24. 若 $C_{18}^{m}=C_{18}^{3m-6}$,则 $m=$ _____.

25. 甲、乙两人进行5轮投篮训练,每轮投篮5次,每轮投进的次数如下:甲:6,7,9,8,8;乙:4,8,8,8,9.甲的中位数为 a,乙的众数为 b,则 $a+b=$ _____.

26. 某产品的广告费用 x 与销售额 y 的统计数据如下:

广告费 x/万元	1.8	2.2	3	5
销售额 y/万元	8	a	24	36

根据表中数据得回归直线方程 $\hat{y}=8.6x-5.8$,则 $a=$ _____.

27. 已知随机变量 X 服从正态分布 $N(4,\sigma^2)$,且 $P(4<X<8)=0.3$,$P(X<0)=$ _____.

28. 已知随机变量 X 的分布列如下:

X	3	4	5	6
P	$\dfrac{1}{18}$	a	$\dfrac{1}{2}$	$\dfrac{1}{6}$

则 $E(X)=$ _____.

29. 从甲、乙等10位同学中任选3位去参加某项活动,则所选3位中有甲但没有乙的概率为_____.

30. 已知 $\left(x-\dfrac{1}{x^2}\right)^n$ 展开式中二项式系数之和为64,则展开式中含有 x^{-3} 的项为_____.

三、解答题(本大题共 7 个小题，共 45 分)

31. (6分)若 $(1+x)^n$ 展开式中 x^3 的系数等于 x 的系数的 7 倍，求展开式中含 x^5 的系数．

32. (6分)从 1，3，5 中任取两个数字，从 0，2，4，6 中任取两个数字，可以组成多少个没有重复数字的四位数？

33. (7分)从某职业中学的高一年级 5 人，高二年级 2 人，高三年级 3 人中选出 3 名学生组成一个实践小组，求：
   (1)有高二学生参加的概率；
   (2)小组中有高三学生人数的概率分布．

34. (7分)甲、乙两台机床加工直径为 100 mm 的零件，为检验质量，从中抽取 6 件测量数据．
   甲：99，98，100，101，99，103
   乙：100，100，102，98，99，101
   试比较哪台机床加工零件的稳定性较好．

35．(7分)从一批产品中抽取6件产品进行检查，其中有4件一等品，2件二等品．
(1)从中无放回地任取3件进行检查，求恰有一件二等品的概率；
(2)若从中有放回地每次取1件，连续取3次，求取到二等品数目X的概率分布及$E(X)$．

36．(6分)从3名男生、2名女生中选出3名代表．
(1)不同的选法共有多少种？
(2)至少有1名女生的选法共有多少种？
(3)代表中男女生都有的选法共有多少种？

37．(6分)为了研究某种细菌在特定环境下随时间变化的系列情况，得到如下数据：

天数 t/天	3	4	5	6	7
繁殖个数 y/千个	2.5	3	4	4.5	6

求 y 关于 t 的线性回归直线方程．

单元测试卷 B

（满分120分，时间120分钟）

一、选择题(本大题共15个小题，每小题3分，共45分)

1．北京到雄安将开通高铁，共设有6个高铁站(包含北京站和雄安站)，则需要设计车票的种类为(　　)．
　　A．12　　　　B．15　　　　C．20　　　　D．30

2．从5名学生选出4名分别参加语文、数学、英语、专业综合知识竞赛，其中甲不参加语文和英语竞赛，则参赛方法共有(　　)种．

A. 120　　　　B. 72　　　　C. 48　　　　D. 24

3. 从1，2，3，4，5，6，7，8，9中任取两个奇数和两个偶数排成没有重复数字的四位数，这样的四位数的个数是（　　）.

   A. 1 440　　　B. 2 880　　　C. 720　　　　D. 360

4. 若从1，2，3，4，5，6这6个数字中任取两个不同数字，其和为奇数的取法共有（　　）种.

   A. 15　　　　B. 9　　　　C. 30　　　　D. 3

5. 某兴趣小组共有4名同学，如果随机分为两组进行对抗赛，每组两名队员，分配方案共有（　　）种.

   A. 2　　　　B. 3　　　　C. 6　　　　D. 12

6. 设 $(2x-1)^{23} = a_0 + a_1 x + a_2 x^2 + \cdots + a_{23} x^{23}$，则 $a_1 + a_2 + \cdots + a_{23} = $（　　）.

   A. 2^{23}　　　B. 1　　　　C. -1　　　D. 2

7. 已知 $\left(\sqrt[5]{x} - \dfrac{1}{x}\right)^{24}$ 展开式的第 n 项为常数项，则 n 的值是（　　）.

   A. 5　　　　B. 6　　　　C. 7　　　　D. 8

8. 某职中高三年级有6个班，有两名同学甲、乙从外地转到该校高三年级插班，学校让其各自选择班级，则两名同学刚好选在同一班的概率为（　　）.

   A. $\dfrac{1}{4}$　　　B. $\dfrac{1}{6}$　　　C. $\dfrac{1}{3}$　　　D. $\dfrac{1}{2}$

9. $(x+2)^8$ 展开式中含 x^3 项与含 x^5 项的系数之比为（　　）.

   A. $\dfrac{1}{4}$　　　B. $\dfrac{1}{2}$　　　C. 2　　　　D. 4

10. 连续抛掷3枚硬币，则出现至少两枚正面向上的概率是（　　）.

    A. $\dfrac{5}{8}$　　　B. $\dfrac{1}{2}$　　　C. $\dfrac{1}{3}$　　　D. $\dfrac{3}{8}$

11. 5件产品中，3件次品，2件正品，从中抽取3件，设次品数为随机变量 ξ，则 ξ 的所有可能取值为（　　）.

    A. 0，1，2　　B. 1，2，3　　C. 1，2　　　D. 0，1

12. 有甲、乙两种水稻，测得每种水稻各10次的分蘖后，计算出样本方差分别为 $s_甲^2 = 11$，$s_乙^2 = 3.4$，由此可以估计（　　）.

    A. 甲种水稻比乙种水稻分蘖整齐
    B. 乙种水稻比甲种水稻分蘖整齐
    C. 甲、乙两种水稻分蘖整齐程度相同
    D. 两者无法比较

13. 一次射击训练中，一小组的成绩如下：

环数	7	8	9
人数	2	a	3

已知该小组的平均成绩为8.1环，那么成绩为8环的人数 a 是（　　）.

A. 4   B. 5   C. 6   D. 7

14. 某种产品的价格 x(单位：元/kg)与需求量 y(单位：kg)之间的对应数据如下：

x	10	15	20	25	30
y	11	10	8	6	5

由表中数据的回归线方程 $\hat{y}=bx+14.4$，则以下结论中错误的是(   )．

A. y 与 x 负相关   B. 必过点(20，8)

C. $x=35$ 时，$y=3.2$ D. y 与 x 正相关

15. 某学校有 1 000 名学生，一次测试中的成绩服从正态分布 $N(90，49)$，推测测试成绩在[83，97]的人数是(   )．

A. 341   B. 683   C. 170   D. 317

二、填空题(本大题共 15 个小题，每小题 2 分，共 30 分)

16. 在由数字 1，2，3，4 组成的没有重复数字的四位数中，大于 2 300 的共有_____个．

17. 一枚骰子投掷 2 次，出现的点数中恰有 1 个是 3 的倍数的概率为_____．

18. 7 名同学排成一排照相，甲、乙两人既不排在一起，又不排在头尾的排法有_____种．

19. 在 $\left(x-\dfrac{1}{2x}\right)^6$ 展开式中 x^4 的系数是_____．

20. 从 1，2，3，4 中任取两个不同的数，这两个数的差的绝对值为 2 的概率是_____．

21. 将 5 个小球放入 5 个盒子中，恰有一个空盒的概率为_____．

22. 4 名男生和 3 名女生站成一排，则男女相间的概率为_____．

23. 100 件产品中有 5 件次品，从中任抽 2 件，两件都是次品的对立事件是_____．

24. $(1-x)^5(1+3x)^4$ 展开式中，x^2 的系数是_____．

25. 一组数据 2，4，5，x，7，9 的众数是 7，则这组数据的中位数是_____．

26. 对于某道数学题，甲能独立解决的概率是 $\dfrac{4}{5}$，乙能独立解决的概率是 $\dfrac{3}{4}$，两人独立解题解出此题的人数为随机变量 X，则 $E(X)=$_____．

27. 已知 $\varphi(3)=0.998\ 7$，则标准正态总体在$(-3，3)$内取值的概率为_____．

28. 已知离散型随机变量 X 的分布列为 $P(X=k)=\dfrac{k}{21}(k=1，2，3，4，5，6)$，则 $P(2\leqslant X<6)=$_____．

29. 从 3 名教师和 6 名学生中选 4 人去某社区参加志愿服务活动，要求教师不能不去也不能全去，共有_____种选法．

30. 一名射击运动员进行 4 次射击，至少有一次击中目标的概率为 $\dfrac{80}{81}$，则此运动员每次射击的命中率为_____．

三、解答题(本题共 7 个小题,共 45 分)

31. (6 分)$(1+\sqrt{3}x)^n$ 的各奇数项的二项式系数和为 512,求展开式中二项式系数的最大项.

32. (7 分)一个袋中装有 6 个红球和 4 个白球,它们除了颜色外,其他没有区别,采用无放回的方式从袋中任取 3 个球,取到白球个数用 X 表示. 求:
(1)离散型随机变量 X 的概率分布;
(2)$P(X\leqslant 1)$ 的概率.

33. (7 分)我校有 11 名机械专业学生,其中 5 名钳工专业学生,4 名车工专业学生,另外 2 名学生既学过钳工,又学过车工,从这 11 名学生中选 4 名钳工,4 名车工去实习,有多少种选法?

34. (7 分)甲、乙等 5 名实习生被随机地分到 A、B、C、D 4 所学校实习,每所学校至少有一名实习生. 求:
(1)求甲、乙同时分到 A 校实习的概率;
(2)求甲、乙两人不在同一学校实习的概率;
(3)设随机变量 X 为这 5 名实习生参加 A 校实习的人数,求 X 的分布列及 $E(X)$.

35. (6 分)某校准备挑选一名跳高运动员参加中学生运动会,对跳高运动的两名运动

员进行了 10 次选拔比赛,他们的成绩(单位:cm)如下:

甲:170,168,169,165,172,173,168,167,168,170

乙:160,173,172,175,170,170,167,165,169,170

计算甲、乙两人平均数及方差,分析哪个运动员发挥稳定.

36.(6分)某公司为了适应高质量发展的要求,近 5 个月加大了对该公司软件的研发投入,过去 5 个月投资 x(单位:百万元)和收益 y(单位:百万元)的数据如下:

时间	2020年11月	2020年12月	2021年1月	2021年2月	2021年3月
投资/百万元	2	4	8	10	12
收益/百万元	14.21	20.31	31.18	37.83	44.67

若 y 与 x 的回归直线方程为 $\hat{y}=3x+a$,则投资 18 百万元时,预测该月的收益.

37.(6分)乒乓球比赛赛制为七局四胜制,某乒乓球运动员每场胜的概率为 0.6,请计算该乒乓球运动员分别以 4∶1,4∶2 获胜的概率(列式子即可).

参考答案

第1章 三角计算

1.1 和角公式

1.1.1 两角和与差的余弦公式

【课堂基础训练】

一、选择题

1. A 2. A 3. B

二、填空题

4. 0 5. $-\dfrac{7\sqrt{2}}{26}$

三、解答题

6. 解析：α 为第一象限角，所以 $\cos\alpha>0$，$\cos\alpha=\sqrt{1-\left(\dfrac{3}{5}\right)^2}=\dfrac{4}{5}$；$\beta$ 为第二象限角，所以 $\sin\beta>0$，$\sin\beta=\sqrt{1-\left(-\dfrac{5}{13}\right)^2}=\dfrac{12}{13}$.

$\cos(\alpha+\beta)=\cos\alpha\cos\beta-\sin\alpha\sin\beta=\dfrac{4}{5}\times\left(-\dfrac{5}{13}\right)-\dfrac{3}{5}\times\dfrac{12}{13}=-\dfrac{56}{65}$，$\cos(\alpha-\beta)=\cos\alpha\cos\beta+\sin\alpha\sin\beta=\dfrac{4}{5}\times\left(-\dfrac{5}{13}\right)+\dfrac{3}{5}\times\dfrac{12}{13}=\dfrac{16}{65}$.

【课堂拓展训练】

一、选择题

1. A 2. A 3. C

二、填空题

4. $-\dfrac{1}{2}$ 5. 钝角

三、解答题

6. 解析：α、β均为锐角，$\cos \alpha=\dfrac{1}{7}$，$\cos (\alpha+\beta)=-\dfrac{11}{14}$，所以 $\sin \alpha=\dfrac{4\sqrt{3}}{7}$，$\sin (\alpha+\beta)=\sqrt{1-\left(-\dfrac{11}{14}\right)^{2}}=\dfrac{5\sqrt{3}}{14}$，$\cos \beta=\cos (\alpha+\beta-\alpha)=\cos (\alpha+\beta)\cos \alpha+\sin (\alpha+\beta)\sin \alpha=-\dfrac{11}{14}\times\dfrac{1}{7}+\dfrac{5\sqrt{3}}{14}\times\dfrac{4\sqrt{3}}{7}=\dfrac{1}{2}$.

1.1.2　两角和与差的正弦公式

【课堂基础训练】

一、选择题

1．B　2．B　3．B

二、填空题

4．$\dfrac{3}{7}$　5．$-\dfrac{12+5\sqrt{3}}{26}$

三、解答题

6. 解析：由题可知，$\begin{cases}\sin (\alpha+\beta)=\sin \alpha\cos \beta+\cos \alpha\sin \beta=\dfrac{1}{2} \\ \sin (\alpha-\beta)=\sin \alpha\cos \beta-\cos \alpha\sin \beta=\dfrac{1}{3}\end{cases}$，联立得 $\begin{cases}\sin \alpha\cos \beta=\dfrac{5}{12} \\ \cos \alpha\sin \beta=\dfrac{1}{12}\end{cases}$，

$\log_{\sqrt{5}}\left(\dfrac{\sin \alpha\cdot\cos \beta}{\cos \alpha\sin \beta}\right)=\log_{\sqrt{5}}\left(\dfrac{\frac{5}{12}}{\frac{1}{12}}\right)=\log_{\sqrt{5}}(5)=2$.

【课堂拓展训练】

一、选择题

1．B　2．D　3．C

二、填空题

4．$-\dfrac{1}{2}$　5．$1+\sqrt{3}$

三、解答题

6. 解析：$\dfrac{\pi}{4}<\alpha<\dfrac{3\pi}{4}$，则 $\dfrac{\pi}{2}<\dfrac{\pi}{4}+\alpha<\pi$，$\cos \left(\dfrac{\pi}{4}+\alpha\right)=-\dfrac{3}{5}$，$\sin \left(\dfrac{\pi}{4}+\alpha\right)=\dfrac{4}{5}$，$0<\beta<\dfrac{\pi}{4}$，$\dfrac{3\pi}{4}<\dfrac{3\pi}{4}+\beta<\pi$，$\sin \left(\dfrac{3\pi}{4}+\beta\right)=\dfrac{5}{13}$，$\cos \left(\dfrac{3\pi}{4}+\beta\right)=-\dfrac{12}{13}$.

$\sin (\alpha+\beta)=-\sin (\pi+\alpha+\beta)=-\sin \left(\dfrac{\pi}{4}+\alpha+\dfrac{3\pi}{4}+\beta\right)=-\left[\sin \left(\dfrac{\pi}{4}+\alpha\right)\cdot\right.$

$\cos\left(\dfrac{3\pi}{4}+\beta\right)+\cos\left(\dfrac{\pi}{4}+\alpha\right)\sin\left(\dfrac{3\pi}{4}+\beta\right)\Big]=-\Big[\dfrac{4}{5}\times\left(-\dfrac{12}{13}\right)+\left(-\dfrac{3}{5}\right)\times\dfrac{5}{13}\Big]=\dfrac{63}{65}.$

1.1.3　两角和与差的正切公式

【课堂基础训练】

一、选择题

1. A　2. C　3. B

二、填空题

4. $\dfrac{\sqrt{3}}{3}$　5. 1

三、解答题

6. 解析：在△ABC中，$A+B=\pi-C$，所以 $\tan(A+B)=\tan(\pi-C)=-\tan C$.
由已知，$\tan A\tan B=\tan A+\tan B+1$，所以 $\tan(A+B)=\dfrac{\tan A+\tan B}{1-\tan A+\tan B}=-1=-\tan C$，即 $\tan C=1$，可得 $C=\dfrac{\pi}{4}$，$\cos C=\cos\dfrac{\pi}{4}=\dfrac{\sqrt{2}}{2}$.

【课堂拓展训练】

一、选择题

1. B　2. B　3. B

二、填空题

4. $\sqrt{3}$　5. $-\dfrac{4}{3}$

三、解答题

6. 解析：$\tan(\alpha+\beta)=\dfrac{\tan\alpha+\tan\beta}{1-\tan\alpha\tan\beta}$，即 $\tan\alpha+\tan\beta=\tan(\alpha+\beta)(1-\tan\alpha\tan\beta)$.
$(1-\tan\alpha)(1-\tan\beta)=1-\tan\alpha-\tan\beta+\tan\alpha\tan\beta$
$=1-(\tan\alpha+\tan\beta)+\tan\alpha\tan\beta=2$
所以 $\tan\alpha+\tan\beta=1+\tan\alpha\tan\beta-2=\tan\alpha\tan\beta-1$，又因为 $\tan\alpha+\tan\beta=\tan(\alpha+\beta)(1-\tan\alpha\tan\beta)$，所以 $\tan(\alpha+\beta)=-1$，$\alpha,\beta\in\left(0,\dfrac{\pi}{2}\right)$，则 $\alpha+\beta=\dfrac{3\pi}{4}$.

1.2　倍角公式

【课堂基础训练】

一、选择题

1. A　2. A　3. C

二、填空题

4. $\dfrac{\sqrt{3}}{2}$, $\dfrac{\sqrt{3}}{2}$, $\dfrac{\sqrt{2}}{2}$, $\dfrac{1}{2}$　5. 1

三、解答题

6. 解析：（1）$\cos^4\left(\dfrac{\alpha}{2}\right)-\sin^4\left(\dfrac{\alpha}{2}\right)=\left[\cos^2\left(\dfrac{\alpha}{2}\right)+\sin^2\left(\dfrac{\alpha}{2}\right)\right]\left[\cos^2\dfrac{\alpha}{2}-\sin^2\dfrac{\alpha}{2}\right]=1\times\cos\alpha=\cos\alpha.$

（2）$\sin\dfrac{\pi}{24}\cos\dfrac{\pi}{24}\cos\dfrac{\pi}{12}=\dfrac{1}{2}\sin\dfrac{\pi}{12}\cos\dfrac{\pi}{12}=\dfrac{1}{4}\sin\dfrac{\pi}{6}=\dfrac{1}{4}\times\dfrac{1}{2}=\dfrac{1}{8}.$

（3）$1-2\sin^2 750°=1-2\sin^2 30°=\cos 60°=\dfrac{1}{2}.$

（4）$\tan 150°+\dfrac{1-3\tan^2 150°}{2\tan 150°}=\dfrac{2\tan^2 150°+1-3\tan^2 150°}{2\tan 150°}=\dfrac{1-\tan^2 150°}{2\tan 150°}=\dfrac{1}{\tan 300°}=-\dfrac{\sqrt{3}}{3}.$

【课堂拓展训练】

一、选择题

1. A　2. D　3. D

二、填空题

4. $\dfrac{3}{5}$　5. $\dfrac{3}{4}$

三、解答题

6. 解析：

（1）$\tan\left(\dfrac{\pi}{4}+\alpha\right)=\dfrac{\tan\alpha+1}{1-\tan\alpha}=\dfrac{1}{2}$，解得，$\tan\alpha=-\dfrac{1}{3}.$

（2）$\dfrac{\sin(2\alpha)-\cos^2\alpha}{1+\cos(2\alpha)}=\dfrac{2\sin\alpha\cos\alpha-\cos^2\alpha}{2\cos^2\alpha}=\tan\alpha-\dfrac{1}{2}=-\dfrac{5}{6}.$

1.3　正弦型函数

【课堂基础训练】

一、选择题

1. B　2. D　3. B

二、填空题

4. 6　5. $y=\sin(4x)$

三、解答题

6. 解析：(1)函数 $f(x)$ 的最小正周期 $T=\dfrac{2\pi}{\omega}=\dfrac{2\pi}{2}=\pi$. 因为 $f(x)$ 的图像过点$(0,1)$，所以 $f(0)=2\sin\varphi=1$，$\sin\varphi=\dfrac{1}{2}$，又因为 $-\dfrac{\pi}{2}<\varphi<\dfrac{\pi}{2}$，$\varphi=\dfrac{\pi}{6}$.

(2)由(1)得 $f(x)=2\sin\left(2x+\dfrac{\pi}{6}\right)$，即 $f(x)$ 的最大值是 2，此时 $2x+\dfrac{\pi}{6}=\dfrac{\pi}{2}+2k\pi$ $(k\in\mathbf{Z})$，即 $x=\dfrac{\pi}{6}+k\pi$ $(k\in\mathbf{Z})$，所以 x 取得最大值时自变量 x 的集合是 $\left\{x\Big|x=\dfrac{\pi}{6}+k\pi,\ k\in\mathbf{Z}\right\}$.

(3) $f(x)=2\sin\left(2x+\dfrac{\pi}{6}\right)$，$-\dfrac{\pi}{2}+2k\pi\leqslant 2x+\dfrac{\pi}{6}\leqslant\dfrac{\pi}{2}+2k\pi$，$k\in\mathbf{Z}$，化简得 $-\dfrac{\pi}{3}+k\pi\leqslant x\leqslant\dfrac{\pi}{6}+k\pi$，$k\in\mathbf{Z}$. 即函数 $f(x)$ 的单调递增区间是 $\left\{x\Big|-\dfrac{\pi}{3}+k\pi\leqslant x\leqslant\dfrac{\pi}{6}+k\pi,\ k\in\mathbf{Z}\right\}$.

【课堂拓展训练】

一、选择题

1. A 2. B 3. A

二、填空题

4. $\left[\dfrac{\pi}{3},\dfrac{5\pi}{6}\right]$ 5. $\left[-\dfrac{\sqrt{3}}{2},1\right]$

三、解答题

6. 解析：(1)函数 $f(x)=\sin\left(2x+\dfrac{\pi}{6}\right)+2$，将函数 $f(x)$ 的图像向右平移 $\dfrac{\pi}{6}$ 个单位，得 $\sin\left(2x+\dfrac{\pi}{6}-\dfrac{\pi}{3}\right)+2=\sin\left(2x-\dfrac{\pi}{6}\right)+2$，再向下平移 2 个单位，得到函数 $g(x)=\sin\left(2x-\dfrac{\pi}{6}\right)$.

(2) $g(x)=\sin\left(2x-\dfrac{\pi}{6}\right)$ 的单调递减区间为 $2x-\dfrac{\pi}{6}\in\left[\dfrac{\pi}{2}+2k\pi,\dfrac{3\pi}{2}+2k\pi\right]$ $(k\in\mathbf{Z})$，化简得，$x\in\left[\dfrac{\pi}{3}+k\pi,\dfrac{5\pi}{6}+k\pi\right]$ $(k\in\mathbf{Z})$. 由题意 $x\in\left[\dfrac{\pi}{6},\dfrac{2\pi}{3}\right]$，取 $k=0$，$g(x)$ 在 $\left[\dfrac{\pi}{6},\dfrac{2\pi}{3}\right]$ 上的单调递减区间为 $\left[\dfrac{\pi}{3},\dfrac{2\pi}{3}\right]$.

由上一问得，$g(x)$ 在 $\left[\dfrac{\pi}{6},\dfrac{2\pi}{3}\right]$ 上的单调递增区间为 $\left[\dfrac{\pi}{6},\dfrac{\pi}{3}\right]$，单调递减区间为 $\left[\dfrac{\pi}{3},\dfrac{2\pi}{3}\right]$. $g(x)_{\max}=g\left(\dfrac{\pi}{3}\right)=\sin\left(2\times\dfrac{\pi}{3}-\dfrac{\pi}{6}\right)=1$，$g(x)_{\min}=g\left(\dfrac{2\pi}{3}\right)=\sin\left(2\times\dfrac{2\pi}{3}-\dfrac{\pi}{6}\right)=-\dfrac{1}{2}$，

所以 $-\dfrac{1}{2} \leqslant g(x) \leqslant 1$，即函数 $g(x)$ 在 $\left[\dfrac{\pi}{6}, \dfrac{2\pi}{3}\right]$ 上的值域为 $\left[-\dfrac{1}{2}, 1\right]$．

1.4 解三角形

1.4.1 余弦定理

【课堂基础训练】

一、选择题

1．B　2．A　3．B

二、填空题

4．2　5．$\dfrac{4}{3}$

三、解答题

6．解析：由余弦定理得 $b^2 = a^2 + c^2 - 2ac\cos B = 9 + 1 - 2 \times 3 \times 1 \times \dfrac{2}{3} = 6$，所以 $b = \sqrt{6}$．

因为 $\cos B = \dfrac{2}{3}$，所以 $\sin B = \dfrac{\sqrt{5}}{3}$，进而可得 $\cos(2B) = 2\cos^2 B - 1 = -\dfrac{1}{9}$，$\sin(2B) = 2\sin B \cos B = \dfrac{4\sqrt{5}}{9}$，所以 $\sin\left(2B - \dfrac{\pi}{3}\right) = \sin(2B)\cos\dfrac{\pi}{3} - \cos(2B)\sin\dfrac{\pi}{3} = \dfrac{4\sqrt{5} + \sqrt{3}}{18}$．

【课堂拓展训练】

一、选择题

1．C　2．A　3．D

二、填空题

4．$\dfrac{\pi}{6}$　5．钝角

三、解答题

6．解析：由余弦定理知：$\cos B = \dfrac{a^2 + c^2 - b^2}{2ac}$，$\cos C = \dfrac{a^2 + b^2 - c^2}{2ab}$．

将上式代入 $\dfrac{\cos B}{\cos C} = -\dfrac{b}{2a+c}$，得 $\dfrac{\dfrac{a^2+c^2-b^2}{2ac}}{\dfrac{a^2+b^2-c^2}{2ab}} = -\dfrac{b}{2a+c}$，整理得 $a^2 + c^2 - b^2 = -ac$．

所以 $\cos B = \dfrac{a^2 + c^2 - b^2}{2ac} = \dfrac{-ac}{2ac} = -\dfrac{1}{2}$．

1.4.2 三角形的面积及正弦定理

【课堂基础训练】

一、选择题

1. D 2. B 3. C

二、填空题

4. 0 5. $2b\cos B$

三、解答题

6. 解析：由正弦定理 $\dfrac{AC}{\sin B}=\dfrac{AB}{\sin C}$，知 $\sin C=\dfrac{AB\sin B}{AC}=\dfrac{\sqrt{3}}{2}$，所以 $C=\dfrac{\pi}{3}$ 或 $\dfrac{2\pi}{3}$.

当 $C=\dfrac{\pi}{3}$ 时，$A=\pi-B-C=\dfrac{\pi}{2}$，$S_{\triangle ABC}=\dfrac{1}{2}\times AB\times AC\times\sin A=\dfrac{\sqrt{3}}{2}$.

当 $C=\dfrac{2\pi}{3}$ 时，$A=\pi-B-C=\dfrac{\pi}{6}$，$S_{\triangle ABC}=\dfrac{1}{2}\times AB\times AC\times\sin A=\dfrac{\sqrt{3}}{4}$.

所以 $\triangle ABC$ 的面积为 $\dfrac{\sqrt{3}}{2}$ 或 $\dfrac{\sqrt{3}}{4}$.

【课堂拓展训练】

一、选择题

1. C 2. D 3. A

二、填空题

4. $2+\sqrt{3}$ 5. 1

三、解答题

6. 解析：因为 $a=2b\cos C$，且 $\cos C=\dfrac{a^2+b^2-c^2}{2ab}$，所以 $a=2\times b\times\dfrac{a^2+b^2-c^2}{2ab}$，整理得 $b^2=c^2$，即 $b=c$，所以 $\triangle ABC$ 为等腰三角形.

1.5 三角计算的应用

【课堂基础训练】

一、选择题

1. D 2. C 3. A

二、填空题

4. $120°$ 5. $10\sqrt{2}$

三、解答题

6. 解析: 在 Rt△ABC 中，∠CAB=45°，BC=1 000 m，所以 $AC=1\,000\sqrt{2}$ m.

在 △AMC 中，∠MAC=75°，∠MCA=60°，从而 ∠AMC=45°，由正弦定理得，$\dfrac{AC}{\sin 45°}=\dfrac{AM}{\sin 60°}$，因此 $AM=1\,000\sqrt{3}$ m.

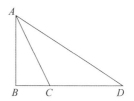

在 Rt△MNA 中，$AM=1\,000\sqrt{3}$ m，∠MAN=60°，

由 $\dfrac{MN}{AM}=\sin 60°$，得 MN=1 500 m.

因此山高 MN 为 1 500 m.

【课堂拓展训练】

一、选择题

1. B   2. B   3. B

二、填空题

4. $3\sqrt{2}$ 5. 1 225

三、解答题

6. 解析: 依题意可得如下图形，则 AB=4，$CD=4\sqrt{3}$，∠ACB=75°，所以 ∠CAB=90°−75°=15°，所以 $BC=AB\tan\angle CAB=4\tan 15°=4\tan(45°-30°)=4\times\dfrac{\tan 45°-\tan 30°}{1+\tan 45°\tan 30°}=4\times\dfrac{1-\frac{\sqrt{3}}{3}}{1+\frac{\sqrt{3}}{3}}=8-4\sqrt{3}$，所以 BD=BC+CD=8，所以 $AD=\sqrt{AB^2+BD^2}=\sqrt{4^2+8^2}=4\sqrt{5}$，所以绳索长为 $4\sqrt{5}$ m.

单元测试题 A 卷

一、选择题

1. D   2. A   3. C   4. B   5. C   6. A   7. C   8. D   9. A   10. C   11. A   12. C   13. A   14. C   15. B

二、填空题

16. $\sqrt{3}$ 17. $\dfrac{\sqrt{6}}{2}$ 18. $\dfrac{4-3\sqrt{3}}{10}$ 19. $\cos A$ 20. $\tan\theta$ 21. $-\dfrac{7}{8}$ 22. 2   23. $y=3\sin\left(2x+\dfrac{\pi}{3}\right)$ 24. $\dfrac{1}{4}$；$\dfrac{\pi}{3}$ 25. $\left[\dfrac{7\pi}{12},\dfrac{11\pi}{12}\right]$ 26. $\dfrac{2\sqrt{5}}{5}$；$2\sqrt{10}$ 27. 钝角   28. ±2 020

29. $\sqrt{2}$；$-\sqrt{2}$ 30. $y = 4\sin\dfrac{1}{2}x$

三、解答题

31. 解析：$\tan 75° + \tan 15° = \dfrac{\sin 75°}{\cos 75°} + \dfrac{\sin 15°}{\cos 15°} = \dfrac{\sin 75°\cos 15° + \sin 15°\cos 75°}{\cos 75°\cos 15°} = \dfrac{\sin 90°}{\sin 15°\cos 15°} = \dfrac{1}{\dfrac{1}{2}\sin 30°} = 4.$

32. 解析：α 与 β 均为锐角，$\cos\alpha = \dfrac{\sqrt{5}}{5}$，$\cos\beta = \dfrac{\sqrt{10}}{10}$，即 $\sin\alpha = \dfrac{2\sqrt{5}}{5}$，$\sin\beta = \dfrac{3\sqrt{10}}{10}$．

$\cos(\alpha+\beta) = \cos\alpha\cos\beta - \sin\alpha\sin\beta = -\dfrac{\sqrt{2}}{2}$，因为 $\alpha\in\left(0,\dfrac{\pi}{2}\right)$，$\beta\in\left(0,\dfrac{\pi}{2}\right)$，所以 $\alpha+\beta\in(0,\pi)$，即 $\alpha+\beta = \dfrac{3\pi}{4}$．

33. 证明：左式 $= \dfrac{\sin(2\theta)+\sin\theta}{2\cos(2\theta)+2\sin^2\theta+\cos\theta} = \dfrac{2\sin\theta\cos\theta+\sin\theta}{2(\cos^2\theta-\sin^2\theta)+2\sin^2\theta+\cos\theta} = \dfrac{\sin\theta(2\cos\theta+1)}{\cos\theta(2\cos\theta+1)} = \tan\theta = $ 右式．所以等式成立．

34. 解析：$\tan\alpha$ 和 $\tan\beta$ 是方程 $x^2+6x+7=0$ 的两个根，由韦达定理得 $\begin{cases}\tan\alpha+\tan\beta=-6\\ \tan\alpha\tan\beta=7\end{cases}$．$\tan(\alpha+\beta) = \dfrac{\tan\alpha+\tan\beta}{1-\tan\alpha\tan\beta} = \dfrac{-6}{1-7} = 1.$

35. 解析：(1) $T = \dfrac{2\pi}{\omega} = \pi$，$\omega = 2$，将 $P\left(\dfrac{\pi}{6}, 2\right)$ 代入 $f(x) = 2\sin(2x+\varphi)$，得 $2 = 2\sin\left(\dfrac{\pi}{3}+\varphi\right)$，$\dfrac{\pi}{3}+\varphi = \dfrac{\pi}{2}+2k\pi (k\in\mathbf{Z})$，因为 $|\varphi| < \dfrac{\pi}{2}$，取 $k=0$，得 $\varphi = \dfrac{\pi}{6}$．函数 $f(x)$ 的解析式为 $f(x) = 2\sin\left(2x+\dfrac{\pi}{6}\right)$．

(2) 若 $x\in\left[-\dfrac{\pi}{2}, 0\right]$，$2x+\dfrac{\pi}{6}\in\left[-\dfrac{5\pi}{6}, \dfrac{\pi}{6}\right]$，函数 $y=f(x)$ 的最大值为 $2\sin\dfrac{\pi}{6}=1$，最小值为 $2\sin\left(-\dfrac{\pi}{2}\right) = -2$，所以函数 $y=f(x)$ 的值域为 $[-2, 1]$．

36. 解析：$\dfrac{a}{\sin A} = \dfrac{b}{\sin B}$，所以 $\sin B = \dfrac{b\sin A}{a} = \dfrac{30\times\dfrac{1}{2}}{15\sqrt{2}} = \dfrac{\sqrt{2}}{2}$．由 $b>a$ 知，$B>A$，$30°<B<180°$，因此 $B=45°$ 或 $B=135°$．

37. 解析：由于 $a<b<c$，因此 C 最大，A 最小．

$\cos C = \dfrac{a^2+b^2-c^2}{2ab} = \dfrac{6^2+7^2-10^2}{2\times 6\times 7} \approx -0.178\,6$，$C \approx 100°$，

$\cos A = \dfrac{b^2+c^2-a^2}{2bc} = \dfrac{7^2+10^2-6^2}{2\times 7\times 10} \approx 0.807\,1$，$A \approx 36°$．

单元测试题 B 卷

一、选择题

1．A 2．D 3．B 4．C 5．D 6．C 7．B 8．C 9．C 10．B 11．A 12．B 13．A 14．D 15．D

二、填空题

16．$\dfrac{\sqrt{2}}{2}$ 17．$-\dfrac{1}{2}$ 18．$\sqrt{3}$ 19．-3 20．1 21．2 22．2 23．4π 24．$y=\sin\left(2x-\dfrac{\pi}{3}\right)$ 25．$\sqrt{7}$ 26．$\dfrac{2\pi}{3}$ 27．$45°$或$135°$ 28．$4\sqrt{6}$ 29．$12\sqrt{3}$ 30．$\dfrac{\pi}{2}$

三、解答题

31．解析：由 $\sin A\sin B<\cos A\cos B$，得 $\cos A\cos B-\sin A\sin B>0$，即 $\cos(A+B)>0$，因为 $\cos(A+B)=\cos(\pi-C)=-\cos C$，所以 $\cos C<0$，则 $\angle C$ 为钝角，故 $\triangle ABC$ 为钝角三角形．

32．解析：因为 α、β 都是锐角，所以 $0<\alpha+\beta<\pi$，$\sin\alpha=\dfrac{4}{5}$，所以 $\cos\alpha=\sqrt{1-\sin^2\alpha}=\sqrt{1-\left(\dfrac{4}{5}\right)^2}=\dfrac{3}{5}$，$\sin(\alpha+\beta)=\sqrt{1-\cos^2(\alpha+\beta)}=\sqrt{1-\left(\dfrac{5}{13}\right)^2}=\dfrac{12}{13}$，所以，$\cos\beta=\cos[(\alpha+\beta)-\alpha]=\cos(\alpha+\beta)\cos\alpha+\sin(\alpha+\beta)\sin\alpha=\left(-\dfrac{5}{13}\right)\times\dfrac{3}{5}+\dfrac{12}{13}\times\dfrac{4}{5}=\dfrac{33}{65}$．

33．解析：因为角 θ 的终边落在直线 $y=2x$ 上，则 $\tan\theta=2$，即 $\sin\theta=2\cos\theta$，所以 $\dfrac{\sin(2\theta)}{\sin^2\theta+2\cos^2\theta}=\dfrac{2\sin\theta\cos\theta}{\sin^2\theta+2\cos^2\theta}=\dfrac{4\cos^2\theta}{4\cos^2\theta+2\cos^2\theta}=\dfrac{4}{4+2}=\dfrac{2}{3}$．

34．解析：(1)由题知，函数 $f(x)$ 最小正周期 $T=\dfrac{2\pi}{\omega}=\dfrac{2\pi}{3}$；

(2)当 $3x-\dfrac{\pi}{4}=-\dfrac{\pi}{2}+2k\pi$，$k\in\mathbf{Z}$ 时，即 $x=-\dfrac{\pi}{12}+\dfrac{2}{3}k\pi$，$k\in\mathbf{Z}$ 时，$y_{\min}=-1$；

当 $3x-\dfrac{\pi}{4}=\dfrac{\pi}{2}+2k\pi$，$k\in\mathbf{Z}$ 时，即 $x=\dfrac{\pi}{4}+\dfrac{2}{3}k\pi$ 时，$y_{\max}=3$．

35．解析：(1)在锐角 $\triangle ABC$ 中，由正弦定理及 $a=2b\sin A$，可得 $\sin A=2\sin B\sin A$．因为 $0<A<\dfrac{\pi}{2}$，即 $\sin A>0$，所以 $\sin B=\dfrac{1}{2}$，因为 $0<B<\dfrac{\pi}{2}$，所以 $\cos B=\sqrt{1-\sin^2 B}=\dfrac{\sqrt{3}}{2}$．

(2)由(1)知，$\cos B=\dfrac{\sqrt{3}}{2}$，由余弦定理得 $b^2=a^2+c^2-2ac\cos B=56$，解得 $b=2\sqrt{14}$.

36. 解析：(1)在 $\triangle ABC$ 中，$\cos A=\dfrac{\sqrt{5}}{5}$，$\cos B=\dfrac{\sqrt{10}}{10}$，所以 $\sin A=\dfrac{2\sqrt{5}}{5}$，$\sin B=\dfrac{3\sqrt{10}}{10}$，$\cos C=\cos[\pi-(A+B)]=-\cos(A+B)=-\cos A\cos B+\sin A\sin B=\dfrac{\sqrt{2}}{2}$，所以 $C=\dfrac{\pi}{4}$.

(2)因为 $AB=\sqrt{2}$，$\dfrac{AB}{\sin C}=\dfrac{BC}{\sin A}$，即 $\dfrac{\sqrt{2}}{\frac{\sqrt{2}}{2}}=\dfrac{BC}{\frac{2\sqrt{5}}{5}}$，所以 $BC=\dfrac{4\sqrt{5}}{5}$，所以 $S_{\triangle ABC}=\dfrac{1}{2}\times\sqrt{2}\times\dfrac{4\sqrt{5}}{5}\times\dfrac{3\sqrt{10}}{10}=\dfrac{6}{5}$.

37. 解析：因为 $\angle ACB=45°$，$\angle ADB=60°$，所以 $\angle CBD=15°$，由正弦定理可得，$\dfrac{CD}{\sin\angle CBD}=\dfrac{BD}{\sin C}$，即 $\dfrac{60}{\frac{\sqrt{6}-\sqrt{2}}{4}}=\dfrac{BD}{\frac{\sqrt{2}}{2}}$，解得 $BD=60\sqrt{3}+60$.

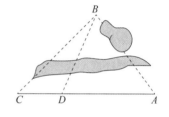

因为 $CD=60$，$AC=180$，所以 $AD=120$，所以 $\cos 60°=\dfrac{AD^2+BD^2-AB^2}{2\times AD\times BD}=\dfrac{1}{2}$，解得 $AB=60\sqrt{6}$ (m).

第 2 章 数 列

2.1 数列的概念

2.1.1 数列的定义

【课堂基础训练】

一、选择题

1．C 2．B 3．A

二、填空题

4．$\dfrac{1}{90}$ 5．20

三、解答题

6．解析：数列是按一定次序排列的一列数，与数的顺序有关，不同顺序排列的一列数就是不同的数列.

【课堂拓展训练】

一、选择题

1. B   2. B   3. B

二、填空题

4. -10 5. 2

三、解答题

6. 解析：(1)依题意得，第8项为 $3\times 8-3=21$. 所以，第8项为21.

(2)依题意，令 $3n-3=98$，解得 $n=\dfrac{101}{3}$.

因为 n 是该项的序号，应该取正整数，所以98不是这个数列的项.

2.1.2 数列的通项

【课堂基础训练】

一、选择题

1. A   2. C   3. D   4. B   5. C   6. A   7. C   8. C   9. B   10. D

二、填空题

11. $\dfrac{63}{65}$ 12. 10^n-1 13. n^2-1 14. 63   15. 97   16. 6

三、解答题

17. 解析：因为 $a_{n+1}=\dfrac{a_n}{a_n+1}$，所以

当 $n=1$ 时，$a_2=\dfrac{1}{1+1}=\dfrac{1}{2}$；

当 $n=2$ 时，$a_3=\dfrac{\frac{1}{2}}{\frac{1}{2}+1}=\dfrac{1}{3}$；

当 $n=3$ 时，$a_4=\dfrac{\frac{1}{3}}{\frac{1}{3}+1}=\dfrac{1}{4}$.

所以 $a_4=\dfrac{1}{4}$.

18. 解析：(1)因为 $a_n=5+3n$，所以 $a_7=5+3\times 7=26$；

(2)设 $a_n=5+3n=81$，所以 $n=\dfrac{76}{3}$，因为 $n\in \mathbf{N}_+$，所以81不是数列中的项.

19. 解析：因为 $a_{n+1}=2a_n$，所以

当 $n=4$ 时，$a_5=2a_4=128$，所以 $a_4=64$；

当 $n=3$ 时，$a_4=2a_3=64$，所以 $a_3=32$；

当 $n=2$ 时，$a_3=2a_2=32$，所以 $a_2=16$；

当 $n=1$ 时，$a_2=2a_1=16$，所以 $a_1=8$.

20. 解析：(1)因为 $a_n=n^2+2n$，所以 $a_{10}=10^2+2\times10=120$；

(2)设 $a_n=n^2+2n=360$，所以 $n=18$ 或 $n=-20$，因为 $n\in\mathbf{N}_+$，所以 $n=18$. 所以 360 是数列中的项，是第 18 项.

【课堂拓展训练】

一、填空题

1. $-\dfrac{1}{20}$ 2. 67   3. -64 4. 11   5. $a_n=(-1)^{n+1}$ 6. $a_n=\dfrac{10^n-1}{3}$

二、解答题

7. 解析：依据题意可得，$S_5=a_1+a_2+a_3+a_4+a_5$，$S_4=a_1+a_2+a_3+a_4$，所以 $a_5=S_5-S_4=(5^2+5)-(4^2+4)=10$. 所以 $a_5=10$.

8. 解析：$a_1=k\times1+b=2$，$a_2=k\times2+b=6$，联立得 $\begin{cases}k+b=2\\2k+b=6\end{cases}$，解得 $k=4$，$b=-2$，所以 $a_n=4n-2$，得 $a_6=4\times6-2=22$. 所以该数列的第 6 项为 22.

9. 解析：当 $n>1$ 时，$a_n=S_n-S_{n-1}=(n^2+n)-[(n-1)^2+(n-1)]=2n$；

当 $n=1$ 时，$a_1=S_1=1^2+1=2$.

把 $n=1$ 代入 $a_n=2n=2\times1=2$；所以通项公式为 $a_n=2n$.

10. 解析：依题意可得，$\begin{cases}a_1+2a_2-a_3=29\\a_2+3a_3=50\\5a_3=55\end{cases}$，解得 $a_1=6$，$a_2=17$，$a_3=11$.

所以输入的三个数依次为 6，17，11.

2.2　等差数列

2.2.1　等差数列的概念

【课堂基础训练】

一、选择题

1. B 2. A 3. A 4. C 5. A 6. C 7. C 8. D 9. D 10. C

二、填空题

11. 5   12. 1   13. 0   14. 100   15. 46   16. 10   17. 2

三、解答题

18. 解析：(1)因为 $a_n=a_{n+1}-2$，所以 $a_{n+1}-a_n=2$，所以该数列是等差数列，且公差 $d=2$，因为 $a_1=-2$，因为 $a_n=a_1+(n-1)d=-2+(n-1)2=2n-4$. 所以数列 $\{a_n\}$ 通项公式为 $a_n=2n-4$.

(2)由(1)得 $a_n=2n-4$，所以 $a_{n+1}=2(n+1)-4=2n-2$，

从而 $a_{n+1}-a_n=(2n-2)-(2n-4)=2$. 因为2是常数，所以该数列是等差数列.

19. 解析：若三个数成等差数列，可设这三个数依次为 $a-d$，a，$a+d$，依据题意可得 $\begin{cases} a-d+a+a+d=9 \\ (a-d)^2+a^2+(a+d)^2=35 \end{cases}$，解得 $\begin{cases} a=3 \\ d=2 \end{cases}$ 或 $\begin{cases} a=3 \\ d=-2 \end{cases}$.

当 $\begin{cases} a=3 \\ d=2 \end{cases}$ 时，三数 $a-d$，a，$a+d$ 分别为1，3，5；

当 $\begin{cases} a=3 \\ d=-2 \end{cases}$ 时，三数 $a-d$，a，$a+d$ 分别为5，3，1.

所以，这三个数分别为1，3，5或5，3，1.

20. 解析：已知等差数列 $\{a_n\}$ 中，依据一元二次方程根与系数的关系可得，$a_1+a_2=a_3$，$a_1a_2=a_4$，即

$\begin{cases} 2a_1+d=a_1+2d \\ a_1(a_1+d)=a_1+3d \end{cases}$. 解得 $a_1=2$，$d=2$.

由等差数列的通项公式可得，$a_n=a_1+(n-1)d=2+(n-1)\times 2=2n$，所以数列 $\{a_n\}$ 的通项公式为 $a_n=2n$.

【课堂拓展训练】

一、填空题

1. $a=1$，$b=5$ 2. 18 3. 50 4. 25 5. 60 6. $a_n=a+2(n-2)d$

二、解答题

7. 解析：因为等差数列 $\{a_n\}$ 公差为 d，所以 $a_{n+1}-a_n=d$；又因为 $b_n=ca_n$，可得 $b_{n+1}=ca_{n+1}$，所以 $b_{n+1}-b_n=ca_{n+1}-ca_n=c(a_{n+1}-a_n)=cd$；因为 c 是不为0的常数，所以 cd 是不为0的常数，所以数列 $\{b_n\}$ 是公差为 cd 的等差数列.

8. 解析：已知 A，B，C 成等差数列，则 B 是 A 与 C 的等差中项，$2B=A+C$，又因为 $A+B+C=180°$，所以 $3B=180°$，$B=60°$.

9. 解析：因为 a_3 和 a_8 是方程 $x^2-6x-16=0$ 的两个根，依据一元二次方程根与系数的关系可得，$\begin{cases} a_3+a_8=6 \\ a_3a_8=-16 \end{cases}$，解得 $\begin{cases} a_3=-2 \\ a_8=8 \end{cases}$ 或 $\begin{cases} a_3=-2 \\ a_8=8 \end{cases}$.

当 $a_3=-2$，$a_8=8$ 时，得 $\begin{cases} a_1+2d=-2 \\ a_1+7d=8 \end{cases}$，解得 $a_1=-6$，$d=2$，所以 $a_n=a_1+(n-1)d=-6+(n-1)2=2n-8$；

当 $a_8=-2$ 和 $a_3=8$ 时,得 $\begin{cases}a_1+2d=8\\a_1+7d=-2\end{cases}$,解得 $a_1=12$,$d=-2$,所以 $a_n=a_1+(n-1)d=12-2(n-1)=-2n+14$.

所以数列 $\{a_n\}$ 的通项公式为 $a_n=2n-8$ 或 $a_n=-2n+14$.

10. 解析:因为 $a_1=0$,$a_3=6$,$b_n=\log_2(a_n+2)$,所以,$b_1=\log_2(a_1+2)=\log_2(0+2)=1$,$b_3=\log_2(a_3+2)=\log_2(6+2)=3$.因为数列 $\{b_n\}$ 为等差数列,可设数列 $\{b_n\}$ 的公差为 d,所以 $b_3=b_1+2d$,即 $3=1+2d$,解得 $d=1$,所以 $b_n=b_1+(n-1)d=1+1(n-1)=n$.所以数列 $\{b_n\}$ 的通项公式为 $b_n=n$.

2.2.2 等差数列的前 n 项和

【课堂基础训练】

一、选择题

1. B　2. B　3. A　4. B　5. A　6. D　7. C　8. C　9. B　10. B

二、填空题

11. 4　12. 35　13. 90　14. 590　15. 200　16. -85

三、解答题

17. 解析:由题意得,$\begin{cases}a_1+5d=5\\a_1+2d+a_1+7d=5\end{cases}$,解得 $a_1=-20$,$d=5$.

因为 $S_n=na_1+\dfrac{n(n-1)}{2}d$,$S_9=9\times(-20)+\dfrac{9\times(9-1)}{2}\times5=0$.

所以数列 $\{a_n\}$ 的前 9 项和 S_9 的值为 0.

18. 解析:由题意得,$a_1=-10$,$a_2=-6$,所以 $d=a_2-a_1=-6-(-10)=4$.

因为 $S_n=na_1+\dfrac{n(n-1)}{2}d$,不妨令 $S_n=54$,即 $n\times(-10)+\dfrac{n(n-1)}{2}\times4=54$,解得 $n=-3$(舍去)或 $n=9$.所以这个等差数列前 9 项的和是 54.

19. 解析:依题意,这 100 个偶数从小到大依次构成一个等差数列 $\{a_n\}$.其中 $a_1=2$,$d=2$.

因为 $S_n=na_1+\dfrac{n(n-1)}{2}d$,可得 $S_{100}=100\times2+\dfrac{100\times99}{2}\times2=10\ 100$,所以正整数列中前 100 个偶数的和为 10 100.

20. 解析:当 $n>1$ 时,$a_n=S_n-S_{n-1}=n(n-1)-(n-1)[(n-1)-1]=2n-2$;
当 $n=1$ 时,$a_1=S_1=1\times(1-1)=0$.

把 $n=1$ 代入 $a_n=2n-2=2\times1-2=0$,所以,该数列的通项公式为 $a_n=2n-2$.

由通项公式可得,$a_{n+1}=2(n+1)-2=2n$,因为 $a_{n+1}-a_n=2n-(2n-2)=2$,且 2 为常数,所以该数列 $\{a_n\}$ 是等差数列.

【课堂拓展训练】

一、填空题

1. $a_{100}=3$ 2. 90   3. $n=1$ 4. 145   5. 10   6. 10 100

二、解答题

7. 解析：由求和公式 $S_n=\dfrac{n(a_1+a_n)}{2}$，可得 $S_{15}=\dfrac{15(a_1+a_{15})}{2}=90$，可得 $a_1+a_{15}=12$，依据通项公式可得 $a_1+a_{15}=2a_8$，所以 $a_8=6$.

8. 解析：已知 $a_4=1$，$S_6=15$，依据等差数列的通项公式与求和公式可得，$\begin{cases}a_1+3d=1\\6a_1+15d=15\end{cases}$，解得 $a_1=10$，$d=-3$. 所以公差 $d=-3$.

9. 解析：(1)因为 $a_2=-15$，$a_6=-7$，联立 $\begin{cases}a_1+d=-15\\a_1+5d=-7\end{cases}$，解得 $a_1=-17$，$d=2$. 因为 $a_n=a_1+(n-1)d=-17+(n-1)\times 2=2n-19$，所以数列 $\{a_n\}$ 的通项公式 $a_n=2n-19$.

(2)令 $a_n=2n-19=0$，解得 $n=9.5$，因为 $a_n=2n-19$，所以该数列为递增数列，所以 $a_9<0$，$a_{10}>0$，所以前 9 项的和取得最小值，所以 $S_9=9\times(-13)+\dfrac{9\times(9-1)}{2}\times 2=-45$. 所以数列 $\{a_n\}$ 的前 9 项和的最小值为 -45.

10. 解析：由方程 $x^2+18x+45=0$，解得 $x_1=-3$，$x_2=-15$，所以 $a_2=-3$，$a_6=-15$ 或 $a_2=-15$，$a_6=-3$.

已知等差数列 $\{a_n\}$ 中公差为正数，所以 $a_2=-15$，$a_6=-3$，联立 $\begin{cases}a_1+d=-15\\a_1+5d=-3\end{cases}$，解得 $a_1=-18$，$d=3$.

因为 $a_n=a_1+(n-1)d=-18+(n-1)3=3n-21$，所以数列 $\{a_n\}$ 的通项公式 $a_n=3n-21$.

因为 $S_n=na_1+\dfrac{n(n-1)}{2}d=n\times(-18)+\dfrac{n(n-1)}{2}\times 3=\dfrac{3}{2}n^2-\dfrac{39}{2}n$，所以数列 $\{a_n\}$ 的求和公式 $S_n=\dfrac{3}{2}n^2-\dfrac{39}{2}n$.

2.3 等比数列

2.3.1 等比数列的概念

【课堂基础训练】

一、选择题

1. C   2. C   3. D   4. B   5. B   6. B   7. A   8. A   9. C   10. A

二、填空题

11. 2　12. 8　13. −243　14. ±1　15. $\dfrac{1}{3}$　16. −243

三、解答题

17. **解析**：设等比数列$\{a_n\}$的公比为q，依题意得，

$\begin{cases} a_1+a_1q^2=\dfrac{5}{2} & ① \\ a_1q^3+a_1q^5=20 & ② \end{cases}$，

②÷①得$q^3=8$，$q=2$，把$q=2$代入①得$a_1=\dfrac{1}{2}$，所以$a_{10}=a_1q^9=\dfrac{1}{2}\times 2^9=256$.

18. **解析**：因为在等比数列$\{a_n\}$中，$a_n=\dfrac{3\times 5^n}{2}$，所以$a_{n+1}=\dfrac{3\times 5^{n+1}}{2}$，所以$\dfrac{a_{n+1}}{a_n}=\dfrac{\dfrac{3\times 5^{n+1}}{2}}{\dfrac{3\times 5^n}{2}}=5$. 因为5是常数，所以数列$\{a_n\}$是等比数列.

19. **解析**：设这个等比数列的前三项分别为$\dfrac{a}{q}$，a，aq，依题意，

$\begin{cases} \dfrac{a}{q}+a+aq=7 \\ \dfrac{a}{q}\times a\times aq=8 \end{cases}$，解得$\begin{cases} a=2 \\ q=2 \end{cases}$或$\begin{cases} a=2 \\ q=\dfrac{1}{2} \end{cases}$.

当$a=2$，$q=2$时，三数分别为1，2，4；

当$a=2$，$q=\dfrac{1}{2}$时，三数分别为4，2，1.

所以求这个数列的前三项分别为1，2，4或4，2，1.

20. **解析**：因为x，$2x+2$，$3x+3$成等比数列，所以$(2x+2)^2=x(3x+3)$，整理得$x^2+5x+4=0$，解得$x=-1$或$x=-4$.

当$x=-1$时，第二项和第三项为0，不合题意；

当$x=-4$时，三数分别为−4，−6，−9.

所以$q=\dfrac{a_2}{a_1}=\dfrac{-6}{-4}=\dfrac{3}{2}$，所以$a_4=-9\times\dfrac{3}{2}=-13.5$. 所以这个数列的第4项为−13.5.

【课堂拓展训练】

一、填空题

1. 4　2. ④　3. $a=b=c$　4. $\pm\dfrac{\sqrt{30}}{3}$　5. ±1　6. ±8

数学知识点强化练习(下)

二、解答题

7. 解析：依据题意，$a_1=2$，$a_5=162$，由 $a_n=a_1q^{n-1}$，可得 $a_5=a_1q^4$，即 $162=2\times q^4$，可得 $q=\pm 3$.

由各项均为正数可知公比为正数，所以 $q=3$，因此 $a_4=a_1q^3=2\times 3^3=54$.

8. 解析：在等比数列 $\{a_n\}$ 中，由 $a_{n+1}=-2a_n$，可得 $\dfrac{a_{n+1}}{a_n}=-2$，所以公比 $q=-2$，因为 $a_1=-1$，有通项公式可得 $a_n=a_1q^{n-1}$，可得 $a_8=a_1q^7=(-1)\times(-2)^7=128$.

9. 解析：设等比数列 $\{a_n\}$ 的公比为 q，则 $a_1=\dfrac{a_2}{q}$，$a_3=a_2q$.

依题意，$\begin{cases}\dfrac{a_2}{q}+a_2+a_2q=\dfrac{21}{2}\\ \dfrac{a_2}{q}\times a_2\times a_2q=27\end{cases}$，解得 $a_2=3$，$q=2$ 或 $q=\dfrac{1}{2}$.

当 $a_2=3$，$q=2$ 时，$a_1=\dfrac{a_2}{q}=\dfrac{3}{2}$，此时 $a_n=a_1q^{n-1}=\dfrac{3}{2}\times 2^{n-1}=3\times 2^{n-2}$.

当 $a_2=3$，$q=\dfrac{1}{2}$ 时，$a_1=\dfrac{a_2}{q}=\dfrac{3}{\dfrac{1}{2}}=6$，此时 $a_n=a_1q^{n-1}=6\times\left(\dfrac{1}{2}\right)^{n-1}=3\times 2^{2-n}$.

所以数列的通项公式为 $a_n=3\times 2^{n-2}$ 或 $a_n=3\times 2^{2-n}$.

10. 解析：设这三个数从小到大分别是 a，aq，aq^2，三数分别变为 $2a$，aq，aq^2-5，依题意，$\begin{cases}aq-2a=-2\\ aq^2-5-aq=-2\end{cases}$，解得 $q=-2$(舍去)或 $q=\dfrac{3}{2}$.

当 $q=\dfrac{3}{2}$ 时，得 $a=4$，所以这三个数分别为 4，6，9.

2.3.2 等比数列的前 n 项和

【课堂基础训练】

一、选择题

1. C 2. C 3. D 4. B 5. A 6. B 7. B 8. D 9. A 10. B

二、填空题

11. 63 12. 155 13. 182 14. $\dfrac{255}{3}$ 15. $2^{8-n}-256$ 16. $S_n=6\times(2^n-1)$

三、解答题

17. 解析：(1)当 $n>1$ 时，$a_n=S_n-S_{n-1}=3^n-1-(3^{n-1}-1)=3^n-3^{n-1}=3\times 3^{n-1}-3^{n-1}=2\times 3^{n-1}$；

当 $n=1$ 时，$a_1=S_1=3^1-1=2$.

把 $n=1$ 代入，$a_1=2\times 3^{1-1}=2\times 1=2$.

所以数列 $\{a_n\}$ 的通项公式为 $a_n=2\times 3^{n-1}$.

(2)因为数列 $\{a_n\}$ 的通项公式为 $a_n=2\times 3^{n-1}$，所以 $a_{n+1}=2\times 3^{n+1-1}=2\times 3^n$，所以 $\dfrac{a_{n+1}}{a_n}=\dfrac{2\times 3^n}{2\times 3^{n-1}}=3$. 因为 3 是常数，所以数列 $\{a_n\}$ 是等比数列.

18. 解析：设等比数列 $\{a_n\}$ 的公比为 q，

所以 $a_2=\dfrac{a_3}{q}=\dfrac{\frac{3}{2}}{q}$，$a_1=\dfrac{a_3}{q^2}=\dfrac{\frac{3}{2}}{q^2}$. 因为 $S_3=\dfrac{9}{2}$，所以 $a_1+a_2+a_3=\dfrac{\frac{3}{2}}{q^2}+\dfrac{\frac{3}{2}}{q}+\dfrac{3}{2}=\dfrac{9}{2}$. 整理得 $2q^2-q+1=0$，解得 $q=1$ 或 $q=-\dfrac{1}{2}$.

19. 解析：在等比数列 $\{a_n\}$ 中，因为 $a_1+a_2+a_3=S_3$，$a_4+a_5+a_6=S_6-S_3$，$a_7+a_8+a_9=S_9-S_6$，且 $S_3=4$，$S_6=32$，所以 $\dfrac{a_4+a_5+a_6}{a_1+a_2+a_3}=\dfrac{a_7+a_8+a_9}{a_4+a_5+a_6}$，即 $\dfrac{S_6-S_3}{S_3}=\dfrac{S_9-S_6}{S_6-S_3}$，解得 $S_9=228$.

20. 解析：设等比数列 $\{a_n\}$ 的公比为 q，因为 $4a_1$，$2a_2$，a_3 成等差数列，所以 $2\times 2a_2=4a_1+a_3$，即 $2\times 2a_1q=4a_1+a_1q^2$. 因为 $a_1=1$，所以 $4q=4+q^2$，解得 $q=2$.

所以 $S_{10}=\dfrac{a_1(1-q^{10})}{1-q}=\dfrac{1\times(1-2^{10})}{1-2}=1\,023$.

所以这个数列前 10 项和 S_{10} 等于 $1\,023$.

【课堂拓展训练】

一、填空题

1. $2^{n+1}-2$ 2. $\dfrac{765}{8}$ 3. 1 4. $\dfrac{a(1-a^n)}{1-a}$ 5. $\dfrac{15}{2}$ 6. 21

二、解答题

7. 解析：设公比为 q，因为 $a_{n+2}+a_{n+1}-2a_n=0$，所以 $a_nq^2+a_nq-2a_n=0$. 因为 $a_n\neq 0$，等式两边同时除以 a_n 可得，$q^2+q-2=0$，解得 $q=1$ 或 $q=-2$.

当 $q=1$ 时，$S_4=4$；当 $q=-2$ 时，$S_4=\dfrac{a_1(1-q^4)}{1-q}=\dfrac{1\times[1-(-2)^4]}{1-(-2)}=-5$.

因此 S_4 的值为 4 或 -5.

8. 解析：由 $\log_5 a_1+\log_5 a_2+\cdots+\log_5 a_{10}=25$，得 $\log_5(a_1a_2\cdots a_{10})=25$，即 $a_1a_2\cdots a_{10}=5^{25}$，所以 $a_1(a_1q)\cdots(a_1q^9)=a_1^{10}q^{1+2+\cdots+9}=a_1^{10}\times 5^{45}=5^{25}$，得 $a_1=5^{-2}$.

所以 $S_{10}=\dfrac{a_1(1-q^{10})}{1-q}=\dfrac{5^{-2}\times(1-5^{10})}{1-5}=\dfrac{5^{10}-1}{100}$.

9. 解析：设等比数列 $\{a_n\}$ 的公比为 q，

依题意得 $\begin{cases} a_1+a_1q^2=\dfrac{5}{2} & ① \\ a_1q^3+a_1q^5=20 & ② \end{cases}$，$\dfrac{②}{①}$ 得 $q^3=8$，所以 $q=2$.

所以 $S_{10}=\dfrac{a_1(1-q^{10})}{1-q}=\dfrac{\dfrac{1}{2}\times(1-2^{10})}{1-2}=\dfrac{1\,023}{2}$.

所以数列 $\{a_n\}$ 前 10 项和为 $\dfrac{1\,023}{2}$.

10. 解析：(1)因为 S_1，S_3，S_2 成等差数列，所以 $2S_3=S_1+S_2$，设公比为 q，所以 $2(a_1+a_1q+a_1q^2)=a_1+(a_1+a_1q)$，整理得 $2a_1q^2+a_1q=0$，即 $2q^2+q=0$，解得 $q=0$（舍去）或 $q=-\dfrac{1}{2}$，所以数列 $\{a_n\}$ 的公比 q 为 $-\dfrac{1}{2}$.

(2)由(1)得数列 $\{a_n\}$ 的公比 q 为 $-\dfrac{1}{2}$，因为 $a_1-a_3=6$，所以 $a_1-a_1q^2=6$，$a_1-a_1\left(-\dfrac{1}{2}\right)^2=6$，解得 $a_1=8$.

所以 $S_n=\dfrac{a_1(1-q^n)}{1-q}=\dfrac{8\times\left[1-\left(-\dfrac{1}{2}\right)^n\right]}{1-\left(-\dfrac{1}{2}\right)}=\dfrac{16}{3}\times\left[1-\left(-\dfrac{1}{2}\right)^n\right]$.

所以数列 $\{a_n\}$ 的求和公式为 $S_n=\dfrac{16}{3}\times\left[1-\left(-\dfrac{1}{2}\right)^n\right]$.

2.4 数列的应用

【课堂基础训练】

一、选择题

1．B　2．B　3．B　4．D　5．D　6．B　7．C　8．D　9．B　10．B

二、填空题

11．2 600　12．26%　13．11 177　14．3　15．2 400　16．14

三、解答题

17．解析：(1)该企业每年的年产值成一等比数列 $\{a_n\}$，其中 $a_1=10\,000$，公比 $q=1+10\%=1.1$，因为 $a_n=a_1q^{n-1}$，$a_6=10\,000\times1.1^5=16\,105$（元）.

所以该企业 2024 年的产值为 16 105 元．

(2)依据通项公式 $a_n=a_1q^{n-1}=10\,000\times1.1^{n-1}=4\times10\,000$，

所以 $1.1^{n-1}=4$，$n-1=\log_{1.1}4\approx15$，$n=16$.

所以该企业需要 15 年能使年产值翻两番.

18. 解析：依题意，从第一排起每排演员人数成一等差数列 $\{a_n\}$，其中公差 $d=3$，项数 $n=5$. 因为各项之和 $S_n=120$，设首项为 a_1，依据求和公式 $S_n=na_1+\dfrac{n(n-1)}{2}d=5a_1+\dfrac{5\times(5-1)}{2}\times 3=120$，解得 $a_1=16$. 所以第一排应安排 16 名演员.

19. 解析：设每年存入 x 元，一年后的本息和为 $x(1+2.25\%)$；

两年后的本息和为 $x(1+2.25\%)^2+x(1+2.25\%)$；

三年后的本息和为 $x(1+2.25\%)^3+x(1+2.25\%)^2+x(1+2.25\%)$；

……

那么 18 年后的本息和为 $x(1+2.25\%)^{18}+x(1+2.25\%)^{17}+\cdots+x(1+2.25\%)^2+x(1+2.25\%)$.

即 $x(1.0225^{18}+1.0225^{17}+\cdots+1.0225^2+1.0225)=10$.

依据等比数列的求和公式 $S_n=\dfrac{a_1(1-q^n)}{1-q}=\dfrac{1.0225(1-1.0225^{18})}{1-1.0225}$，

所以 $\dfrac{1.0225(1-1.0225^{18})}{1-1.0225}x=10$，解得 $x\approx 4\,467$.

所以他们每年需存钱 4 467 元.

20. 解析：(1) 依题意，中低价房面积构成等差数列 $\{a_n\}$，其中 $a_1=250$，公差 $d=50$.

设前 n 项和 $S_n\geqslant 4\,750$，即 $250n+\dfrac{n(n-1)}{2}\times 50\geqslant 4\,750$，整理得 $n^2+9n-190\geqslant 0$，且 $n\in\mathbf{N}+$，解得 $n\geqslant 10$.

所以到 2022 年年底，该市历年所建中低价房的累计面积首次不少于 4 750 万 m^2.

(2) 依题意，自 2013 年起每年新建住房面积数构成一个等比数列 $\{b_n\}$，其中 $b_1=400$，$q=1+8\%=1.08$，则 2022 年为 b_{10}，所以 $b_{10}=b_1 q^{10-1}=400\times 1.08^9\approx 799.60$（万 m^2）.

所以 2022 年的新建住房面积为 799.60 万 m^2.

【课堂拓展训练】

一、填空题

1. 32   2. 5   3. $\dfrac{1}{9}$ 4. 690   5. $b(1+a)^4$ 6. 18

二、解答题

7. 解析：依题意，设容器中酒精的量为 a，倒出后每次的酒精含量构成等比数列 $\{a_n\}$，其中 $a_1=a$，公比 $q=1-\dfrac{1}{3}=\dfrac{2}{3}$，设倒出 n 次后，水中杂质减少到不足 $\dfrac{1}{5}$，所以依据通项公式可得 $a\times\left(\dfrac{2}{3}\right)^n<a\times\dfrac{1}{5}$，解得 $n\approx 4$.

所以至少要倒出 4 次才能使容器中酒精含量不足原来的 $\dfrac{1}{5}$.

8. 解析：依题意，该人各年存款的本息和构成一等比数列 $\{a_n\}$，设 2020 年 1 月在银行存入的 10 000 元所得的本息和为 a_1，则 $a_1 = 10\,000 \times (1+a)^{10}$，$a_2 = 10\,000 \times (1+a)^9$，$a_3 = 10\,000 \times (1+a)^8$，…，$a_{10} = 10\,000 \times (1+a)$；

所以 $S_{10} = a_1 + a_2 + a_3 + \cdots + a_{10}$，

$= 10\,000 \times (1+a)^{10} + 10\,000 \times (1+a)^9 + 10\,000 \times (1+a)^8 + \cdots + 10\,000 \times (1+a)$，

$= 10\,000 \times [(1+a)^{10} + (1+a)^9 + (1+a)^8 + \cdots + (1+a)]$

$= 10\,000 \times \dfrac{(1+a)[1-(1+a)^{10}]}{1-(1+a)}$

$= \dfrac{10\,000(1+a)^{11} - (1+a)}{a}$.

所以 2030 年 1 月将本息和全部取出，本息和共计 $\dfrac{10\,000(1+a)^{11} - (1+a)}{a}$ 元．

9. 解析：依题意，男子这 9 天中每天走的路程数构成等差数列 $\{a_n\}$，设第 1 天走的路程数为首项 a_1，公差为 d，则 $S_9 = 1\,260$，$a_1 + a_4 + a_7 = 390$.

因为 $S_n = na_1 + \dfrac{n(n-1)}{2}d$，$a_n = a_1 + (n-1)d$，代入可得

$\begin{cases} 9a_1 + \dfrac{9 \times 8}{2}d = 1\,260 \\ a_1 + a_1 + 3d + a_1 + 6d = 390 \end{cases}$，

解得 $a_1 = 100$，$d = 10$，则 $a_5 = a_1 + 4d = 100 + 4 \times 10 = 140$.

所以该男子第 5 天走 140 里．

10. 解析：若按第一种方案缴费，需缴费为 $50 \times 0.9 = 45$（万元）；

若按第二种方案缴费，则每天的缴费额构成等比数列 $\{a_n\}$，其中 $a_1 = \dfrac{1}{2}$，$q = 2$，$n = 20$.

由求和公式可得 $S_n = \dfrac{a_1(1-q^n)}{1-q} = \dfrac{\dfrac{1}{2}(1-2^{20})}{1-2} = 52\,487.5 \approx 52.5$（万元）．

因为 $52.5 > 45$，所以第一种方案缴纳保费较低．

单元测试 A 卷

一、选择题

1. C 2. C 3. D 4. A 5. A 6. B 7. D 8. B 9. B 10. C 11. D 12. B 13. B 14. D 15. C

二、填空题

16. $a_n=\dfrac{1}{9}(10^n-1)$ 17. 4 18. 1 000 000 19. 300 20. 4 21. 13 22. 3 23. 10 24. 0 25. -11 26. 27 27. -7 28. 16 29. 5 30. 5.96%

三、解答题

31. 解析：由题意可知，$S_n=\dfrac{n(a_1+a_n)}{2}=\dfrac{n(1+19)}{2}=100$，解得 $n=10$.

所以 $d=\dfrac{a_n-a_1}{10-1}=\dfrac{19-1}{10-1}=2$. 故数列 $\{a_n\}$ 的通项公式为 $a_n=1+(n-1)\times 2=2n-1$.

32. 解析：由题意可知，$a_1a_2a_3=8$，所以 $a_2=2$，即 $a_1+a_3=5$.

设等比数列的公比为 q，则 $\begin{cases}a_1q=2\\a_1+a_1q^2=5\end{cases}$，解得 $\begin{cases}a_1=1\\q=2\end{cases}$ 或 $\begin{cases}a_1=4\\q=\dfrac{1}{2}\end{cases}$.

所以 $a_n=2^{n-1}$ 或 $a_n=2^{3-n}$.

33. 解析：(1) $a_2=S_2-S_1=2\times 2^2-3-(2\times 1^2-3)=6$，所以第二项 a_2 的值为 6.

(2) 当 $n>1$ 时，$a_n=S_n-S_{n-1}=2n^2-3-[2(n-1)^2-3]=4n-2$；

当 $n=1$ 时，$a_1=S_1=2\times 1^2-3=-1$.

把 $n=1$ 代入 $a_n=4n-2=4\times 1-2=2$.

所以数列 $\{a_n\}$ 的通项公式为 $a_n=\begin{cases}-1,\ n=1\\4n-2,\ n>1\end{cases}$.

34. 解析：(1) 因为 $a_3=-3$，$a_5+a_{10}=30$.

依据等差数列 $\{a_n\}$ 的通项公式可得，

$\begin{cases}a_1+2d=-3\\a_1+4d+a_1+9d=30\end{cases}$，解得 $a_1=-11$，$d=4$.

所以 $a_n=a_1+(n-1)d=-11+4(n-1)=-11+4(n-1)=4n-15$.

(2) 由(1)得 $a_1=-11$，$d=4$. 代入求和公式 $S_n=na_1+\dfrac{n(n-1)}{2}d$，有 $n\times(-11)+\dfrac{n(n-1)}{2}\times 4=540$，化简得 $2n^2-13n-540=0$，解得 $n=20$ 或 $n=-\dfrac{27}{2}$（舍去），所求 n 的值为 20.

35. 解析：(1) 已知等比数列 $\{a_n\}$ 中通项公式为 $a_n=a_1q^{n-1}$，因为 a_1 是 a_2，a_3 的等差中项，所以 $2a_1=a_2+a_3$，即 $2a_1=a_1q+a_1q^2$. 两边同时除以 a_1，得 $2=q+q^2$，即 $q+q^2-2=0$，解得 $q=-2$ 或 $q=1$（舍去），所以 $a_n=a_1q^{n-1}=1\times(-2)^{n-1}=(-2)^{n-1}$. 所以数列 $\{a_n\}$ 的通项公式 $a_n=(-2)^{n-1}$.

(2) 因为 $b_n=5n+a_n$，所以 $b_1=5\times 1+(-2)^0$，$b_2=5\times 2+(-2)^1$，$b_3=5\times 3+(-2)^2$，…，$b_{10}=5\times 10+(-2)^9$，

所以 $T_{10}=b_1+b_2+b_3+\cdots+b_{10}$
$=5\times1+(-2)^0+5\times2+(-2)^1+5\times3+(-2)^2+\cdots+5\times10+(-2)^9$
$=5\times(1+2+3+\cdots+10)+[(-2)^0+(-2)^1+(-2)^2+\cdots+(-2)^9]$
$=5\times\dfrac{10\times(1+10)}{2}+\dfrac{1\times[1-(-2)^{10}]}{1-(-2)}$
$=-66.$

所以数列 $\{b_n\}$ 的前 10 项和 T_{10} 为 -66.

36. 解析：依题意，林场每年栽种的植被数构成等差数列 $\{a_n\}$，其中 $a_1=20$，$d=3$，$n=10$.

所以 $a_{10}=a_1+(n-1)d=a_1+9d=20+9\times3=47$（公顷）.

所以 $S_{10}=na_1+\dfrac{n(n-1)}{2}d=10\times20+\dfrac{10\times9}{2}\times3=335$（公顷）.

所以第 10 年林场栽种植被 47 公顷．10 年后共栽种植被 335 公顷．

37. 解析：设每年还款 x 元．

1 年后欠款为 $100\,000(1+8\%)-x=100\,000\times1.08-x$；

2 年后欠款为 $(100\,000\times1.08-x)(1+8\%)-x=100\,000\times1.08^2-(1+1.08)x$；

3 年后欠款为 $[100\,000\times1.08^2-(1+1.08)x](1+8\%)-x$
$=100\,000\times1.08^3-(1+1.08+1.08^2)x$；

…

10 年后欠款为 $100\,000\times1.08^{10}-(1+1.08+1.08^2+\cdots+1.08^9)x$.

依据题意，10 年后欠款为 0．

即 $100\,000\times1.08^{10}-(1+1.08+1.08^2+\cdots+1.08^9)x=0$，所以 $100\,000\times1.08^{10}=(1+1.08+1.08^2+\cdots+1.08^9)x$；

由等比数列的求和公式，有 $\dfrac{1-1.08^{10}}{1-1.08}x=100\,000\times1.08^{10}$，解得 $x\approx14\,903$（元）.

所以每年应还款 14 903 元．

单元测试 B 卷

1. C 2. C 3. A 4. B 5. D 6. B 7. C 8. B 9. A 10. B 11. C 12. A 13. B 14. A 15. C

二、填空题

16. 100 17. -1 18. -9 19. -5 20. -1 21. -61 22. $a_n=a+(n-2)d$ 23. 2 046 24. $x=2$，$y=\dfrac{9}{2}$ 25. 405 26. 3，5，7 或者 15，5，-5 27. 33 28. $\dfrac{149}{24}$ 29. 35 30. 9

三、解答题

31. 解析： 由题意可知，每排人数构成首项为 a_1，公差 d 为 3 的等差数列 $\{a_n\}$，所以 $S_5 = 5a_1 + \dfrac{5 \times (5-1)}{2} \times 3 = 120$，解得 $a_1 = 18$. 因此第一排应安排 18 名演员.

32. 解析： 由题意可知，前三个数成等比数列，则可设这 4 个数分别为 $\dfrac{x}{q}$，x，xq，m，则 $\begin{cases} \dfrac{x}{q} \times x \times xq = 8 \\ 2 \times xq = x + m \\ x + xq + m = 12 \end{cases}$，解得 $\begin{cases} q = 2 \\ x = 2 \\ m = 6 \end{cases}$.

所以，这 4 个数分别为 1，2，4，6.

33. 解析： 由 $a_n = a_{n+1} - 2$，得 $a_{n+1} - a_n = 2$，所以该数列是等差数列，且公差 $d = 2$. 因为 $a_1 = -1$，代入通项公式 $a_n = a_1 + (n-1)d = -1 + (n-1)2 = 2n - 3$.

所以该数列的通项公式为 $a_n = 2n - 3$.

34. 解析： (1) 在等差数列 $\{a_n\}$ 中，$a_2 = 2$，$a_5 = 8$，依据通项公式 $a_n = a_1 + (n-1)d$，可得 $\begin{cases} a_1 + d = 2 \\ a_1 + 4d = 8 \end{cases}$，解得 $a_1 = 0$，$d = 2$.

代入通项公式 $a_n = a_1 + (n-1)d = 0 + 2(n-1) = 2n - 2$，所以数列 $\{a_n\}$ 的通项公式为 $a_n = 2n - 2$.

(2) 因为 $a_n = 2n - 2$，所以 $a_4 = 2 \times 4 - 2 = 6$，因为 $b_2 + b_3 = a_4$. 依据等比数列的通项公式 $b_n = b_1 q^{n-1}$，因为 $b_1 = 1$，所以 $b_1 q + b_1 q^2 = 6$，即 $q + q^2 = 6$，解得 $q = 2$ 或 $q = -3$，

因为各项为正数，所以 $q = 2$，代入通项公式 $S_n = \dfrac{a_1(1 - q^n)}{1 - q}$，得 $S_{10} = \dfrac{1 \times (1 - 2^{10})}{1 - 2} = 1\,023$. 所以数列 $\{b_n\}$ 的前 10 项和 S_{10} 等于 1 023.

35. 解析： 解方程 $x^2 + 3x = 0$，得 $x = 0$ 或 $x = -3$，因为 $d \neq 0$，所以数列 $\{a_n\}$ 的公差 $d = -3$，

因为 $S_6 = a_6 + 10$，由通项公式 $a_n = a_1 + (n-1)d$ 与求和公式 $S_n = na_1 + \dfrac{n(n-1)}{2}d$，可得 $6a_1 + \dfrac{6 \times (6-1)}{2} \times (-3) = a_1 + 5 \times (-3) + 10$，解得 $a_1 = 8$.

所以 $S_{10} = na_1 + \dfrac{n(n-1)}{2}d = 10 \times 8 + \dfrac{10 \times (10-1)}{2} \times (-3) = -55$.

所以前 10 项的和 S_{10} 等于 -55.

36. 解析： (1) 依题意，每年损失树的数量成等差数列 $\{a_n\}$. 其中 $a_1 = 1\,000$，$d = 300$，代入 $a_n = a_1 + (n-1)d$，得 $a_{10} = a_1 + (10-1)d = 1\,000 + (10-1) \times 300 = 3\,700$，所以 2020 年这一年损失了 3 700 棵树.

(2)到2020年年底，共栽树 20 000×10＝200 000(棵)，依据求和公式 $S_n=na_1+\dfrac{n(n-1)}{2}d$，共损失树为 $S_{10}=10\times1\,000+\dfrac{10\times(10-1)}{2}\times300=23\,500$(棵).

因为 200 000－23 500＝176 500(棵)，所以到2020年年底，该防护林共存活 176 500 棵树.

37．解析：(1)依题意，自2018年起每年人口总数成等差数列 $\{a_n\}$，其中首项 $a_1=50$，公差为 $d=1.5$，依据通项公式 $a_n=a_1+(n-1)d=1.5n+48.5$.

令 $a_n=1.5n+48.5=60$，解得 $n\approx8$.

因为 2 018＋8－1＝2 025，所以到2025年年底人口达到60万人.

(2)设自2018年起，每年绿化面积为 $\{b_n\}$，其中

$b_1=35$，

$b_2=1.05b_1-0.1=35\times1.05-0.1$，

$b_3=1.05b_2-0.1=35\times1.05^2-0.1\times1.05-0.1$，

…

所以 $b_n=35\times1.05^{n-1}-0.1\times1.05^{n-2}-0.1\times1.05^{n-3}-\cdots-0.1$，

即 $b_n=35\times1.05^{n-1}-0.1\times(1.05^{n-2}+1.05^{n-3}+\cdots+1)=35\times1.05^{n-1}-\dfrac{0.1\times(1-1.05^{n-1})}{1-1.05}=60\times0.9$，解得 $n\approx11$.

所以当 $n=11$ 时该城市人均绿化面积达到 0.9 m^2.

因为 2 018＋11－1＝2 028，所以到2028年年底该城市人均绿化面积达到 0.9 m^2.

第三章　平面向量

3.1　平面向量的概念

【课堂基础训练】

一、选择题

1．A　2．D　3．B

二、填空题

4．$2\sqrt{3}$　5．充分条件

三、解答题

6．解析：(1)$\overrightarrow{DA}$、$\overrightarrow{EF}$；(2)$\overrightarrow{FD}$、$\overrightarrow{BE}$、$\overrightarrow{EB}$、$\overrightarrow{EC}$、$\overrightarrow{CE}$、$\overrightarrow{BC}$、$\overrightarrow{CB}$.

【课堂拓展训练】

一、选择题

1．D　2．C　3．C

二、填空题

4．矩形 5．与 $\vec{a}$ 方向相同的单位向量

三、解答题

6．解析：(1)$\overrightarrow{DC}$、$\overrightarrow{AB}$；(2)$\overrightarrow{DC}$、$\overrightarrow{ED}$、$\overrightarrow{DE}$、$\overrightarrow{AB}$、$\overrightarrow{BA}$、$\overrightarrow{EC}$、$\overrightarrow{CE}$．

3.2 平面向量的线性运算

3.2.1 向量的加法

【课堂基础训练】

一、选择题

1．A 2．B 3．C

二、填空题

4．$\overrightarrow{AC}$ 5．西北方向 $4\sqrt{2}$ km

三、解答题

6．解析：(1)$\overrightarrow{AB}+\overrightarrow{AD}=\overrightarrow{AC}$，$\overrightarrow{AC}+\overrightarrow{CA}=\vec{0}$，即 $\overrightarrow{AB}+\overrightarrow{AD}+\overrightarrow{CA}=\vec{0}$；
(2)$|\overrightarrow{AB}+\overrightarrow{BC}|=|\overrightarrow{AC}|$，又因为 $|\overrightarrow{AD}|=|\overrightarrow{BC}|=6$，$|\overrightarrow{AB}|=8$，所以 $|\overrightarrow{AC}|=10$，即 $|\overrightarrow{AB}+\overrightarrow{BC}|=10$．

【课堂拓展训练】

一、选择题

1．B 2．D 3．A

二、填空题

4．2 5．[2，8]

三、解答题

6．解析：$\overrightarrow{ED}=\frac{1}{2}\overrightarrow{BC}=\frac{1}{2}\vec{b}$，$\overrightarrow{AE}=\frac{1}{2}\overrightarrow{AC}=\frac{1}{2}\vec{a}$，$\overrightarrow{AB}=\overrightarrow{AC}+\overrightarrow{CB}=\vec{a}+\vec{b}$．

3.2.2 向量的减法

【课堂基础训练】

一、选择题

1．B 2．A 3．B

二、填空题

4．矩形 5．$\vec{0}$；$\vec{0}$

三、解答题

6. 解析：$\overrightarrow{AD} = \overrightarrow{BD} - \overrightarrow{BA} = \overrightarrow{BD} + \overrightarrow{AB} = \vec{a} - \vec{b}$；
$\overrightarrow{CA} = \overrightarrow{CB} + \overrightarrow{BA} = \overrightarrow{DA} - \overrightarrow{AB} = -(\vec{a} - \vec{b}) - \vec{a} = \vec{b} - 2\vec{a}$.

【课堂拓展训练】

一、选择题

1. D   2. C   3. B

二、填空题

4. $\vec{a} + \vec{b}$ 5. 2

三、解答题

6. 解析：由菱形性质可知，$\overrightarrow{AD} = \overrightarrow{BC}$，$\overrightarrow{DC} = \overrightarrow{AB}$，所以有 $\overrightarrow{CD} = -\overrightarrow{DC} = -\overrightarrow{AB} = -(\overrightarrow{OB} - \overrightarrow{OA}) = \overrightarrow{OA} - \overrightarrow{OB} = \vec{a} - \vec{b}$；$\overrightarrow{AD} = \overrightarrow{OD} - \overrightarrow{OA} = -\overrightarrow{OB} - \overrightarrow{OA} = -\vec{a} - \vec{b}$；$\overrightarrow{BA} = \overrightarrow{OA} - \overrightarrow{OB} = \vec{a} - \vec{b}$；$\overrightarrow{CB} = -\overrightarrow{AD} = \vec{a} + \vec{b}$.

3.2.3　数乘向量

【课堂基础训练】

一、选择题

1. D   2. D   3. C

二、填空题

4. -2 5. $-3\vec{b}$；$\dfrac{9}{2}\vec{a} - \dfrac{7}{2}\vec{b}$

三、解答题

6. 解析：因为 $\overrightarrow{BD} = 2\overrightarrow{DC}$，所以 $\overrightarrow{BD} = \dfrac{2}{3}\overrightarrow{BC}$，$\overrightarrow{AD} = \overrightarrow{AB} + \overrightarrow{BD} = \overrightarrow{AB} + \dfrac{2}{3}\overrightarrow{BC} = \overrightarrow{AB} + \dfrac{2}{3}(\overrightarrow{AC} - \overrightarrow{AB}) = \dfrac{1}{3}\overrightarrow{AB} + \dfrac{2}{3}\overrightarrow{AC}$.

【课堂拓展训练】

一、选择题

1. D   2. C   3. A

二、填空题

4. 1   5. $3\vec{a}$

三、解答题

6. 解析：由已知可得，$\overrightarrow{OC} = \overrightarrow{OA} + \overrightarrow{AC} = \overrightarrow{OA} + \dfrac{1}{3}\overrightarrow{AB} = \overrightarrow{OA} + \dfrac{1}{3}(\overrightarrow{OB} - \overrightarrow{OA}) = \dfrac{2}{3}\overrightarrow{OA} +

$\dfrac{1}{3}\overrightarrow{OB}$；$\overrightarrow{OD}=\overrightarrow{OA}+\overrightarrow{AD}=\overrightarrow{OA}+\dfrac{2}{3}\overrightarrow{AB}=\overrightarrow{OA}+\dfrac{2}{3}(\overrightarrow{OB}-\overrightarrow{OA})=\dfrac{1}{3}\overrightarrow{OA}+\dfrac{2}{3}\overrightarrow{OB}$.

3.3 平面向量的内积

【课堂基础训练】

一、选择题

1．C　2．C　3．C　4．B　5．D　6．A　7．D　8．A　9．C　10．B

二、填空题

11．$\sqrt{31}$　12．-12　13．菱形　14．36　15．$\dfrac{\pi}{4}$　16．2

三、解答题

17．解析：(1) $(\vec{a}+2\vec{b})\cdot(\vec{a}-3\vec{b})=|\vec{a}|^2-\vec{a}\cdot\vec{b}-6|\vec{b}|^2=4-2\sqrt{3}\left(-\dfrac{\sqrt{3}}{2}\right)-6\times 3=-11$；

(2) $|2\vec{a}-\vec{b}|^2=4|\vec{a}|^2-4\vec{a}\cdot\vec{b}+|\vec{b}|^2=4\times 4-4\times 2\sqrt{3}\left(-\dfrac{\sqrt{3}}{2}\right)+3=31$，$|2\vec{a}-\vec{b}|=\sqrt{31}$.

18．解析：由已知可得，$\cos A=\dfrac{\overrightarrow{AB}\cdot\overrightarrow{AC}}{|\overrightarrow{AB}|\cdot|\overrightarrow{AC}|}=\dfrac{8}{4\times 4}=\dfrac{1}{2}$，所以 $\angle A=60°$，又因为 $|\overrightarrow{AB}|=|\overrightarrow{AC}|=4$，所以 $\triangle ABC$ 为等边三角形．

19．解析：由 $\vec{a}\parallel\vec{b}$ 得，

(1) $\vec{a}$ 与 $\vec{b}$ 方向相同时，$<\vec{a},\vec{b}>=0°$，所以 $\vec{a}\cdot\vec{b}=\sqrt{5}\cdot\sqrt{10}\cdot\cos 0°=5\sqrt{2}$；

(2) $\vec{a}$ 与 $\vec{b}$ 方向相反时，$<\vec{a},\vec{b}>=180°$，所以 $\vec{a}\cdot\vec{b}=\sqrt{5}\cdot\sqrt{10}\cdot\cos 180°=-5\sqrt{2}$.

20．解析：由 $(\vec{a}+x\vec{b})\perp\vec{b}$，得 $(\vec{a}+x\vec{b})\cdot\vec{b}=0$，所以 $\vec{a}\cdot\vec{b}+x\vec{b}\cdot\vec{b}=0$，

所以 $x=-\dfrac{\vec{a}\cdot\vec{b}}{\vec{a}\cdot\vec{a}}=-\dfrac{5\times\sqrt{5}\times\dfrac{\sqrt{2}}{2}}{5}=-\dfrac{\sqrt{10}}{2}$.

【课堂拓展训练】

一、填空题

1．π　2．36　3．$\dfrac{2\pi}{3}$（或 $120°$）　4．$\sqrt{79}$　5．-3　6．4

二、解答题

7．解析：因为 $(2\vec{a}-\vec{b})^2=4\vec{a}^2-4\vec{a}\cdot\vec{b}+\vec{b}^2=16-4(-3)+8=36$，所以 $|2\vec{a}-\vec{b}|=6$.

8．解析：由 $\vec{a}+\vec{b}+\vec{c}=\vec{0}$，得 $\vec{a}+\vec{b}=-\vec{c}$，所以 $(\vec{a}+\vec{b})^2=|\vec{c}|^2$，即 $|\vec{a}|^2+2\vec{a}\cdot\vec{b}+$

— 29 —

$|\vec{b}|^2 = |\vec{c}|^2$,所以 $9 + 2\vec{a} \cdot \vec{b} + 25 = 49$,所以 $\vec{a} \cdot \vec{b} = \dfrac{15}{2}$,所以 $\cos<\vec{a}, \vec{b}> = \dfrac{\frac{15}{2}}{15} = \dfrac{1}{2}$,所以 $<\vec{a}, \vec{b}> = \dfrac{\pi}{3}$,即 $\vec{a}$ 与 $\vec{b}$ 的夹角为 $\dfrac{\pi}{3}$.

9. 解析:(1) $\vec{AC} = \vec{AB} + \vec{BC} = 2\vec{a} + \vec{b} - \vec{a} - 2\vec{b} = \vec{a} - \vec{b}$.

(2) 由已知得,$\vec{a} \cdot \vec{b} = \dfrac{1}{2}$,$\vec{AC} \cdot \vec{BC} = (\vec{a} - \vec{b}) \cdot (-\vec{a} - 2\vec{b}) = -|\vec{a}|^2 - \vec{a} \cdot \vec{b} + 2|\vec{b}|^2 = -1 - \dfrac{1}{2} + 2 = \dfrac{1}{2}$.

10. 解析:(1)因为 $(2\vec{a} - 3\vec{b}) \cdot (2\vec{a} + \vec{b}) = 4|\vec{a}|^2 - 4\vec{a} \cdot \vec{b} - 3|\vec{b}|^2 = 61$,所以 $64 - 4\vec{a} \cdot \vec{b} - 27 = 61$,所以 $\vec{a} \cdot \vec{b} = -6$,所以 $\cos<\vec{a}, \vec{b}> = \dfrac{-6}{4 \times 3} = -\dfrac{1}{2}$,所以 $<\vec{a}, \vec{b}> = 120°$;

(2)因为 $(\vec{a} + \vec{b})^2 = |\vec{a}|^2 + 2\vec{a} \cdot \vec{b} + |\vec{b}|^2 = 16 - 12 + 9 = 13$,所以 $|\vec{a} + \vec{b}| = \sqrt{13}$;$|\vec{a} - \vec{b}|^2 = |\vec{a}|^2 - 2\vec{a} \cdot \vec{b} + |\vec{b}|^2 = 16 + 12 + 9 = 37$,所以 $|\vec{a} - \vec{b}| = \sqrt{37}$.

3.4 平面向量的直角坐标及其应用

3.4.1 平面向量的直角坐标及其运算

【课堂基础训练】

一、选择题

1. B 2. D 3. A 4. A 5. B 6. A 7. C 8. A 9. C 10. B

二、填空题

11. -17;-13 12. 34;20 13. $\left(4, \dfrac{1}{2}\right)$ 14. $10\sqrt{2}$ 15. 4 16. $(-1, -5)$

三、解答题

17. 解析:(1) $2\vec{a} + \vec{b} - \vec{c} = (1, 5)$;

(2)由 $\vec{a} = m\vec{b} + n\vec{c} = (-m + 4n, 2m + n) = (3, 2)$,因此有 $\begin{cases} -m + 4n = 3 \\ 2m + n = 2 \end{cases}$,解得 $\begin{cases} m = \dfrac{5}{9} \\ n = \dfrac{8}{9} \end{cases}$.

18. 解析:由 $\vec{a} = (-3, \sqrt{3})$,$\vec{b} = (\sqrt{3}, 1)$,得 $\vec{a} \cdot \vec{b} = -3\sqrt{3} + \sqrt{3} = -2\sqrt{3}$,$|\vec{a}| = 2\sqrt{3}$,$|\vec{b}| = 2$,所以 $\cos<\vec{a}, \vec{b}> = \dfrac{-2\sqrt{3}}{2\sqrt{3} \cdot 2} = -\dfrac{1}{2}$,所以 $<\vec{a}, \vec{b}> = 120°$,即向量 $\vec{a}$ 与

$\vec{b}$ 的夹角为 120°.

19. 解析：由已知得，$(\vec{a}+\vec{b})^2=(\vec{a}-\vec{b})^2$，所以有 $\vec{a}\cdot\vec{b}=0$，即 $-3+2x=0$，所以 $x=\dfrac{3}{2}$.

20. 解析：由已知得，$\overrightarrow{AB}=(-9,-3)$，$\overrightarrow{AC}=(-3,-1)$，$\overrightarrow{AD}=(-27,-9)$，所以 $\overrightarrow{OC}=\overrightarrow{OA}+\overrightarrow{AC}=(1,0)$，$\overrightarrow{OD}=\overrightarrow{OA}+\overrightarrow{AD}=(-23,-8)$，即点 C 坐标为 $(1,0)$，点 D 坐标为 $(-23,-8)$.

【课堂拓展训练】

一、填空题

1. $(-6,-9)$ 2. $5\sqrt{2}$ 3. $\left(-\infty,-\dfrac{3}{2}\right)$ 4. $-\dfrac{\sqrt{2}}{10}$ 5. 3 6. $(3,-8)$

三、解答题

7. 解析：由已知联立方程组解得 $\vec{a}=(2,4)$，$\vec{b}=(5,0)$.

8. 解析：(1) $3\vec{a}\cdot 2\vec{b}=-6\sqrt{3}-6\sqrt{3}=-12\sqrt{3}$；

(2) 由已知得，$|\vec{a}|=2$，$|\vec{b}|=2$，$\vec{a}\cdot\vec{b}=-2\sqrt{3}$，$(\vec{a}+\vec{b})\cdot(2\vec{a}-\vec{b})=2|\vec{a}|^2+\vec{a}\cdot\vec{b}-|\vec{b}|^2=8-2\sqrt{3}-4=4-2\sqrt{3}$.

9. 解析：(1) 由已知得，$\cos<\vec{a},\vec{b}>=\dfrac{2\sqrt{3}+2\sqrt{3}}{4\times 2}=\dfrac{\sqrt{3}}{2}$，所以 $<\vec{a},\vec{b}>=\dfrac{\pi}{6}$；

(2) $(\sqrt{3}\vec{a}+\vec{b})^2=3|\vec{a}|^2+2\sqrt{3}\vec{a}\cdot\vec{b}+|\vec{b}|^2=3\times 16+2\sqrt{3}\times 4\sqrt{3}+4=76$，从而 $|\sqrt{3}\vec{a}+\vec{b}|=2\sqrt{19}$.

10. 解析：(1) 由已知得，$\overrightarrow{BA}=(-3,1)$，$\overrightarrow{BC}=(4,2)$，所以 $\overrightarrow{BA}\cdot\overrightarrow{BC}=-12+2=-10$；

(2) $\cos\angle B=\dfrac{\overrightarrow{BA}\cdot\overrightarrow{BC}}{|\overrightarrow{BA}|\cdot|\overrightarrow{BC}|}=\dfrac{-10}{\sqrt{10}\cdot\sqrt{20}}=-\dfrac{\sqrt{2}}{2}$. 又因为 B 为三角形内角，所以 $\angle B=\dfrac{3\pi}{4}$.

3.4.2 平面向量平行和垂直的坐标表示

【课堂基础训练】

一、选择题

1. A 2. B 3. C

二、填空题

4. $(-24,-10)$ 5. $\dfrac{4}{9}$

数学知识点强化练习(下)

三、解答题

6. 解析：由 $\vec{a}=(4,-6)$，$\vec{b}=(2,-4)$，得 $\vec{a}-\lambda\vec{b}=(4-2\lambda,-6+4\lambda)$.

(1)由 $(\vec{a}-\lambda\vec{b})/\!/\vec{a}$，得 $(4-2\lambda)(-6)-4(-6+4\lambda)=0$，解得 $\lambda=0$；

(2)由 $(\vec{a}-\lambda\vec{b})\perp\vec{a}$，得 $(4-2\lambda)\cdot 4-6(-6+4\lambda)=0$，所以 $\lambda=\dfrac{13}{8}$.

【课堂拓展训练】

一、选择题

1. C 2. D 3. D

二、填空题

4. 7 5. $\left(\dfrac{3}{5},-\dfrac{4}{5}\right)$ 或 $\left(-\dfrac{3}{5},\dfrac{4}{5}\right)$；$\left(\dfrac{4}{5},\dfrac{3}{5}\right)$ 或 $\left(-\dfrac{4}{5},-\dfrac{3}{5}\right)$

三、解答题

6. 解析：(1)由题意可设 $\vec{b}=\lambda\vec{a}(\lambda<0)$，所以 $\vec{b}=(\lambda,2\lambda)$，由 $\vec{a}\cdot\vec{b}=-10$，可得 $\lambda+4\lambda=-10$，所以 $\lambda=-2$，故 $\vec{b}=(-2,-4)$.

(2)因为 $\vec{b}=(-2,-4)$，$\vec{c}=(-4,2)$，所以 $\vec{b}\cdot\vec{c}=-8+8=0$，所以 $(\vec{b}\cdot\vec{c})\cdot\vec{c}=0$.

3.4.3 中点公式和距离公式

【课堂基础训练】

一、选择题

1. B 2. C 3. D

二、填空题

4. $(-12,16)$ 5. $(2,6)$；$(-2,-6)$；$(-2,6)$

三、解答题

6. 解析：由已知得 $D\left(-\dfrac{3}{2},5\right)$，又由两点间距离公式得 $|\overrightarrow{AD}|=\sqrt{\left(2+\dfrac{3}{2}\right)^2+(5-5)^2}=\dfrac{7}{2}$.

【课堂拓展训练】

一、选择题

1. B 2. B 3. A

二、填空题

4. $\left(1,-\dfrac{11}{2}\right)$ 5. $-8,9$

三、解答题

6. 解析：由已知可得，F 为 AB 中点，由中点坐标公式得 $F(0,-4)$，E 为 AF 中点，所以 $E\left(-\dfrac{3}{2}, 0\right)$，$G$ 为 FB 中点，所以 $F\left(\dfrac{3}{2}, -8\right)$.

单元测试卷 A

一、选择题

1．B 2．D 3．B 4．C 5．C 6．B 7．A 8．B 9．B 10．B 11．C 12．A 13．C 14．C 15．C

二、填空题

16．$-\dfrac{3}{4}\vec{a}+\dfrac{1}{2}\vec{b}$ 17．(2，6) 18．16 19．$\left(-\dfrac{2\sqrt{5}}{5}, \dfrac{\sqrt{5}}{5}\right)$ 或 $\left(\dfrac{2\sqrt{5}}{5}, -\dfrac{\sqrt{5}}{5}\right)$ 20．13 21．0 22．$\left(-\dfrac{11}{2}, -1\right)$ 23．4 24．$\vec{0}$ 25．$\overrightarrow{AC}$ 26．±5 27．(11，−20) 28．−1 或 3 29．(7，9) 30．$-\dfrac{1}{2}$

三、解答题

31．解析：设 $C(x, y)$，由已知得，$\overrightarrow{BC}=(x+2, y-1)$，由题意得 $\begin{cases} -2x+y=0 \\ 3(x+2)-(y-1)=0 \end{cases}$，解得 $x=-7, y=14$，所以点 C 的坐标为 $(-7, 14)$．

32．解析：由已知 $\overrightarrow{AB}=(3, 2)$，所以 $\overrightarrow{CD}=(3, 2)$，因为 $\overrightarrow{OD}=\overrightarrow{OC}+\overrightarrow{CD}=(-1, -3)+(3, 2)=(2, -1)$，即点 D 坐标为 $(2, -1)$．

33．解析：由已知得，$\vec{a}=(1, 2)$，$\vec{b}=(-4, 3)$，所以 $\vec{a}\cdot\vec{b}=-4+6=2$，$|\vec{a}|=\sqrt{5}$，$|\vec{b}|=5$，所以 $\cos<\vec{a}, \vec{b}>=\dfrac{2}{5\sqrt{5}}=\dfrac{2\sqrt{5}}{25}$．

34．解析：设 $\vec{a}$ 的终点坐标为 (x, y)，所以 $\vec{a}=(x-3, y+1)$，依题意有 $\begin{cases} (x-3)^2+(y+1)^2=1 \\ -3(x-3)+4(y+1)=0 \end{cases}$，解得 $x=\dfrac{19}{5}, y=-\dfrac{2}{5}$ 或 $x=\dfrac{11}{5}, y=-\dfrac{8}{5}$．即 $\vec{a}$ 的终点坐标为 $\left(\dfrac{19}{5}, -\dfrac{2}{5}\right)$ 或 $\left(\dfrac{11}{5}, -\dfrac{8}{5}\right)$．

35．解析：由题意可得 $\begin{cases} 3m+4n=5 \\ 2m+3n=-5 \end{cases}$，解得 $m=35, n=-25$，即 $m=35, n=-25$ 为所求．

36．解析：因为 $\overrightarrow{AB}=(2, 2)$，$\overrightarrow{DC}=(2, 2)$，所以 $\overrightarrow{AB}=\overrightarrow{DC}$，所以 $|AB|=|DC|$ 且 $AB\parallel DC$，又因为 A, B, C, D 四点不在一条直线上，所以四边形 $ABCD$ 为平行四边形．

37．解析：由已知得，$|\vec{a}|^2-\vec{a}\cdot\vec{b}-6|\vec{b}|^2=-72$，解得 $\vec{a}\cdot\vec{b}=12$，所以 $\cos<\vec{a}, \vec{b}>=\dfrac{12}{4\times 6}=\dfrac{1}{2}$，$<\vec{a}, \vec{b}>=\dfrac{\pi}{3}$，即 $\vec{a}$ 和 $\vec{b}$ 的夹角为 $\dfrac{\pi}{3}$．

33

数学知识点强化练习(下)

单元测试卷 B

一、选择题

1. C 2. D 3. D 4. C 5. B 6. B 7. A 8. B 9. A 10. A 11. C 12. A 13. B 14. B 15. A

二、填空题

16. -1 17. $-\dfrac{1}{2}$ 18. $\left(\dfrac{\sqrt{5}}{5},\dfrac{2\sqrt{5}}{5}\right)$ 或 $\left(-\dfrac{\sqrt{5}}{5},-\dfrac{2\sqrt{5}}{5}\right)$ 19. $\dfrac{\pi}{6}$ 20. $2\sqrt{13}$ 21. $\dfrac{\pi}{3}$ 22. $(-8,-1)$ 23. $\overrightarrow{CD}$ 24. $15\sqrt{2}-19$ 25. 19 26. ± 12 27. $-\dfrac{1}{2}$ 28. $\left(-\infty,-\dfrac{4}{3}\right)\cup\left(-\dfrac{4}{3},0\right)\cup\left(\dfrac{1}{3},+\infty\right)$ 29. $\dfrac{8\sqrt{13}}{13}$ 30. $2\sqrt{7}$

三、解答题

31. 解析：由已知得，$(\vec{a}+k\vec{b})\cdot\vec{c}=0$，所以 $4+8k=0$，解得 $k=-\dfrac{1}{2}$。

32. 解析：由已知得 $\begin{cases}3x+8=0\\6+xy=0\end{cases}$，解得 $\begin{cases}x=-\dfrac{8}{3}\\y=\dfrac{9}{4}\end{cases}$，所以 $\vec{b}=\left(2,-\dfrac{8}{3}\right)$，$\vec{c}=\left(3,\dfrac{9}{4}\right)$。

33. 解析：因为 $\overrightarrow{AB}=(-3,-6)$，$\overrightarrow{AC}=(2,-1)$，所以 $\overrightarrow{AB}\cdot\overrightarrow{AC}=-6+6=0$，故 $\overrightarrow{AB}\perp\overrightarrow{AC}$，又因为 $\overrightarrow{AB}\neq\overrightarrow{AC}$，所以 $\triangle ABC$ 为直角三角形。

34. 解析：由 $(3\vec{a}-2\vec{b})^2=9-12\vec{a}\cdot\vec{b}+4=9$，得 $\vec{a}\cdot\vec{b}=\dfrac{1}{3}$，所以 $(3\vec{a}+\vec{b})^2=9+6\cdot\dfrac{1}{3}+1=12$，从而 $|3\vec{a}+\vec{b}|=2\sqrt{3}$。

35. 解析：(1) 由已知得，$\overrightarrow{AB}=(-1,1)$，$\overrightarrow{AC}=(1,5)$，所以 $2\overrightarrow{AB}+\overrightarrow{AC}=(-1,7)$，$|2\overrightarrow{AB}+\overrightarrow{AC}|=\sqrt{(-1)^2+7^2}=5\sqrt{2}$；(2) $\cos\langle\overrightarrow{AB},\overrightarrow{AC}\rangle=\dfrac{-1+5}{\sqrt{2}\cdot\sqrt{26}}=\dfrac{2\sqrt{13}}{13}$。

36. 解析：由已知得，$\vec{a}\cdot(\vec{a}-\vec{b})=0$，又由 $\vec{a}\cdot\vec{a}=5$，得 $\vec{a}\cdot\vec{b}=5$，即 $x-4=5$，得 $x=9$，所以 $\vec{a}-\lambda\vec{b}=(1-9\lambda,2+2\lambda)$，$2\vec{a}+\vec{b}=(11,2)$，由 $\vec{a}\perp(\vec{a}-\vec{b})$，得 $2(1-9\lambda)-11(2+2\lambda)=0$，解得 $\lambda=-\dfrac{1}{2}$，即为所求。

37. 解析：由已知得，$\vec{a}=(3,-2)$，$\vec{b}=(4,1)$，从而 $\vec{a}\cdot\vec{b}=12-2=10$，$\vec{a}-\vec{b}=(-1,-3)$，所以 $|\vec{a}-\vec{b}|=\sqrt{10}$。

第四章 圆锥曲线

4.1 椭圆

4.1.1 椭圆的标准方程

【课堂基础训练】

一、选择题

1．A　2．C　3．D

二、填空题

4．$\dfrac{x^2}{25}+\dfrac{y^2}{21}=1(y\neq 0)$　5．1

三、解答题

6．解析：(1)$\dfrac{y^2}{16}+\dfrac{x^2}{9}=1$；

(2)由已知得，$b^2=64$，当焦点在 x 轴上时，方程为 $\dfrac{x^2}{100}+\dfrac{y^2}{64}=1$；当焦点在 y 轴上时，方程为 $\dfrac{y^2}{100}+\dfrac{x^2}{64}=1$.

(3)由已知得，$c=4$，$a+b=8$，由 $a^2=b^2+c^2$，得 $a^2-b^2=16$，所以有 $a-b=2$，解得 $a=5$，$b=3$，所以椭圆方程为 $\dfrac{x^2}{25}+\dfrac{y^2}{9}=1$.

【课堂拓展训练】

一、选择题

1．C　2．C　3．C

二、填空题

4．20　5．$(-6，-2)\bigcup(3，+\infty)$

三、解答题

6．解析：(1)∵焦点为 $F_1(-2，0)$ 可设椭圆方程为 $\dfrac{x^2}{m}+\dfrac{y^2}{m-4}=1$，将 $P(2，3)$ 代入有 $\dfrac{4}{m}+\dfrac{9}{m-4}=1$，解得 $m=1$ 或 $m=16$，当 $m=1$ 时不符合题意，舍去，即 $m=16$，故椭圆方程为 $\dfrac{x^2}{16}+\dfrac{y^2}{12}=1$.

(2)设椭圆方程为 $mx^2+ny^2=1$，依题意有 $\begin{cases}3m+4n=1\\12m+n=1\end{cases}$，解得 $\begin{cases}m=\dfrac{1}{15}\\n=\dfrac{1}{5}\end{cases}$，故所求椭圆方程为 $\dfrac{x^2}{15}+\dfrac{y^2}{5}=1$.

4.1.2 椭圆的几何性质

【课堂基础训练】

一、选择题

1．A 2．D 3．D 4．C 5．D 6．C 7．D 8．B 9．A 10．C

二、填空题

11．10；6 12．$\dfrac{9}{4}$ 或 4 13．$\dfrac{x^2}{8}+\dfrac{y^2}{6}=1$ 或 $\dfrac{y^2}{8}+\dfrac{x^2}{6}=1$ 14．$\dfrac{y^2}{4}+x^2=1$ 15．（±6，0）；$\dfrac{1}{3}$ 16．$\dfrac{x^2}{36}+\dfrac{y^2}{27}=1$

三、解答题

17．**解析：** 由 $x+2y-6=0$，得与坐标轴交点坐标分别为(6，0)，(0，3)．

(1)当焦点在 x 轴上时，$c=6$，$b=3$，$a^2=45$，故椭圆方程为 $\dfrac{x^2}{45}+\dfrac{y^2}{9}=1$；

(2)当焦点在 y 轴上时，$b=6$，$c=3$，$a^2=45$，故椭圆方程为 $\dfrac{y^2}{45}+\dfrac{x^2}{36}=1$．

18．**解析：** 由已知得，焦点坐标为(0，±2)，$e=\dfrac{1}{2}$，又因为(0，±2)为所求椭圆的顶点，当焦点在 x 轴上时，$b=2$，$e=\dfrac{1}{2}$，得 $a^2=\dfrac{16}{3}$，椭圆方程为 $\dfrac{x^2}{\dfrac{16}{3}}+\dfrac{y^2}{4}=1$；

当焦点在 y 轴上时，$a=2$，$e=\dfrac{1}{2}$，得 $c=1$，$b^2=3$，所以椭圆方程为 $\dfrac{y^2}{4}+\dfrac{x^2}{3}=1$．

19．**解析：** 由圆 $x^2+y^2-4x+3=0$，得圆心(2，0)，即焦点 $F(2,0)$，又由 $e=\dfrac{\sqrt{2}}{2}$，得 $b=c=2$，$a=2\sqrt{2}$，所求椭圆方程为 $\dfrac{x^2}{8}+\dfrac{y^2}{4}=1$．

20．**解析：** 将直线方程 $y=x-1$ 代入 $x^2+4y^2=16$，整理得 $5x^2-8x-12=0$，直线被椭圆截得的弦长 $L=\sqrt{1+1}\cdot\sqrt{\left(-\dfrac{8}{5}\right)^2-4\cdot\left(-\dfrac{12}{5}\right)}=\dfrac{4\sqrt{38}}{5}$．

【课堂拓展训练】

一、填空题

1. $\dfrac{2x^2}{27}+\dfrac{y^2}{12}=1$ 2. $\dfrac{2\sqrt{2}}{3}$ 3. $\dfrac{16\sqrt{3}}{3}$ 4. $\dfrac{1}{2}$ 5. $3x-y-3=0$ 6. $\dfrac{x^2}{2}+y^2=1$ 或 $\dfrac{y^2}{2}+x^2=1$

二、解答题

7. 解析：设 $A(x_1,y_1)$，$B(x_2,y_2)$，中点 $M(x,y)$，将 $y=2x+1$ 代入 $2x^2+y^2=4$，整理得 $6x^2+4x-3=0$，所以 $x_1+x_2=-\dfrac{2}{3}=2x$，可得中点 M 的横坐标 $x=-\dfrac{1}{3}$，又由 $y=2x+1$，得 $y=\dfrac{1}{3}$，所以中点 M 的坐标为 $\left(-\dfrac{1}{3},\dfrac{1}{3}\right)$.

8. 解析：设 $A(x_1,y_1)$，$B(x_2,y_2)$，因此有 $\begin{cases}\dfrac{x_1^2}{16}+\dfrac{y_1^2}{12}=1\\\dfrac{x_2^2}{16}+\dfrac{y_2^2}{12}=1\end{cases}$，两式相减并整理得，$\dfrac{y_1-y_2}{x_1-x_2}\cdot\dfrac{y_1+y_2}{x_1+x_2}=-\dfrac{3}{4}$，可得 $k=\dfrac{y_1-y_2}{x_1-x_2}=-\dfrac{3}{2}$.

故所求直线方程为 $y-1=-\dfrac{3}{2}(x-2)$，化简得 $3x+2y-8=0$.

9. 解析：由题意得，直线方程为 $y-3=\dfrac{3}{4}(x-2)$，即 $3x-4y+6=0$，设右焦点 $(c,0)$，故有 $\dfrac{|3c+6|}{5}=\dfrac{12}{5}$，解得 $c=2$，$c=-6$(舍去)，将 $(2,3)$ 代入 $\dfrac{4}{a^2}+\dfrac{9}{b^2}=1$，又因为 $a^2=b^2+c^2=b^2+4$，解得 $a^2=16$，$b^2=12$，所以椭圆方程为 $\dfrac{x^2}{16}+\dfrac{y^2}{12}=1$.

10. 解析：(1)由已知得，$k=\tan\dfrac{\pi}{4}=1$，过点 $(1,0)$，代入得所求直线方程为 $x-y-1=0$；

(2) $c=1$，即 $4-m=1$，解得 $m=3$，故椭圆方程为 $\dfrac{x^2}{4}+\dfrac{y^2}{3}=1$；

(3)将直线 $y=x-1$ 代入 $3x^2+4y^2=12$，整理得 $7x^2-8x-8=0$，所以 $|MN|=\sqrt{2}\cdot\sqrt{\left(\dfrac{8}{7}\right)^2+4\cdot\dfrac{8}{7}}=\dfrac{24}{7}$，原点 O 到直线距离 $d=\dfrac{\sqrt{2}}{2}$，所以 $S_{\triangle MON}=\dfrac{1}{2}\times\dfrac{24}{7}\times\dfrac{\sqrt{2}}{2}=\dfrac{6\sqrt{2}}{7}$.

4.2 双曲线

4.2.1 双曲线的标准方程

【课堂基础训练】

一、选择题

1．D 2．A 3．D

二、填空题

4．$\dfrac{y^2}{4}-\dfrac{x^2}{5}=1$ 5．(2，5)

三、解答题

6．解析：(1) $\dfrac{x^2}{9}-\dfrac{y^2}{7}=1$；(2) $\dfrac{x^2}{9}-\dfrac{y^2}{9}=1$；

(3)因为 $\dfrac{x^2}{16}+\dfrac{y^2}{25}=1$ 的焦点为(0，±3)，故 $c=3$，设双曲线方程 $\dfrac{y^2}{m}-\dfrac{x^2}{9-m}=1$，将点 $(2,\sqrt{10})$ 代入，解得 $m=5$，$m=18$(舍去)，故所求双曲线方程为 $\dfrac{y^2}{5}-\dfrac{x^2}{4}=1$；

(4) $\dfrac{x^2}{9}-\dfrac{y^2}{16}=1$ 或 $\dfrac{y^2}{9}-\dfrac{x^2}{16}=1$.

【课堂拓展训练】

一、选择题

1．C 2．A 3．C

二、填空题

4．20 5．−1

三、解答题

6．解析：由椭圆方程 $\dfrac{x^2}{169}+\dfrac{y^2}{144}=1$ 得焦点为(±5，0)，顶点为(±13，0)，即双曲线顶点为(±5，0)，焦点为(±13，0)，故 $b^2=144$ 所求双曲线标准方程为 $\dfrac{x^2}{25}-\dfrac{y^2}{144}=1$.

4.2.2 双曲线的几何性质

【课堂基础训练】

一、选择题

1．B 2．B 3．C 4．D 5．C 6．B 7．A 8．A 9．B 10．A

二、填空题

11. $\dfrac{x^2}{25}-\dfrac{y^2}{16}=1$ 12. $\dfrac{x^2}{4}-\dfrac{y^2}{12}=1$ 13. $x^2-y^2=8$ 14. $(\pm 5,0)$；8；6   15. -1

16. $\dfrac{5}{3}$ 或 $\dfrac{5}{4}$

三、解答题

17. 解析：由已知得 $\dfrac{x^2}{16}+\dfrac{y^2}{4}=1$，焦点坐标为 $(\pm 2\sqrt{3},0)$，又由渐近线方程 $y=-\dfrac{\sqrt{3}}{3}x$，得 $\dfrac{b}{a}=\dfrac{\sqrt{3}}{3}$，由 $c^2=a^2+b^2$ 可得 $a^2=9$，$b^2=3$，则求双曲线方程为 $\dfrac{x^2}{9}-\dfrac{y^2}{3}=1$.

18. 解析：(1) 两顶点之间的距离为 16，所以 $a=8$，因为 $e=\dfrac{5}{4}$，所以 $c=10$，从而 $b^2=36$，故双曲线方程为 $\dfrac{x^2}{64}-\dfrac{y^2}{36}=1$；

(2) 渐近线方程为 $y=\pm\dfrac{3}{4}x$.

19. 解析：由已知焦点坐标为 $(\pm 4,0)$，交点坐标为 $(3,\pm\sqrt{15})$，设双曲线方程为 $\dfrac{x^2}{m}-\dfrac{y^2}{16-m}=1$，将 $(3,\pm\sqrt{15})$ 代入得 $m=4$，$m=36$（舍去），故所求双曲线方程为 $\dfrac{x^2}{4}-\dfrac{y^2}{12}=1$.

20. 解析：设直线 $y=x+2$ 与双曲线交于 $A(x_1,y_1)$，$B(x_2,y_2)$ 两点，AB 中点为 $M(x_0,y_0)$，由题意可知 $M(1,3)$，又因为焦点 $F(0,2)$，所以 $c=2$，故可设双曲线方程为 $\dfrac{y^2}{m}-\dfrac{x^2}{4-m}=1$，因此有 $\begin{cases}\dfrac{y_1^2}{m}-\dfrac{x_1^2}{4-m}=1\\ \dfrac{y_2^2}{m}-\dfrac{x_2^2}{4-m}=1\end{cases}$，整理得 $\dfrac{y_1-y_2}{x_1-x_2}\cdot\dfrac{y_1+y_2}{x_1+x_2}=\dfrac{m}{4-m}$，所以 $\dfrac{m}{4-m}=3$，所以 $m=3$，故双曲线方程为 $\dfrac{y^2}{3}-x^2=1$.

【课堂拓展训练】

一、填空题

1. 1   2. 1   3. 第二、三象限   4. 14   5. 2 或 $\dfrac{2\sqrt{3}}{3}$ 6. b

二、解答题

7. 解析：将 $y=x-2$ 代入 $2x^2-3y^2=6$ 并整理得 $x^2-12x+18=0$，设 $A(x_1,y_1)$，$B(x_2,y_2)$，所以 $x_1+x_2=12$，$x_1x_2=18$，所以 $|AB|=\sqrt{2}\cdot\sqrt{12^2-4\times 18}=12$.

8. 解析：圆方程为 $(x-4)^2+y^2=4$，即圆心为 $(4,0)$，$r=2$，设双曲线渐近线方程

为 $y=kx$，由题意可知 $\dfrac{|4k|}{\sqrt{1+k^2}}=2$，解得 $k=\pm\dfrac{\sqrt{3}}{3}$，所以渐近线方程为 $y=\pm\dfrac{\sqrt{3}}{3}x$，又由椭圆方程 $\dfrac{x^2}{16}+y^2=1$ 得焦点为 $(\pm\sqrt{15},0)$，即双曲线 $a=\sqrt{15}$，所以 $b=\sqrt{5}$，故所求双曲线方程为 $\dfrac{x^2}{15}-\dfrac{y^2}{5}=1$.

9. 解析：设双曲线焦点为 $(c,0)$，渐近线方程为 $y=\dfrac{b}{a}x$，所以焦点到渐近线距离为 $d=\dfrac{|bc|}{\sqrt{a^2+b^2}}=b$，即 $b=1$，又由 $e=\dfrac{2\sqrt{3}}{3}$，得 $e^2=1+\dfrac{b^2}{a^2}=\dfrac{4}{3}$，所以 $a^2=3$，故所求双曲线方程为 $\dfrac{x^2}{3}-y^2=1$.

10. 解析：设椭圆长半轴为 a，双曲线实半轴为 $a-4$，由题意得 $\dfrac{a-4}{a}=\dfrac{3}{7}$，所以 $a=7$，又由 $|F_1F_2|=2\sqrt{13}$，得 $c=\sqrt{13}$.

(1) 在椭圆中，由 $a=7$，$c=\sqrt{13}$，可得 $b^2=36$，所以椭圆方程为 $\dfrac{x^2}{49}+\dfrac{y^2}{36}=1$；

(2) 在双曲线中，$a=7-4=3$，$c=\sqrt{13}$，可得 $b^2=4$，所以双曲线方程为 $\dfrac{x^2}{9}-\dfrac{y^2}{4}=1$.

4.3 抛物线方程

4.3.1 抛物线的标准方程

【课堂基础训练】

一、选择题

1. B 2. A 3. D 4. B 5. D 6. A 7. C 8. A 9. C 10. C

二、填空题

11. 6   12. $(0,-1)$；$y=1$ 13. 4   14. $y^2=\dfrac{9}{2}x$ 或 $x^2=-\dfrac{4}{3}y$ 15. $y^2=-12x$

16. $x=-3$

三、解答题

17. 解析：双曲线方程为 $\dfrac{x^2}{9}-\dfrac{y^2}{16}=1$，右顶点为 $(3,0)$，即抛物线的焦点，所以抛物线方程为 $y^2=12x$.

18. 解析：将 $(2,2)$ 代入 $y^2=2px$ 和 $x+ay-4=0$，得 $p=1$，$a=1$，即 $y^2=2x$，$x+y-4=0$，抛物线焦点 $\left(\dfrac{1}{2},0\right)$ 到直线 $x+y-4=0$ 的距离为 $\dfrac{\left|\dfrac{1}{2}-4\right|}{\sqrt{2}}=\dfrac{7\sqrt{2}}{4}$.

19. 解析：将直线与圆方程联立整理得 $x^2-2x=0$，所以 $x=0$（舍）或 $x=2$，$x=2$ 时，$y=-2\sqrt{2}$，即抛物线过点 $(2,-2\sqrt{2})$，设抛物线方程为 $y^2=2p_1x$ 或 $x^2=-2p_2y$，将 $(2,-2\sqrt{2})$ 代入解得 $p_1=2$，$p_2=\dfrac{\sqrt{2}}{2}$，故所求抛物线方程为 $y^2=4x$ 或 $x^2=-\sqrt{2}y$．

20. 解析：设 $A(x_1,y_1)$，$B(x_2,y_2)$，将 $y=2x+1$ 代入 $y^2=12x$，整理得，$4x^2-8x+1=0$，从而 $x_1+x_2=2$，$x_1x_2=\dfrac{1}{4}$，所以 $|AB|=\sqrt{1+4}\cdot\sqrt{4-4\cdot\dfrac{1}{4}}=\sqrt{15}$．

【课堂拓展训练】

一、填空题

1. ±8 2. 4 3. 14 4. 5 5. 7 6. $(2,4)$；5

二、解答题

7. 解析：由 $y^2=4x$ 得焦点为 $(1,0)$，直线斜率 $k=\tan\dfrac{\pi}{4}=1$，所以直线方程为 $y=x-1$，将其代入抛物线方程，并整理得 $x^2-6x+1=0$，所以 $|AB|=\sqrt{2}\cdot\sqrt{6^2-4}=8$，从而 AB 中点 M 的横坐标 $x=3$，纵坐标 $y=3-1=2$，即中点 $M(3,2)$．

8. 解析：将 $x=y-1$ 代入抛物线 $y^2=-2px$ 并整理得 $y^2+2py-2p=0$，所以 $|AB|=\sqrt{2}\cdot\sqrt{(2p)^2-4(-2p)}=\sqrt{2}\cdot\sqrt{4p^2+8p}=8$，解得 $p=2$，$p=-4$（舍去），故所求抛物线方程为 $y^2=-4x$．

9. 解析：设此弦与抛物线交于 $A(x_1,y_1)$，$B(x_2,y_2)$，中点 $M(2,-3)$，$\begin{cases}y_1^2=12x_1\\ y_2^2=12x_2\end{cases}$，化简得 $\dfrac{y_1-y_2}{x_1-x_2}=\dfrac{12}{y_1+y_2}=\dfrac{12}{2\times(-3)}=-2$，即 $k=-2$，所以 $y+3=-2(x-2)$，即 $2x+y-1=0$ 为所求．

10. 解析：由题意可知，抛物线焦点为 $(5,0)$，准线方程为 $x=-5$，即圆心 $(5,0)$，半径即圆心到准线距离为 10，故所求圆方程为 $(x-5)^2+y^2=100$．

4.3.2 抛物线的几何性质

【课堂基础训练】

一、选择题

1. A 2. C 3. D

二、填空题

4. 3 5. $-\dfrac{3}{2}$

三、解答题

6. 解析：将 $y=-2x+b$ 代入 $y^2=16x$，整理得 $4x^2-(4b+16)x+b^2=0$，所以 $|AB|=\sqrt{1+4}\cdot\sqrt{(b+4)^2-4\cdot\dfrac{b^2}{4}}=2\sqrt{5}$，解得 $b=-\dfrac{3}{2}$．

【课堂拓展训练】

一、选择题

1. C 2. C 3. A

二、填空题

4. 2

5. $\left(\dfrac{1}{2},1\right)$

三、解答题

6. 解析：设点 $M(x,y)$，由题意可知 $A(2x-4,2y)$，且点 A 在抛物线上，即 $(2y)^2=8(2x-4)$，整理得 $y^2=4x-8$，即点 M 的轨迹方程为 $y^2=4x-8$.

单元测试卷 A

一、选择题

1. A 2. D 3. A 4. D 5. C 6. A 7. B 8. B 9. B 10. A 11. D 12. C 13. B 14. C 15. B

二、填空题

16. $\dfrac{x^2}{9}+\dfrac{4y^2}{9}=1$ 或 $\dfrac{y^2}{36}+\dfrac{x^2}{9}=1$ 17. $\dfrac{y^2}{144}-\dfrac{x^2}{25}=1$ 18. $\dfrac{\sqrt{2}}{2}$ 19. $\dfrac{y^2}{2}-\dfrac{x^2}{4}=1$ 20. $y^2=-2x$ 21. $\dfrac{13}{2}$ 22. 7   23. $\dfrac{x^2}{20}-\dfrac{y^2}{5}=1$ 24. 64   25. 6   26. $\dfrac{1}{2}$ 27. $\dfrac{5}{3}$ 或 $\dfrac{5}{4}$ 28. $y^2=12x$ 29. $(-6,-3)$ 30. $\dfrac{\sqrt{6}}{2}$

三、解答题

31. 解析：由已知得，$a=3$，$e=\dfrac{5}{3}$，$c=5$，所以 $b^2=16$，$b=4$，$2b=8$，焦距 $2c=10$.

32. 解析：将 $y=x+m$ 代入椭圆方程并整理得 $5x^2+2mx+m^2-1=0$，直线与椭圆有公共点，应满足 $\Delta=4m^2-4\cdot5(m^2-1)\geqslant 0$，即 $4m^2-5\leqslant 0$，即 m 的范围为 $\left[-\dfrac{\sqrt{5}}{2},\dfrac{\sqrt{5}}{2}\right]$.

33. 解析：由题意得，椭圆右焦点为 $(5,0)$，即圆心 $(5,0)$，双曲线的渐近线为 $y=\pm\dfrac{3}{4}x$，所以圆心到渐近线的距离 $r=\dfrac{|15|}{\sqrt{3^2+4^2}}=3$，圆的标准方程为 $(x-5)^2+y^2=9$.

34. 解析：由题意知，双曲线左焦点为 $(-2\sqrt{3},0)$，即抛物线焦点 $(-2\sqrt{3},0)$，所

以 $\frac{p}{2}=2\sqrt{3}$，$p=4\sqrt{3}$，抛物线标准方程为 $y^2=-8\sqrt{3}x$.

35. 解析：由题意得，抛物线的焦点为 $(2,0)$，即双曲线的半实轴 $a=2$，又由 $e=\frac{3}{2}$，得半焦距 $c=3$，从而 $b^2=5$，所以双曲线标准方程为 $\frac{x^2}{4}-\frac{y^2}{5}=1$.

36. 解析：由已知得，椭圆焦点为 $(0,\pm3)$，将纵坐标 4 代入双曲线方程得 $x=\pm\sqrt{15}$，即双曲线与椭圆的交点为 $(\pm\sqrt{15},4)$，故设椭圆方程为 $\frac{y^2}{m}+\frac{x^2}{m-9}=1$，将 $(\pm\sqrt{15},4)$ 代入并整理得 $m^2-40m+144=0$，解得 $m=4$（舍去）或 $m=36$，所以椭圆方程为 $\frac{y^2}{36}+\frac{x^2}{27}=1$.

37. 解析：(1) 由准线方程得，$\frac{p}{2}=\frac{1}{4}$，$p=\frac{1}{2}$，所以抛物线方程为 $y^2=x$.

(2) 设 $Q(y^2,y)$，$|AQ|=\sqrt{(y^2-1)^2+y^2}=\sqrt{y^4-y^2+1}=\sqrt{\left(y^2-\frac{1}{2}\right)^2+\frac{3}{4}}$.

所以当 $y^2=\frac{1}{2}$，即 $y=\pm\frac{\sqrt{2}}{2}$ 时，$|AQ|$ 距离最小，$|AQ|_{\min}=\frac{\sqrt{3}}{2}$.

即点 Q 与 $A(1,0)$ 的最小距离为 $\frac{\sqrt{3}}{2}$.

单元测试卷 B

一、选择题

1. A 2. B 3. B 4. B 5. C 6. A 7. C 8. C 9. B 10. C 11. B 12. B
13. B 14. C 15. C

二、填空题

16. $\frac{x^2}{9}+\frac{y^2}{16}=1$ 17. $\frac{x^2}{2}-\frac{y^2}{4}=1$ 18. $\frac{x^2}{25}+\frac{y^2}{16}=1(y\neq0)$ 19. $y^2=-4x$ 20. 3
21. 5 或 7 22. 1 或 9 23. $(-6,-1)\cup(-1,4)$ 24. $(4,13)$ 25. $\frac{y^2}{7}-\frac{x^2}{14}=1$ 26. $\frac{x^2}{12}+\frac{y^2}{3}=1$ 27. 2 28. $\frac{y^2}{81}+\frac{x^2}{72}=1$ 29. 12 30. $y=\pm\sqrt{3}x$

三、解答题

31. 解析：直线 $x-3y-6=0$ 与坐标轴的交点为 $(6,0)$，$(0,-2)$，所以抛物线中 $p=12$ 或 4，抛物线方程为 $y^2=24x$ 或 $x^2=-8y$.

32. 解析：设 $A(x_1,y_1)$，$B(x_2,y_2)$，将直线 $x+y-1=0$ 代入椭圆 $x^2+4y^2=4$ 并整理得，$5x^2-8x=0$，所以 $x_1+x_2=\frac{8}{5}$，所以 AB 中点横坐标 $x=\frac{4}{5}$，代入 $x+y-1=0$

得，$y=\dfrac{1}{5}$，即 AB 中点坐标为 $\left(\dfrac{4}{5},\dfrac{1}{5}\right)$.

33. 解析：由 $e=\dfrac{2\sqrt{2}}{3}$，得 $c=\dfrac{2\sqrt{2}}{3}a$，又因为三角形周长为 $2c+2a=6+4\sqrt{2}$，所以 $a=3$，$c=2\sqrt{2}$，$b=1$，所以焦点在 x 轴上的椭圆方程为 $\dfrac{x^2}{9}+y^2=1$.

34. 解析：由已知得椭圆离心率 $e=\dfrac{\sqrt{2}}{2}$，双曲线离心率 $e=\sqrt{2}$，所以双曲线中 $a=b$，抛物线 $y^2=8x$ 的焦点为 $(2,0)$，所以 $c^2=4$，$a^2=b^2=2$，所以双曲线方程为 $x^2-y^2=2$.

35. 解析：(1)抛物线方程 $y^2=4x$；抛物线焦点为 $(1,0)$，倾斜角为 $45°$，所以直线的斜率 $k=1$，所以直线方程为 $y=x-1$，即 $x-y-1=0$ 为所求；
(2)设 $A(x_1,y_1)$，$B(x_2,y_2)$，将直线方程 $y=x-1$ 代入抛物线 $y^2=4x$ 并整理得，$x^2-6x+1=0$，由韦达定理得 $x_1+x_2=6$，所以 $|AB|=6+2=8$.

36. 解析：(1)由已知得椭圆离心率 $e=\dfrac{4}{5}$，焦点为 $(\pm4,0)$，所以双曲线离心率 $e=2$，所以双曲线中 $a=2$，$b^2=16-4=12$，所以双曲线方程为 $\dfrac{x^2}{4}-\dfrac{y^2}{12}=1$；
(2)由(1)双曲线渐近线方程为 $y=\pm\sqrt{3}x$，所以椭圆焦点到渐近线的距离为 $d=\dfrac{4\sqrt{3}}{2}=2\sqrt{3}$.

37. 解析：设 $A(x_1,y_1)$，$B(x_2,y_2)$，将直线 $y=k(x+1)$ 代入抛物线 $y^2=-x$，消去 y 并整理得 $k^2x^2+(2k^2+1)x+k^2=0$，所以 $x_1+x_2=-\left(2+\dfrac{1}{k^2}\right)$，$x_1x_2=1$，$y_1y_2=k^2(x_1+1)(x_2+1)=k^2(x_1x_2+x_1+x_2+1)=-1$，所以 $x_1x_2+y_1y_2=1-1=0$，故 $OA\perp OB$.

第五章 立体几何

5.1 平面的基本性质

【课堂基础训练】

1. C 2. B 3. D 4. B 5. B 6. C 7. C 8. D 9. A 10. A

二、填空题

11. 2 12. $\in$；$\notin$；$\not\subset$；AC 13. 1个或4个或无数个 14. ④ 15. ③④ 16. (1) O；(2) A_1B_1；(3) AC；(4) OO_1

三、解答题

17. 解析：(1)符号语言表示：$\alpha\cap\beta\cap\gamma=P$，$\alpha\cap\beta=PA$，$\alpha\cap\gamma=PB$，$\beta\cap\gamma=PC$.

如图1所示.

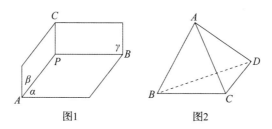

第17题图

(2)符号语言表示：平面$ABD\cap$平面$BCD=BD$，平面$ABC\cap$平面$ADC=AC$.
如图2所示.

18. 解析：(1)点A在平面α内，点B不在平面α内，如图①所示；

(2)直线l在平面α内，直线m与平面α相交于点A，且点A不在直线l上，如图②所示；

(3)直线l经过平面α外一点P和平面α内一点Q，如图③所示.

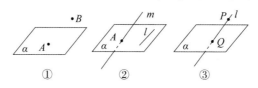

第18题图

19. 解析：如图所示，因为$l_1\cap l_2=A$，所以l_1和l_2确定一个平面α.

因为$l_2\cap l_3=B$，所以$B\in l_2$.

又因为$l_2\subset\alpha$，所以$B\in\alpha$. 同理可证$C\in\alpha$.

又因为$B\in l_3$，$C\in l_3$，所以$l_3\subset\alpha$.

所以直线l_1，l_2，l_3在同一平面内.

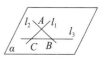

第19题图

20. 解析：如图所示，因为$AB\cap\alpha=P$，所以$P\in AB$，$P\in$平面α.

又因为$AB\subset$平面ABC，所以$P\in$平面ABC.

所以由公理3可知，点P在平面ABC与平面α的交线上，同理可证Q，R也在平面ABC与平面α的交线上.

所以P，Q，R三点共线.

第20题图

【课堂拓展训练】

一、填空题

1. $N\in a\subset\beta$ 2. 1或3 3. CR 4. 相交 5. 1或3 6.
(1)C；(2)D；(3)A；(4)B

三、解答题

7. 解析：(1)点 $P\in$ 直线 AB；

(2)点 $C\notin$ 直线 AB；

(3)点 $M\in$ 平面 AC；

(4)点 $A_1\notin$ 平面 AC；

(5)直线 $AB\cap$ 直线 $BC=B$；

(6)直线 $AB\subset$ 平面 AC；

(7)平面 $A_1B\cap$ 平面 $AC=AB$.

8. 解析：

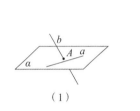
（1）

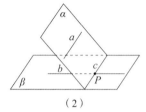
（2）

第 8 题图

9. 解析：如图所示，因为 $EF\cap GH=P$，所以 $P\in EF$ 且 $P\in GH$.

又因为 $EF\subset$ 平面 ABD，$GH\subset$ 平面 CBD，所以 $P\in$ 平面 ABD，且 $P\in$ 平面 CBD，又 $P\in$ 平面 $ABD\cap$ 平面 CBD，平面 $ABD\cap$ 平面 $CBD=BD$，由公理 3 可得 $P\in BD$.

所以点 P 在直线 BD 上．

10. 解析：如图所示．

(1)连接 B_1D_1，因为 EF 是 $\triangle D_1B_1C_1$ 的中位线，所以 $EF\parallel B_1D_1$. 在正方体 AC_1 中，$B_1D_1\parallel BD$，所以 $EF\parallel BD$. 所以 EF，BD 确定一个平面，即 D，B，F，E 四点共面．

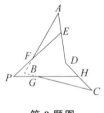

第 9 题图

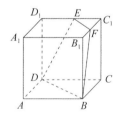

第 10 题图

5.2 空间中两条直线的位置关系

【课堂基础训练】

一、选择题

1．A　2．D　3．B　4．C　5．D　6．D　7．C　8．A　9．A　10．A

二、填空题

11．(1)平行；(2)异面；(3)相交；(4)异面　12．60°　13．5　14．45°　15．8

16．$\dfrac{\sqrt{5}}{5}$

三、解答题

17．解析：如图所示，连接 BD．

因为 EH 是△ABD 的中位线，所以 EH∥BD，且 $EH=\dfrac{1}{2}BD$．

同理，FG∥BD，且 $FG=\dfrac{1}{2}BD$．

因此，EH∥FG，又 $EH=FG$，所以四边形 $EFGH$ 为平行四边形．

18．解析：如图所示，取 BB_1 的中点 G，连接 GC_1，GE．
因为 F 为 CC_1 的中点，所以 BG∥C_1F．
所以四边形 BGC_1F 为平行四边形．
所以 BF∥GC_1．

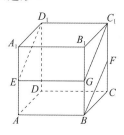

第18题图

又因为 EG∥A_1B_1，A_1B_1∥C_1D_1，所以 EG∥D_1C_1，所以四边形 EGC_1D_1 为平行四边形，所以 ED_1∥GC_1，所以 BF∥ED_1．

19．解析：(1)因为 DC∥AB，所以 AB 与 B_1C 所成的角即∠B_1CD，因为 DC⊥平面 B_1C，所以 DC⊥B_1C，∠$B_1CD=90°$，所以 AB 与 B_1C 所成的角为 $90°$．

(2)连接 BC_1，因为 AD_1∥BC_1，所以 AD_1 与 BD 所成的角即∠C_1BD，连接 DC_1，则△C_1BD 是等边三角形，所以∠$C_1BD=60°$，所以 AD_1 与 BD 所成的角为 $60°$．

(3)因为 AD_1∥BC_1，所以 A_1C_1 与 AD_1 所成的角即∠A_1C_1B，连接 A_1B，则△A_1C_1B 是等边三角形，所以∠$A_1C_1B=60°$，所以 A_1C_1 与 AD_1 所成的角为 $60°$．

20．解析：如图所示，连接 BC_1，A_1C_1，因为 BC_1∥AD_1，∠A_1BC_1 是异面直线 A_1B 与 AD_1 所成的角．

因为 $AB=1$，$AA_1=2$，所以 $A_1B=C_1B=\sqrt{5}$，$A_1C_1=\sqrt{2}$，∠A_1BC_1 的余弦值为 $\dfrac{4}{5}$．

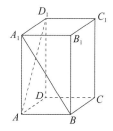

第20题图

【课堂拓展训练】

一、填空题

1．(1)$AC=BD$；(2)$AC=BD$ 且 $AC⊥BD$．　2．$\dfrac{3}{5}$　3．③④　4．②④　5．$60°$　6．5

二、解答题

7. 解析：如图所示，连接 AC，
因为 M、N 为 CD、AD 的中点，
所以 $MN \parallel \dfrac{1}{2} AC$，$MN = \dfrac{1}{2} AC$.
由正方体性质可知 $AC \parallel A'C'$，$AC = A'C'$，
所以 $MN \parallel \dfrac{1}{2} A'C'$，$MN = \dfrac{1}{2} A'C'$，
所以四边形 $MNA'C'$ 是梯形．

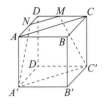

第 7 题图

8. 解析：如图所示，连接 A_1D 和 C_1D.
因为 $B_1C \parallel A_1D$，
所以 $\angle DA_1C_1$ 即异面直线 A_1C_1 与 B_1C 所成的角．
所以 A_1D，A_1C_1，C_1D 为正方体各面上的对角线，
所以 $A_1D = A_1C_1 = C_1D$，
所以 $\triangle A_1C_1D$ 为等边三角形，即 $\angle C_1A_1D = 60°$.
所以异面直线 A_1C_1 与 B_1C 所成的角为 $60°$.

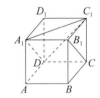

第 8 题图

9. 解析：如图所示，取 AC 中点 F，连接 DF，EF，在 $\triangle PAC$ 中，因为 D 是 PC 中点，F 是 AC 中点，所以 $DF \parallel PA$，同理可得 $EF \parallel BC$. 所以 $\angle DFE$ 为异面直线 PA 与 BC 所成的角（或其补角）．

在 $\triangle DEF$ 中，$DE = 3$，又 $DF = \dfrac{1}{2} PA = 2$，$EF = \dfrac{1}{2} BC = \sqrt{5}$，所以 $DE^2 = DF^2 + EF^2$.

所以 $\angle DFE = 90°$，即异面直线 PA 与 BC 所成的角为 $90°$.

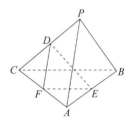

第 9 题图

10. 解析：因为 E，F，G，H 分别为中点，如图所示，所以 $FG \parallel EH \parallel \dfrac{1}{2} BD$，$FG = EH = \dfrac{1}{2} BD$，
$HG \parallel EF \parallel \dfrac{1}{2} AC$，$FG = EH = \dfrac{1}{2} BD$.
又因为 $BD \perp AC$ 且 $BD = AC$，所以 $FG \perp HG$ 且 $FG = HG$，所以四边形 $EFGH$ 为正方形．

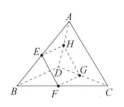

第 10 题图

5.3 直线与平面的位置关系

5.3.1 直线与平面平行

【课堂基础训练】

一、选择题

1. C 2. D 3. B

二、填空题

4. ② 5. 平行

三、解答题

6. 解析：连接 BD，如图所示．因为 E，F 分别为棱 AD，AB 的中点，所以 $EF \mathbin{/\mkern-6mu/} BD$，

又由正方体的性质知，$BB_1 \mathbin{/\mkern-6mu/} DD_1$，所以四边形 BDD_1B_1 为平行四边形，所以 $BD \mathbin{/\mkern-6mu/} B_1D_1$，因为 $EF \mathbin{/\mkern-6mu/} B_1D_1$，且 $EF \not\subset$ 平面 CB_1D_1，$B_1D_1 \subset$ 平面 CB_1D_1，所以 $EF \mathbin{/\mkern-6mu/}$ 平面 CB_1D_1．

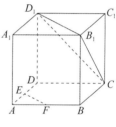

第6题图

【课堂拓展训练】

一、选择题

1. C 2. D 3. C

二、填空题

4. ②③④ 5. 平行或异面

三、解答题

6. 解析：如图所示，因为 $EF \mathbin{/\mkern-6mu/}$ 平面 AB_1C，$EF \subset$ 平面 $ABCD$，且平面 $AB_1C \cap$ 平面 $ABCD = AC$，所以 $EF \mathbin{/\mkern-6mu/} AC$，又因为 E 为 AD 的中点，所以 F 为 CD 的中点，所以 $EF = \dfrac{1}{2} AC$，因为正方体的棱长为 2，所以 $AC = 2\sqrt{2}$，所以 $EF = \sqrt{2}$．

5.3.2 直线与平面垂直

【课堂基础训练】

一、选择题

1. A 2. C 3. C 4. D 5. C 6. D 7. B 8. D 9. A 10. D

二、填空题

11. ④ 12. 平行 13. $90°$ 14. 直角三角形 15. AB，AC，BC 16. $4\sqrt{5}$

三、解答题

17. 解析：由题意知，$ED \perp$ 平面 $ADCB$，所以，$ED \perp AB$.

又因为 $AB \perp AD$，$ED \cap AD = D$，所以 $AB \perp$ 平面 AED，所以，BA 即所求距离，因此点 B 到平面 AED 的距离为 2.

因为 $ED \perp$ 平面 $ADCB$，所以 E 到平面 $ADCB$ 的距离为 $\sqrt{2}$.

因为 $EF /\!/$ 平面 $ABCD$，所以 EF 到平面 $ABCD$ 的距离也是 $\sqrt{2}$.

因此点 B 到平面 AED 的距离为 2，EF 到平面 $ABCD$ 的距离为 $\sqrt{2}$.

18. 解析：如图所示：由 $AB = BC = BD = 2$ 且 $\angle ABC = \angle DBC = 120°$，可得 $\triangle ABC \cong \triangle BCD$，所以 $AC = DC$，又由 G 为 AD 的中点，所以 $CG \perp AD$，因为 G 为 AD 的中点，可得 $BG \perp AD$，又因为 $CG \cap BG = G$ 且 CG，$BG \subset$ 平面 BCG，所以 $AD \perp$ 平面 BCG，因为 E，F 分别为 AC，DC 的中点，所以 $EF /\!/ AD$，所以 $EF \perp$ 平面 BCG.

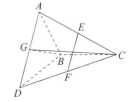

第 18 题图

19. 解析：如图所示，因为 O，E 分别是 BD，BC 的中点，所以 $BO = DO$，因为 $AB = AD = \sqrt{2}$，所以 $AO \perp BD$，则 $AO^2 + BO^2 = AB^2$，即 $AO = 1$.

因为 $BO = DO$，$BC = CD$，所以 $CO \perp BD$，则 $CO^2 + BO^2 = BC^2$，即 $CO = \sqrt{3}$，在 $\triangle AOC$ 中，由已知可得 $AC = 2$，所以 $AO^2 + CO^2 = AC^2$，$AO \perp OC$. 因为 $BD \cap OC = O$，BD，$OC \subset$ 平面 BCD，所以 $AO \perp$ 平面 BCD.

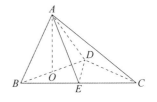

第 19 题图

20. 解析：(1) 因为 $AB = AC$，线段 BC 的中点为 M，所以 $BC \perp AM$.

因为 PA 是三棱锥 $P-ABC$ 的高，所以 $PA \perp$ 平面 ABC，

因为 $BC \subset$ 平面 ABC，所以 $PA \perp BC$.

因为 $PA \subset$ 平面 PAM，$AM \subset$ 平面 PAM，$PA \cap AM = A$，所以 $BC \perp$ 平面 PAM.

(2) 在平面 PAM 中，过点 A 作 $AH \perp PM$，如图所示，

因为 $BC \perp$ 平面 PAM，$AH \subset$ 平面 PAM，所以 $BC \perp AH$.

因为 $AH \perp PM$，$BC \subset$ 平面 PBC，$PM \subset$ 平面 PBC，$PM \cap BC = M$，所以 $AH \perp$ 平面 PBC.

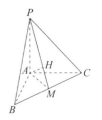

第 20 题图

在 Rt$\triangle BAC$ 中，$AM = \dfrac{1}{2}BC = \dfrac{1}{2}\sqrt{AB^2 + AC^2} = \dfrac{1}{2} \times \sqrt{4+4} = \sqrt{2}$.

所以在 Rt$\triangle PAM$ 中，$PM = \sqrt{PA^2 + AM^2} = \sqrt{4+2} = \sqrt{6}$，

所以 $AH = \dfrac{PA \times AM}{PM} = \dfrac{2\sqrt{2}}{\sqrt{6}} = \dfrac{2\sqrt{3}}{3}$,

所以点 A 到平面 PBC 的距离为 $\dfrac{2\sqrt{3}}{3}$.

【课堂拓展训练】

一、填空题

1. ② 2. ③④ 3. ②④ 4. 一；无数 5. 四 6. BC

二、解答题

7. 解析：(1)因为 $SA=SC$, D 为 AC 的中点, 所以 $SD \perp AC$, 在 Rt$\triangle ABC$ 中, 有 $AD=DC=BD$, 又因为 $SA=SB$, 所以 $\triangle ADS \cong \triangle BDS$, 所以 $SD \perp BD$. 又 $AC \cap BD = D$, 所以 $SD \perp$ 平面 ABC.

(2)因为 $BA=BC$, D 为 AC 的中点, 所以 $BD \perp AC$；

又由(1)知 $SD \perp$ 平面 ABC, 所以 $BD \subset$ 平面 ABC, 所以 $SD \perp BD$.

因为 $AC \cap SD = D$, 所以 $BD \perp$ 平面 SAC.

8. 解析：如图所示, 因为 AB 是圆柱上底面的一条直径, 所以 $AC \perp BC$, 又 AD 垂直于圆柱的底面, 所以 $AD \perp BC$, 因为 $AC \cap AD = A$, 所以 $BC \perp$ 平面 ACD.

9. 解析：(1)在圆中, 因为 C 为圆上异于 A, B 的任意一点, 所以 $BC \perp AC$, 因为 $PA \perp BC$, $PA \cap AC = A$, 所以 $BC \perp$ 平面 PAC；

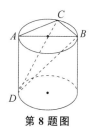

第 8 题图

(2)因为 $BC \perp$ 平面 PAC, $AE \subset$ 平面 PAC, 所以 $AE \perp$ 平面 PBC, 又因为 $EF \subset$ 平面 PBC, 所以 $AE \perp EF$.

10. 解析：(1)连接 BD, B_1D_1, 如图所示, 因为 $DD_1 \perp$ 平面 $ABCD$, $AC \subset$ 平面 $ABCD$, 所以 $DD_1 \perp AC$, 又 $AC \perp BD$, $BD \cap DD_1 = D$, BD, $DD_1 \subset$ 平面 DBB_1D_1, 所以 $AC \perp$ 平面 DBB_1D_1, 又 $DB_1 \subset$ 平面 DBB_1D_1, 所以 $AC \perp DB_1$.

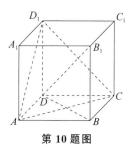

第 10 题图

(2)由 $AC \perp DB_1$, 即 $DB_1 \perp AC$, 同理可得 $DB_1 \perp AD_1$, 又 $AD_1 \cap AC = A$, AD_1, $AC \subset$ 平面 ACD_1, 所以 $DB_1 \perp$ 平面 ACD_1.

5.3.3 直线与平面所成的角

【课堂基础训练】

一、选择题

1. B 2. D 3. C

二、填空题

4. ②　5.(1)45°；(2)30°

三、解答题

6. 解析：如图所示，因为 $AB\perp$ 平面 AA_1D_1D，所以 $\angle AA_1B$ 就是 A_1B 与平面 AA_1D_1D 所成的角．

在 Rt $\triangle AA_1B$ 中，$\angle BAA_1=90°$，$AB=AA_1$，所以 $\angle AA_1B=45°$，

所以 A_1B 与平面 AA_1D_1D 所成的角是 $45°$．

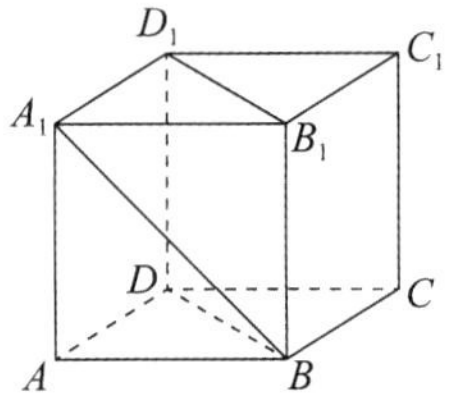

第6题图

【课堂拓展训练】

一、选择题

1. D　2. C　3. B

二、填空题

4. 30°　5. $OA>OB>OC$

三、解答题

6. 解析：连接 A_1C_1 交 B_1D_1 于点 O，连接 BO，如图所示．

因为 $A_1O\perp B_1D_1$，$BB_1\perp A_1O$，$BB_1\cap B_1D_1=B_1$，BB_1，$B_1D_1\subset$ 平面 BB_1D_1D，所以 $A_1O\perp$ 平面 BB_1D_1D，所以 $\angle A_1BO$ 就是 A_1B 与平面 BB_1D_1D 所成的角．

设正方体的棱长为1，则 $A_1B=\sqrt{2}$，$A_1O=\dfrac{\sqrt{2}}{2}$．

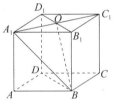

第6题图

又因为 $\angle A_1OB=90°$，所以 $\sin\angle A_1BO=\dfrac{A_1O}{A_1B}=\dfrac{1}{2}$，又 $0°\leqslant\angle A_1BO\leqslant 90°$，所以 $\angle A_1BO=30°$，所以 A_1B 与平面 BB_1D_1D 所成的角是 $30°$．

5.4　平面与平面的位置关系

5.4.1　平面与平面平行

【课堂基础训练】

一、选择题

1. D　2. D　3. A

二、填空题

4. ③　5. 异面或平行

三、解答题

6. 解析：因为 E，F 分别为 AB，AC 的中点，所以 $EF/\!/BC$.
因为 $EF \not\subset$ 平面 $BCHG$，$BC \subset$ 平面 $BCHG$，所以 $EF/\!/$ 平面 $BCHG$.

因为在三棱柱 $ABC-A_1B_1C_1$ 中，$A_1B_1/\!/AB$，$A_1B_1=AB$，
所以 $A_1G/\!/EB$，$A_1G=\dfrac{1}{2}A_1B_1=\dfrac{1}{2}AB=EB$.

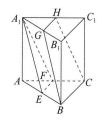

第6题图

所以四边形 A_1EBG 是平行四边形，所以 $A_1E/\!/GB$.
因为 $A_1E \not\subset$ 平面 $BCHG$，$GB \subset$ 平面 $BCHG$，所以 $A_1E/\!/$ 平面 $BCHG$.
因为 $A_1E \cap EF=E$，A_1E，$EF \subset$ 平面 EFA_1，所以平面 $EFA_1/\!/$ 平面 $BCHG$.

【课堂拓展训练】

一、选择题

1. A 2. C 3. C

二、填空题

4. ①②③ 5. 平行

三、解答题

6. 解析：如图所示，因为 $AA_1/\!/CC_1$，且 $AA_1=CC_1$，
所以四边形 AA_1C_1C 是平行四边形，则 $A_1C_1/\!/AC$.
同理可得，$A_1B/\!/D_1C$.
因为 $A_1C_1 \cap A_1B=A_1$，$D_1C \cap AC=C$，所以，平面 $A_1BC_1/\!/$ 平面 ACD_1.

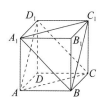

第6题图

5.4.2 平面与平面垂直

【课堂基础训练】

一、选择题

1. C 2. C 3. B 4. C 5. B 6. D 7. C 8. A 9. D 10. D

二、填空题

11. ③ 12. 垂直 13. $\dfrac{\pi}{4}$ 14. 1 或无数 15. $\dfrac{\pi}{4}$ 16. 2

三、解答题

17. 解析：如图所示，因为 $\angle CDP=90°$，所以 $CD \perp DP$，因为 $AB/\!/CD$，所以 $AB \perp DP$，又因为 $\angle BAP=90°$，即 $AB \perp AP$，且 AP，$DP \subset$ 平面 PAD，所以 $AB \perp$ 平面 PAD，且 $AB \subset$ 平面 $ABCD$，所以平面 $PAD \perp$ 平面 $ABCD$.

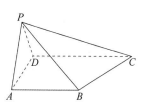

第17题图

53

18. 解析：(1)因为 $PA\perp$ 矩形 $ABCD$ 所在的平面，所以 $PA\perp AB$，又 $AB\perp AD$，且 $PA\cap AD=A$，PA，$AD\subset$ 平面 PAD，所以 $AB\perp$ 平面 PAD，又 $AB\subset$ 平面 PAB，所以平面 $PAB\perp$ 平面 PAD．

(2)因为 $PA\perp$ 矩形 $ABCD$ 所在的平面，所以 $PA\perp BC$，又 $BC\perp AB$，且 $PA\cap AB=A$，PA，$AB\subset$ 平面 PAB，所以 $BC\perp$ 平面 PAB，又 $BC\subset$ 平面 PBC，所以平面 $PBC\perp$ 平面 PAB．

19. 解析：(1)如图所示，由已知可得 PE，PF，PD 三条侧棱两两互相垂直，则 $PE\perp$ 平面 PDF，而 $PE\subset$ 平面 PDE，所以平面 $PDE\perp$ 平面 PDF．

(2)取 EF 中点 G，连接 PG，DG，可得 $PG\perp EF$，$DG\perp EF$，得 $\angle PGD$ 为二面角 $P-EF-D$ 的平面角．

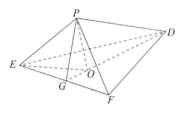

第 19 题图

设正方形 $ABCD$ 的边长为 2，则 $PD=2$，$PG=\dfrac{1}{2}EF=\dfrac{\sqrt{2}}{2}$，$DG=\dfrac{3\sqrt{2}}{2}$，

所以 $\cos\angle PGD=\dfrac{\frac{\sqrt{2}}{2}}{\frac{3\sqrt{2}}{2}}=\dfrac{1}{3}$，即二面角 $P-EF-D$ 的余弦值为 $\dfrac{1}{3}$．

20. 解析：(1)由题意知，$AB\perp$ 平面 BCC_1B_1，且 $AB\subset$ 平面 ABP，故平面 $BCC_1B_1\perp$ 平面 ABP；

(2)取 BC 的中点 Q，如图所示，直线 AA_1 与平面 ABP 所成角即直线 BB_1 与平面 ABP 所成角．易知 $\triangle BB_1Q\cong\triangle BCP$，

所以 $\angle BB_1Q=\angle PBC$，$\angle B_1QB=\angle BPC$，且 $\angle BB_1Q+\angle B_1QB=90°$，所以 $\angle PBC+\angle B_1QB=90°$，从而 $B_1Q\perp BP$．因为平面 $BCC_1B_1\cap$ 平面 $ABP=BP$，所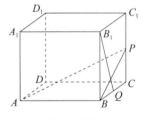

第 20 题图

以 $B_1Q\perp$ 平面 ABP，故 $\angle B_1BP$ 即直线 BB_1 与平面 ABP 的所成角．设正方体棱长为 a，则 $B_1Q=BP=\dfrac{\sqrt{5}}{2}a$，则 $\cos\angle B_1BP=\sin\angle BB_1Q=\dfrac{BQ}{B_1Q}=\dfrac{\sqrt{5}}{5}$．

【课堂拓展训练】

一、填空题

1. ①③④ 2. $45°$ 3. 3 4. 平面 A_1B_1CD，平面 BCC_1B_1，平面 ADD_1A_1 5. $90°$
6. 垂直

二、解答题

7. 解析：因为 $PC\perp$ 平面 $ABCD$，$BD\subset$ 平面 $ABCD$，所以 $PC\perp BD$．

因为四边形 $ABCD$ 为菱形,所以 $AC \perp BD$,又因为 $PC \cap AC = C$,PC,$AC \subset$ 平面 PAC,所以 $BD \perp$ 平面 PAC.

因为 $BD \subset$ 平面 PDB,所以平面 $PDB \perp$ 平面 PAC.

8. 解析:因为 $PA \perp$ 平面 ABC,$BC \subset$ 平面 ABC,所以 $PA \perp BC$;

因为 AB 是 $\odot O$ 的直径,且点 C 在圆周上,所以 $AC \perp BC$;

又因为 $PA \cap AC = A$,PA,$AC \subset$ 平面 PAC,所以 $BC \perp$ 平面 PAC.

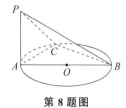

第 8 题图

而 $PC \subset$ 平面 PAC,所以 $PC \perp BC$.

又因为 BC 是二面角 $P-BC-A$ 的棱,所以 $\angle PCA$ 是二面角 $P-BC-A$ 的平面角.

由 $PA = AC$ 知,$\triangle PAC$ 是等腰直角三角形,所以 $\angle PCA = 45°$,故二面角 $P-BC-A$ 的大小是 $45°$.

9. 解析:(1):因为 D 为 AB 的中点,$\triangle PDB$ 是正三角形,$AB = 20$,所以 $PD = \frac{1}{2}AB = 10$,所以 $\angle APD = 30°$,故 $AP \perp PB$. 又 $PA \perp PC$,$PB \cap PC = P$,所以 $AP \perp$ 平面 PBC. 又因为 $BC \subset$ 平面 PBC,所以 $AP \perp BC$. 又 $AC \perp BC$,$AP \cap AC = A$,所以 $BC \perp$ 平面 PAC,又 $BC \subset$ 平面 ABC,所以平面 $PAC \perp$ 平面 ABC.

(2)因为 $PA \perp PC$,且 $AP \perp PB$,所以 $\angle BPC$ 是二面角 $D-AP-C$ 的平面角.

由(1)知 $BC \perp$ 平面 PAC,则 $BC \perp PC$,所以 $\sin \angle BPC = \frac{BC}{PB} = \frac{2}{5}$.

10. 解析:(1)连接 BD 与 AC 相交于点 O,连接 OE,如图所示.

因为四边形 $ABCD$ 为矩形,所以 O 为 BD 中点.

因为 E 为棱 PD 的中点,所以 $PB \parallel OE$.

因为 $PB \not\subset$ 平面 EAC,$OE \subset$ 平面 EAC,所以直线 $PB \parallel$ 平面 EAC.

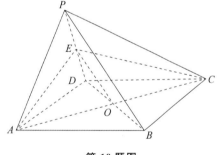

第 10 题图

(2)因为 $PA \perp$ 平面 PDC,$CD \subset$ 平面 PDC,所以 $PA \perp CD$.

因为四边形 $ABCD$ 为矩形,所以 $AD \perp CD$.

因为 $PA \cap AD = A$,PA,$AD \subset$ 平面 PAD,所以 $CD \perp$ 平面 PAD.

因为 $CD \subset$ 平面 $ABCD$,所以平面 $PAD \perp$ 平面 $ABCD$.

单元测试题 A 卷

一、选择题

1. D 2. C 3. A 4. C 5. B 6. C 7. B 8. D 9. C 10. A 11. B 12. C 13. D 14. B 15. D

二、填空题

16. ①   17. 4   18. 1   19. AC 20. $90°$ 21. $\dfrac{\sqrt{2}}{2}$ 22. 2   23. $\dfrac{\sqrt{3}}{3}$ 24. $60°$ 25. 平行

26. $4\sqrt{5}$ 27. $2\sqrt{3}$ 28. $2\sqrt{3}$ 29. $\sqrt{2}$ 30. ①②

三、解答题

31. 解析：(1)因为 $PA\perp$ 底面 $ABCD$，所以 $PA\perp CD$，又 $AD\perp CD$，所以 $CD\perp$ 平面 PAD，从而 $CD\perp PD$.

因为 $PD=\sqrt{2^2+(2\sqrt{2})^2}=2\sqrt{3}$，$CD=2$，所以三角形 PCD 的面积为 $\dfrac{1}{2}\times 2\times 2\sqrt{3}=2\sqrt{3}$.

(2)取 PB 中点 F，连接 EF，AF，如图所示，则 $EF\parallel BC$，从而 $\angle AEF$ 是异面直线 BC 与 AE 所成的角.

在 $\triangle AEF$ 中，由 $EF=\sqrt{2}$，$AF=\sqrt{2}$，$AE=2$ 知 $\triangle AEF$ 是等腰直角三角形，所以 $\angle AEF=\dfrac{\pi}{4}$.

因此，异面直线 BC 与 AE 所成角的大小是 $\dfrac{\pi}{4}$.

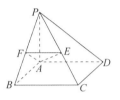

第 31 题图

32. 解析：(1)如图所示：因为 $PD=a$，$DC=a$，$PC=\sqrt{2}a$，所以 $PC^2=PD^2+DC^2$，则 $PD\perp DC$.

同理可证 $PD\perp AD$. 又因为 $AD\cap DC=D$，且 AD，$DC\subset$ 平面 $ABCD$，所以 $PD\perp$ 平面 $ABCD$.

(2)由(1)知 $PD\perp$ 平面 $ABCD$，又因为 $AC\subset$ 平面 $ABCD$，所以 $PD\perp AC$.

因为四边形 $ABCD$ 是正方形，所以 $AC\perp BD$.

又因为 $BD\cap PD=D$，且 PD，$BD\subset$ 平面 PBD，

所以 $AC\perp$ 平面 PBD.

又因为 $AC\subset$ 平面 PAC，所以平面 $PAC\perp$ 平面 PBD.

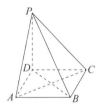

第 32 题图

33. 解析：(1)如图所示，因为 E，F 分别为 AC，BC 的中点，所以 $EF\parallel AB$. 又 $EF\not\subset$ 平面 PAB，$AB\subset$ 平面 PAB，所以 $EF\parallel$ 平面 PAB.

(2)因为 $PA=PC$，E 为 AC 的中点，所以 $PE\perp AC$.

又因为平面 $PAC\perp$ 平面 ABC，所以 $PE\perp$ 平面 ABC，所以 $PE\perp BC$.

又因为 F 为 BC 的中点，所以 $EF\parallel AB$.

因为 $\angle ABC=90°$，所以 $BC\perp EF$.

因为 $EF\cap PE=E$，所以 $BC\perp$ 平面 PEF.

又因为 $BC\subset$ 平面 PBC，所以平面 $PBC\perp$ 平面 PEF.

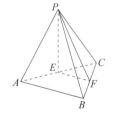

第 33 题图

34. 解析：(1)如图所示，因为 $PA\perp$ 平面 $ABCD$，$CD\subset$ 平面 $ABCD$，所以 $PA\perp$

CD. 又 $CD \perp PC$，$PA \cap PC = P$，

所以 $CD \perp$ 平面 PAC.

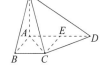

第34题图

(2)因为 $AD \parallel BC$，$AB \perp BC$，$AB = BC = 1$，所以 $\angle BAC = 45°$，$\angle CAD = 45°$，$AC = \sqrt{2}$.

因为 $CD \perp$ 平面 PAC，所以 $CD \perp CA$，所以 $AD = 2$.

又因为 E 为 AD 的中点，所以 $AE = BC = 1$，所以 $AE \underline{\parallel} BC$，

所以四边形 $ABCE$ 是平行四边形，所以 $CE \parallel AB$.

又因为 $AB \subset$ 平面 PAB，$CE \not\subset$ 平面 PAB，所以 $CE \parallel$ 平面 PAB.

35．解析：(1)如图所示，在三棱柱 $ABC - A_1B_1C_1$ 中，$BB_1 \perp$ 底面 ABC，所以 $BB_1 \perp AB$.

又因为 $AB \perp BC$，所以 $AB \perp$ 平面 B_1BCC_1.

因为 $AB \subset$ 平面 ABE，所以平面 $ABE \perp$ 平面 B_1BCC_1.

(2)取 AB 的中点 G，连接 EG，FG，如图所示.

因为 E，F 分别是 A_1C_1，BC 的中点，所以 $FG \parallel AC$，且

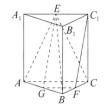

第35题图

$FG = \dfrac{1}{2}AC$. 因为 $AC \parallel A_1C_1$，且 $AC = A_1C_1$，所以 $FG \parallel EC_1$，

且 $FG = EC_1$. 所以四边形 $FGEC_1$ 为平行四边形，所以 $C_1F \parallel EG$.

又因为 $EG \subset$ 平面 ABE，$C_1F \not\subset$ 平面 ABE，所以 $C_1F \parallel$ 平面 ABE.

(3)因为 $AA_1 = AC = 2$，$BC = 1$，$AB \perp BC$，所以 $AB = \sqrt{AC^2 - BC^2} = \sqrt{3}$.

所以三棱锥 $E - ABC$ 的体积 $V = \dfrac{1}{3}S_{\triangle ABC} \cdot AA_1 = \dfrac{1}{3} \times \dfrac{1}{2} \times \sqrt{3} \times 1 \times 2 = \dfrac{\sqrt{3}}{3}$.

36．解析：(1)如图所示，因为 $SA = SC$，D 是 AC 的中点，

所以 $SD \perp AC$. 在 $Rt\triangle ABC$ 中，$AD = BD$.

由已知 $SA = SB$，所以 $\triangle ADS \cong \triangle BDS$，所以 $SD \perp BD$，又

$AC \cap BD = D$，所以 $SD \perp$ 平面 ABC.

第36题图

(2)因为 $AB = BC$，D 为 AC 的中点，所以 $BD \perp AC$，由(1)

知 $SD \perp BD$，又因为 $SD \cap AC = D$，所以 $BD \perp$ 平面 SAC.

37．解析：(1)因为 $PA = PC$，M 为 AC 的中点，所以 $PM \perp$

AC.①又 $\angle ABC = 90°$，$AB = 8$，$BC = 6$，所以 $AM = MC =$

$MB = \dfrac{1}{2}AC = 5$.

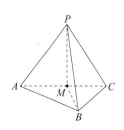

在 $\triangle PMB$ 中，$PB = 13$，$MB = 5$.

$PM = \sqrt{PC^2 - MC^2} = \sqrt{13^2 - 5^2} = 12$.

所以 $PB^2 = MB^2 + PM^2$，即 $PM \perp MB$.

因为 $AC \cap MB = M$，所以 $PM \perp$ 平面 ABC.

第37题图

(2)因为 $PM \perp$ 平面 ABC，所以 $\angle PBM$ 为 BP 与底面 ABC 所成的角.

在 Rt△PMB 中，$\tan \angle PBM = \dfrac{PM}{MB} = \dfrac{12}{5}$.

所以直线 BP 与平面 ABC 所成角的正切值为 $\dfrac{12}{5}$.

单元测试题 B 卷

一、选择题

1．B　2．D　3．A　4．B　5．C　6．A　7．D　8．B　9．B　10．C　11．B　12．A　13．B　14．D　15．D

二、填空题

16．$l \cap \alpha = A$　17．1　18．①②③④　19．相交　20．菱形　21．②③　22．$\dfrac{\pi}{3}$　23．①②③　24．平行　25．5　26．2　27．30°　28．平行　29．1 或 3　30．45°

三、解答题

31．解析：如图所示，由已知 $a // b$，所以过 a，b 有且只有一个平面 α．

设 $a \cap l = A$，$b \cap l = B$，所以 $A \in \alpha$，$B \in \alpha$，且 $A \in l$，$B \in l$，所以 $l \subset \alpha$，即过 a，b，l 有且只有一个平面．

32．解析：因为 $ABCD - A_1B_1C_1D_1$ 为正方体，所以 $AD = A_1D_1$，且 $AD // A_1D_1$，又 M，M_1 分别为棱 AD，A_1D_1 的中点，所以 $AM = A_1M_1$ 且 $AM // A_1M_1$，所以四边形 AMM_1A_1 为平行四边形，所以 $MM_1 = AA_1$ 且 $MM_1 // AA_1$．

又 $AA_1 = BB_1$ 且 $AA_1 // BB_1$，所以 $MM_1 = BB_1$ 且 $MM_1 // BB_1$，所以四边形 BB_1M_1M 为平行四边形．

33．解析：如图所示，连接 AC．因为 AB 是 ⊙O 的直径，C 是 ⊙O 上任意一点，所以 $BC \perp AC$．

因为 $PA \perp$ ⊙O 所在的平面，所以 $PA \perp BC$．

因为 $PA \cap AC = A$，所以 $BC \perp$ 平面 PAC．

因为 $AE \subset$ 平面 PAC，所以 $AE \perp BC$．

因为 $AE \perp PC$，$PC \cap BC = C$，所以，$AE \perp$ 平面 PBC．

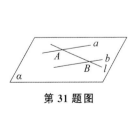

第 31 题图

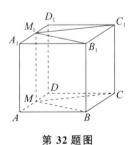

第 32 题图　第 33 题图

34. 解析：如图所示，连接 CD，则 $\angle EDC$ 就是 ED 与平面 ABC 所成的角.
因为在 $Rt\triangle ABC$ 中，$AC=3$，$BC=4$，所以 $AB=5$.
因为 D 是 AB 的中点，所以 $CD=\dfrac{5}{2}$.
在 $Rt\triangle ECD$ 中，$\tan\angle EDC=\dfrac{EC}{CD}=\dfrac{2}{\frac{5}{2}}=\dfrac{4}{5}$.

35. 解析：如图所示，因为 $\triangle ADB$ 是以 D 为直角顶点的直角三角形，所以 $BD\perp AD$. 设 $AD=BD=CD=1$，则 $AC=AB=\sqrt{2}$. 因为 $\angle BAC=60°$，所以 $\triangle ABC$ 是等边三角形，则 $BC=\sqrt{2}$.
则在 $\triangle BDC$ 中，$BD^2+DC^2=BC^2$，$\angle BDC=90°$，所以，$BD\perp DC$.
因为 $DC\cap AD=D$，所以，$BD\perp$ 平面 ADC.
(2) 由(1) 可知，$\triangle ADB$ 和 $\triangle BCD$ 都是等腰直角三角形，若 M 和 N 分别为 $\triangle ABD$ 和 $\triangle BCD$ 的外心，则 M 和 N 分别是 AB 和 BC 的中点.
所以 MN 是 $\triangle ABC$ 的中位线，所以 $MN/\!/AC$.
因为 $MN\not\subset$ 平面 ADC，$AC\subset$ 平面 ADC，所以 $MN/\!/$ 平面 ADC.

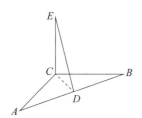

第 34 题图

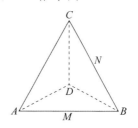

第 35 题图

36. 解析：(1) 如图所示，延长 DE，在平面 ACC_1A_1 中交 AC 于 F，连接 BF. 在 $\triangle DAB$ 中，$AD=AB=a$，则 $BD=\sqrt{2}a$.

在 $\triangle ADF$ 中，$CE=\dfrac{1}{2}a$，$CE/\!/AD$，所以 CE 是中位线，所以 $AC=CF=a$，则 $DF=\sqrt{5}a$.

在 $\triangle ABF$ 中，$AB=a$，$AF=2a$，$\angle BAF=60°$，则 $\angle ABF=90°$，$BF=\sqrt{3}a$.

所以，在 $\triangle DBF$ 中，$DF^2=BD^2+BF^2$，$\angle DBF=90°$.

所以 $\angle ABD$ 就是平面 BDE 与平面 ABC 所成角的平面角.
在 $Rt\triangle DAB$ 中，因为 $AD=AB=a$，所以 $\angle ABD=45°$.

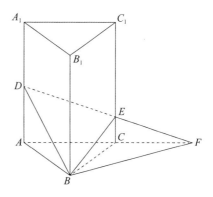

第 36 题图

(2)在 $\triangle BEF$ 中，因为 $BF=\sqrt{3}a$，$BE=\sqrt{BC^2+CE^2}=\frac{\sqrt{5}}{2}a$，$EF=\frac{1}{2}DF=\frac{\sqrt{5}}{2}a$，所以 $\cos\angle BFE=\dfrac{\left(\frac{\sqrt{5}}{2}a\right)^2+(\sqrt{3}a)^2-\left(\frac{\sqrt{5}}{2}a\right)^2}{2\times\frac{\sqrt{5}}{2}a\times\sqrt{3}a}=\frac{\sqrt{15}}{5}$.

所以 $\sin\angle BFE=\sqrt{1-\left(\frac{\sqrt{15}}{5}\right)^2}=\frac{\sqrt{10}}{5}$. 所以 $S_{\triangle BEF}=\frac{1}{2}EF\cdot BF\cdot\sin\angle BFE=\frac{1}{2}\times\frac{\sqrt{5}}{2}a\times\sqrt{3}a\times\frac{\sqrt{10}}{5}=\frac{\sqrt{6}}{4}a^2$.

设 C 到平面 BDE 的距离为 h，则 $V_{三棱锥C-BEF}=\frac{1}{3}\times\frac{\sqrt{6}}{4}a^2\times h$.

而 $S_{\triangle BCF}=\frac{1}{2}BC\cdot CF\cdot\sin\angle BCF=\frac{1}{2}a\times a\times\sin 120°=\frac{\sqrt{3}}{4}a^2$，所以 $V_{三棱锥E-BCF}=\frac{1}{3}\times\frac{\sqrt{3}}{4}a^2\times\frac{1}{2}a$.

因为 $V_{三棱锥C-BEF}=V_{三棱锥E-BCF}$，所以 $\frac{1}{3}\times\frac{\sqrt{6}}{4}a^2\times h=\frac{1}{3}\times\frac{\sqrt{3}}{4}a^2\times\frac{1}{2}a$，解得 $h=\frac{\sqrt{2}}{4}a$.

所以 C 到平面 BDE 的距离为 $\frac{\sqrt{2}}{4}a$.

37. 解析：(1)如图所示，因为 $ABCD$ 是菱形，所以 $AC\perp BD$.

因为 $PA\perp$ 面 $ABCD$，$BD\subset$ 平面 $ABCD$，所以 $PA\perp BD$.

因为 $PA\cap AC=A$，所以 $BD\perp$ 平面 PAC.

因为 $BD\subset$ 面 PBD，所以面 $PAC\perp$ 面 PBD.

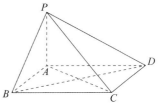

第 37 题图

(2)设 $AC\cap BD=O$，连接 PO.

由(1)可知，$\angle POA$ 就是二面角 $P-BD-A$ 的平面角.

因为 $AB=4$，$\angle DAB=120°$，所以在 $\mathrm{Rt}\triangle ABO$ 中，$AO=2$.

所以在 $\mathrm{Rt}\triangle PAO$ 中，$PO=\sqrt{2^2+3^2}=\sqrt{13}$.

所以，$\sin\angle POA=\dfrac{PA}{PO}=\dfrac{3}{\sqrt{13}}=\dfrac{3\sqrt{13}}{13}$.

所以，二面角 $P-BD-A$ 的正弦值是 $\dfrac{3\sqrt{13}}{13}$.

第六章 复数

6.1 复数的概念

6.1.1 复数的有关概念

【课堂基础训练】

一、选择题

1. B 2. C 3. B

二、填空题

4. $\dfrac{5}{2}$，4   5. $2-\mathrm{i}$

三、解答题

6. 解析：(1)实数应满足：$m^2-2m=0$，解得 $m=2$ 或 $m=0$；

(2)虚数应满足：$m^2-2m\neq 0$，解得 $m\neq 2$ 且 $m\neq 0$；

(3)纯虚数应满足：$\begin{cases} 2m^2-3m-2=0 \\ m^2-2m\neq 0 \end{cases}$，解得 $m=-\dfrac{1}{2}$.

【课堂拓展训练】

一、选择题

1. D 2. B 3. A

二、填空题

4. 1   5. $\dfrac{12}{25}$

三、解答题

6. 解析：由已知得 $a^2-3a-2+a-1=0$，所以 $a^2-2a-3=0$，解得 $a=3$ 或 $a=-1$.

6.1.2 复数的几何意义

【课堂基础训练】

一、选择题

1. B 2. A 3. D

二、填空题

4. 8   5. $2+4\mathrm{i}$

三、解答题

6. 解析：(1)由 $m^2-4m+3=0$，得 $m=3$ 或 $m=1$；

(2)由 $m^2-2m-3=0$，得 $m=3$ 或 $m=-1$；

(3) $\begin{cases} m^2-2m-3<0 \\ m^2-4m+3<0 \end{cases}$，解得 $1<m<3$，即实数 m 的取值范围为 $(1,3)$.

【课堂拓展训练】

一、选择题

1. B 2. D 3. D

二、填空题

4. 2   5. 7；3

三、解答题

6. 解析：设 $z=a+bi(a,b\in \mathbf{R})$，由题意得，$a+bi+\sqrt{a^2+b^2}=2+i$，所以有 $\begin{cases} a+\sqrt{a^2+b^2}=2 \\ b=1 \end{cases}$，解得 $a=\dfrac{3}{4}$，$b=1$，故复数 $z=\dfrac{3}{4}+i$，$\bar{z}=\dfrac{3}{4}-i$.

6.2 复数的运算

【课堂基础训练】

一、选择题

1. C 2. A 3. D

二、填空题

4. -2 5. 0

三、解答题

6. 解析：(1)$(2-i)(3+5i)=11+7i$；

(2)$(1-i)(1+i)=2$；

(3)$\left(-\dfrac{1}{2}+\dfrac{\sqrt{3}}{2}i\right)^2=-\dfrac{1}{2}-\dfrac{\sqrt{3}}{2}i$；

(4)$(1+i)^2=2i$；

(5)$(1-i)^2=-2i$.

【课堂拓展训练】

一、选择题

1. A 2. A 3. C

二、填空题

4. 17 5. (2)(4)(5)

三、解答题

6. 解析：(1) $z_1 - 2z_2 = -1$；

(2) $z_1 z_2 = (1+2i)(1+i) = -1+3i$，所以 $|z_1 z_2| = \sqrt{10}$；

(3) $(1+i)^3 = 2i(1+i) = -2+2i$；

(4) $z_1 \cdot \overline{z_1} = |z_1|^2 = 5$.

6.3 复数的应用

【课堂基础训练】

一、选择题

1. C 2. D 3. C

二、填空题

4. (0, 8) 5. $\{-2 \pm i\}$

三、解答题

6. 解析：由已知可得 $\Delta = 4 - 4a < 0$，所以 $x_1 = -1 + \sqrt{a-1}\,i$，$x_2 = -1 - \sqrt{a-1}\,i$. 于是 $|x_1 - x_2| = |2\sqrt{a-1}\,i| = 3$，所以 $\sqrt{a-1} = \dfrac{3}{2}$，所以 $a = \dfrac{13}{4}$.

【课堂拓展训练】

一、选择题

1. A 2. C 3. A

二、填空题

4. $-\dfrac{7}{4}$ 5. $2\sqrt{5}$

三、解答题

6. 解析：由题意可知，$\Delta = 36 - 4m$.

当 $\Delta \geqslant 0$ 即 $m \leqslant 9$ 时，解得 $x_1 + x_2 = 6$，$x_1 x_2 = m$，所以 $|x_1 - x_2| = \sqrt{(x_1+x_2)^2 - 4x_1 x_2} = \sqrt{36-4m} = 8$，解得 $m = -7$.

当 $\Delta < 0$ 即 $m > 9$ 时，解得 $x = 3 \pm \sqrt{m-9}\,i$，所以 $|x_1 - x_2| = |2\sqrt{m-9}\,i| = 8$，所以 $\sqrt{m-9} = 4$，所以 $m = 25$.

单元测试A卷

一、选择题

1. C 2. A 3. B 4. C 5. A 6. A 7. B 8. B 9. B 10. C 11. C 12. D 13. D 14. D 15. B

二、填空题

16. $1-3i$ 17. $3-2i$ 18. i 19. -3 20. $(1,2)$ 21. -1 或 6 22. $3+2i$ 23. 第三象限 24. $\pm 2i$ 25. 7 26. -20 27. $11+3i$ 28. -1 29. $\sqrt{13}$ 30. $2\pm 2i$

三、解答题

31. 解析：由已知得，$\overline{z_1}=2-3i$，$\overline{z_2}=3+2i$，所以 $\overline{z_1}+\overline{z_2}=5-i$，$\overline{z_1}-\overline{z_2}=-1-5i$，$z_1z_2=(2+3i)(3-2i)=12+5i$.

32. 解析：(1) 由 $\begin{cases} m^2-m-6=0 \\ m^2-2m-8\neq 0 \end{cases}$，得 $m=3$.

    (2) 由 $\begin{cases} m^2-m-6<0 \\ m^2-2m-8<0 \end{cases}$，得 $-2<m<3$，即实数 m 的取值范围为 $(-2,3)$.

33. 解析：由已知得，$\overline{z}=1-mi$，所以 $(1-mi)(3+i)=(3+m)+(1-3m)i$，所以 $3+m=0$ 且 $1-3m\neq 0$，解得 $m=-3$.

34. 解析：由已知得 $a^2+3=4$，解得 $a^2=1$. 又因为在复平面内对应的点在第二象限，所以 $a<0$，所以 $a=-1$. $z=-1+\sqrt{3}i$，故其共轭复数 $\overline{z}=-1-\sqrt{3}i$.

35. 解析：因为复数 z 在复平面内对应的点在 $y=2x$ 上，设 $z=a+2ai(a\in\mathbf{R})$，又由 $z\overline{z}=20$，得 $|z|^2=20$，故 $a^2+4a^2=20$，所以 $a^2=4$，即 $a=\pm 2$. 所以复数 $z=2+4i$ 或 $z=-2-4i$.

36. 解析：由求根公式可得 (1) $x=2\pm 2i$；(2) $x=1\pm\dfrac{\sqrt{6}}{2}i$.

37. 解析：由已知得 $3x+(x^2-x)=8$，即 $x^2+2x-8=0$，所以 $x=-4$ 或 2. $z=-12-20i$ 或 $z=6-2i$，所以 $iz=20-12i$ 或 $iz=2+6i$. 即 iz 的虚部分别为 -12 和 6.

单元测试卷 B

一、选择题

1. B 2. C 3. D 4. C 5. C 6. B 7. D 8. C 9. A 10. D 11. B 12. A 13. C 14. A 15. A

二、填空题

16. $5\sqrt{2}$ 17. 3 18. -12 19. 第一象限 20. $-2i$ 21. $[3,7]$ 22. 4 23. $\sqrt{74}$

24. $-80\mathrm{i}$ 25. 8 26. 2 27. $\sqrt{6}$ 28. 3 或 0 29. $(\sqrt{2}, \sqrt{5})$ 30. $1-2\mathrm{i}$

三、解答题

31. 解析：$z=(3-\mathrm{i})(1+2\mathrm{i})=5+5\mathrm{i}$，$\bar{z}=5-5\mathrm{i}$，故 $\bar{z}$ 的实部为 5，虚部为 -5.

32. 解析：设 $z=a+b\mathrm{i}(a, b\in\mathbf{R})$，由已知得 $\sqrt{a^2+b^2}+a+b\mathrm{i}=3-\mathrm{i}$，

所以 $\begin{cases} b=-1 \\ \sqrt{a^2+b^2}+a=3 \end{cases}$，解得 $\begin{cases} a=\dfrac{4}{3} \\ b=-1 \end{cases}$. 因此复数 $z=\dfrac{4}{3}-\mathrm{i}$.

33. 解析：设 $z=a+b\mathrm{i}(a, b\in\mathbf{R})$，由 $z+3\mathrm{i}=a+(b+3)\mathrm{i}$ 是实数得 $b=-3$，所以 $z=a-3\mathrm{i}$. 又由 $(1-3\mathrm{i})z=(1-3\mathrm{i})(a-3\mathrm{i})=(a-9)-(3+3a)\mathrm{i}$ 是纯虚数，得 $\begin{cases} a-9=0 \\ a+1\neq 0 \end{cases}$，即 $a=9$，因此复数 $z=9-3\mathrm{i}$.

34. 解析：由已知得，$m^2-4m+3\geqslant 0$，所以 $m\leqslant 1$ 或 $m\geqslant 3$. 即实数 m 的取值范围为 $(-\infty, 1]\cup[3, +\infty)$.

(2) 由 $m^2-2m-3<0$，得 $-1<m<3$. 即实数 m 的取值范围为 $(-1, 3)$.

35. 解析：两边乘以 $1+\mathrm{i}$，得 $2z=2\mathrm{i}(1+\mathrm{i})=-2+2\mathrm{i}$，所以 $z=-1+\mathrm{i}$，因此 $x^2+bx+c=0$ 的另一个根为 $-1-\mathrm{i}$，所以 $b=2$，$c=2$. 所以 $\log_2(bc)=\log_2 4=2$.

36. 解析：设 $z=a+b\mathrm{i}(a, b\in\mathbf{R})$，则 $\bar{z}=a-b\mathrm{i}$，所以 $|z|^2=a^2+b^2$，$z+\bar{z}=2a$，

$\dfrac{(3-\mathrm{i})(2-\mathrm{i})}{5}=1-\mathrm{i}$，所以 $a^2+b^2+2a\mathrm{i}=1-\mathrm{i}$，

所以 $\begin{cases} 2a=-1 \\ a^2+b^2=1 \end{cases}$，解得 $\begin{cases} a=-\dfrac{1}{2} \\ b=\pm\dfrac{\sqrt{3}}{2} \end{cases}$，所以复数 $z=-\dfrac{1}{2}\pm\dfrac{\sqrt{3}}{2}\mathrm{i}$.

37. 解析：设 $z=a+b\mathrm{i}(a<0, b>0)$，则 $\bar{z}=a-b\mathrm{i}$，所以 $z^2=a^2-b^2+2ab\mathrm{i}=\bar{z}=a-b\mathrm{i}$，所以 $a^2-b^2=a$，$2ab=-b$，所以 $a=-\dfrac{1}{2}$，又因为 $b>0$，$b=\dfrac{\sqrt{3}}{2}$，所以 $z=-\dfrac{1}{2}+\dfrac{\sqrt{3}}{2}\mathrm{i}$.

(2) 由(1)得 $z=-\dfrac{1}{2}+\dfrac{\sqrt{3}}{2}\mathrm{i}$，$z^2=-\dfrac{1}{2}-\dfrac{\sqrt{3}}{2}\mathrm{i}$，$z^3=1$，$z$，$z^2$，$z^3$ 在复平面上对应点分别为 A，B，C，作图可知 $S_{\triangle ABC}=\dfrac{1}{2}\times\sqrt{3}\times\dfrac{3}{2}=\dfrac{3\sqrt{3}}{4}$.

数学知识点强化练习(下)

第7章 概率与统计

7.1 计数原理

【课堂基础训练】

一、选择题

1．C 2．B 3．D 4．D 5．A 6．D 7．B 8．B 9．C 10．B

二、填空题

11．16 12．19；240 13．16 14．5 15．36 16．2 880

三、解答题

17．解析：(1)20＋15＝35(种)；(2)20×15＝300(种)．

18．解析：(1)5×4×3＝60；(2)5×5×5＝125．

19．解析：(1)4×4＝16；(2)可以分4类，分母分别为4，6，8，16进行分类，共有1＋2＋3＋4＝10(种)．

20．解析：从中选1面旗，共有3(种)；从中选2面旗，有3×2＝6(种)；从中选3面旗，共有3×2×1＝6(种)．因此共有3＋6＋6＝15(种)不同的信号．

【课堂拓展训练】

一、填空题

1．64 2．128；24 3．14 4．6 5．20 6．9

二、解答题

7．解析：(1)6×3＝18(种)；(2)共有 3^9 种．

8．解析：由题意可知，既会俄语又会法语的共有8＋3－10＝1(人)，仅会俄语的有7人，仅会法语的有2人．先分类后分布，(1)从仅会俄语、法语的人中选1人，有7×2＝14(种)方法；(2)从仅会俄语和两者都会的人中各选1人，有7×1＝7(种)方法；(3)从仅会法语和两者都会的人中各选1人，有2×1＝2(种)方法．由分类计数原理得，共有14＋7＋2＝23(种)方法．

9．解析：(1)由分步计数原理，由最高位到最低位依次选取，共有 5×6×6×6＝1 080(种)；

(2)由分步计数原理：5×5×4×3＝300(种)；

(3)先排个位，再排最高位，然后依次排即可，共有3×4×4×3＝144(种)；

(4)分两类：0在个位时，共有5×4×3＝60(种)；0不在个位时，共有2×4×4＝32(种)．共有60＋32＝92(种)；

(5)分2类：0在个位时，共有5×4×3＝60(种)；5在个位时，有4×4×3＝48(种)．共有60＋48＝108(种)．

10. 解析：(1)分三步：依次选a，b，c即可，共有6×6×5＝180(种)；

(2)分三步：依次选a，b，c即可，共有3×6×5＝90(种).

7.2 排列、组合与二项式定理

7.2.1 排列

【课堂基础训练】

一、选择题

1．C 2．B 3．C 4．B 5．C 6．B 7．D 8．A 9．B 10．C

二、填空题

11．30 12．132 13．6 14．144 15．36 16．5 040

三、解答题

17．解析：(1)$3A_3^2+2A_4^2=3\times 3\times 2+2\times 4\times 3=42$；

(2)$A_7^7-5A_6^6-10A_5^5=2A_6^6-10A_5^5=12A_5^5-10A_5^5=2A_5^5=240$.

18．解析：(1)$A_5^1 A_8^1 A_8^2=2\ 240$；(2)分两类：0在个位时，共有A_9^3个；0不在个位时，共有$A_4^1 A_8^1 A_8^2$个，故没有重复数字的四位偶数有$A_9^3+A_4^1 A_8^1 A_8^2=1\ 792$(个).

(3)分两类：0在个位时，有A_9^3个；0不在个位即5在个位时，有$A_8^1 A_8^2$个，故能被5整除的四位数有$A_9^3+A_8^1 A_8^2=952$(个).

19．解析：依题意有，$A_n^2=7A_{n-4}^2$，所以$n(n-1)=7(n-4)(n-5)$，整理得$3n^2-31n+70=0$，解得$n=7$或$n=\dfrac{10}{3}$(舍去). 即$n=7$为所求.

20．解析：$A_{15}^2=210$.

【课堂拓展训练】

一、填空题

1．24 2．504 3．152 4．840 5．84 6．49

二、解答题

7．解析：由题意得，$A_3^1 A_5^3=180$.

8．解析：$A_n^m+mA_n^{m-1}=\dfrac{n!}{(n-m)!}+m\cdot\dfrac{n!}{(n-m+1)!}=\dfrac{(n-m+1)n!+mn!}{(n-m+1)!}=\dfrac{(n+1)n!}{(n-m+1)!}=\dfrac{(n+1)!}{(n-m+1)!}=A_{n+1}^m$.

9．解析：在这9个数字中$\log_2 3=\log_4 9$，$\log_3 2=\log_9 4$，$\log_2 4=\log_3 9$，$\log_4 2=\log_9 3$，这4个值相等，又有$\log_a 1=0(a>0$且$a\neq 1)$，故这9个数字中不同的对数值有$A_8^2-4+1=53$.

10．解析：(1)$A_4^2 A_4^4=288$；

(2)$A_3^2 A_4^4=144$；

(3) $A_2^2 A_4^2 A_3^3 = 144$；

(4) $A_4^4 A_5^2 = 480$；

(5) $A_2^2 A_5^5 = 240$.

7.2.2 组合

【课堂基础训练】

一、选择题

1. A 2. B 3. B

二、填空题

4. 4；70；190 5. 2 或 6

三、解答题

6. 解析：(1) $C_{10}^6 = C_{10}^4 = 210$；

(2) $C_{10}^6 C_6^1 = C_{10}^4 C_6^1 = 1\ 260$.

【课堂拓展训练】

一、选择题

1. C 2. A 3. B

二、填空题

4. 56 5. 105

三、解答题

6. 解析：(1) 属于组合问题：$C_{12}^2 = 66$；

(2) 属于排列问题：$A_{12}^2 = 132$.

7.2.3 排列、组合的应用

【课堂基础训练】

一、选择题

1. B 2. A 3. B 4. D 5. C 6. C 7. A 8. C 9. C 10. D

二、填空题

11. 330 12. 60 13. $C_5^1 C_{95}^2 + C_5^2 C_{95}^1$ 或 $C_{100}^3 - C_{95}^3$ 14. 12 15. 21 16. 240

三、解答题

17. 解析：(1) $C_{19}^2 = \dfrac{19 \times 18}{2 \times 1} = 171$；

(2) $C_{19}^3 = 969$；

(3) $C_{15}^2 C_5^1 = 525$；

(4) $C_{15}^2 C_5^1 + C_{15}^1 C_5^2 + C_5^3 = C_{20}^3 - C_{15}^3 = 685$；

(5) $C_{15}^3 + C_{15}^2 C_5^1 = 980$.

18. 解析：由题意可知分为两类：(1)丁、戊1人开车，其余4人分担另三项工作，共有 $C_2^1 C_4^2 A_3^3 = 72$ 种方案；(2)丁、戊两人开车，其余3人分担另三项工作，共有 $A_3^3 = 6$ 种方案，故共有 $72 + 6 = 78$（种）方法.

19. 解析：由题意可知，可分两类：3男1女或2男2女. 先选再分配到4个工厂，故共有 $(C_5^3 C_4^1 + C_5^2 C_4^2) A_4^4 = 2\,400$（种）方法.

20. 解析：由题意可知，可分为两类，(1)0在内的四位数共有 $C_3^2 C_4^1 A_3^1 A_3^3 = 3 \times 4 \times 3 \times 6 = 216$（个）；(2)0不在内的四位数共有 $C_3^2 C_4^2 A_4^4 = 3 \times 6 \times 24 = 432$（个），符合条件的四位数共有 $216 + 432 = 648$（个）.

【课堂拓展训练】

一、填空题

1. 1 200 2. 13 3. 1 001 4. 13 5. 61 6. 90

二、解答题

7. 解析：先把甲、乙两人分到一个社区，其余4人分配到另两个社区，共有 $A_3^1 C_4^2 C_2^2 = 18$ 种方案.

8. 解析：(1) $C_6^2 C_4^2 C_2^2 = 90$；

(2) $\dfrac{C_6^2 C_4^2 C_2^2}{A_3^3} = 15$；

(3) $C_6^1 C_5^2 C_3^3 = 60$；

(4) $C_6^1 C_5^2 C_3^3 = 60$；

(5) $C_6^1 C_5^2 C_3^3 A_3^3 = 360$；

(6) $C_6^1 C_5^1 C_4^4 = 30$；

(7) $C_6^4 = 15$；

(8) 共有三种情况：(1)、(5)和一人4本，另两人各1本，$C_6^2 C_4^2 C_2^2 + C_6^1 C_5^2 C_3^3 A_3^3 + C_6^4 A_3^3 = 540$.

9. 解析：(1) $C_5^2 A_4^4 = 240$；

(2) $C_5^3 A_4^4 = 240$；

(3) $A_5^4 = 120$.

10. 解析：(1) $A_4^4 A_5^4 = 2\,880$；

(2) $A_4^4 A_3^3 = 144$；

(3) $A_4^2 A_5^5 = 1\,440$；

(4) $A_2^2 A_5^1 A_5^5 = 1\,200$；

(5) $A_4^4 A_3^3 A_2^2 = 288$；

(6) $A_7^3 = 210$ 或 $\dfrac{A_7^7}{A_4^4} = 210$.

7.2.4 二项式定理

【课堂基础训练】

一、选择题

1. C 2. D 3. C 4. B 5. C 6. B 7. B 8. B 9. C 10. C

二、填空题

11. 240   12. 7   13. $35x^{-1}$ 14. 31   15. 256   16. -1

三、解答题

17. 解析：由通项公式得，$T_{m+1}=\mathrm{C}_8^m x^{8-m}\left(\dfrac{1}{\sqrt[3]{x}}\right)^m=\mathrm{C}_8^m x^{8-\frac{4}{3}m}$，令 $8-\dfrac{4}{3}m=0$，得 $m=6$，故常数项为 $T_7=\mathrm{C}_8^6 x^2 (\sqrt[3]{x})^6 = 28$.

18. 解析：由已知得，$\mathrm{C}_n^3=7\mathrm{C}_n^{n-1}$，即 $\mathrm{C}_n^3=7\mathrm{C}_n^1$，整理得 $n^2-3n-40=0$，所以 $n=8$ 或 $n=-5$(舍去)，即 $n=8$ 为所求.

19. 解析：由通项公式得，$T_{m+1}=\mathrm{C}_9^m(2x)^{9-m}\left(\dfrac{1}{x}\right)^m=\mathrm{C}_9^m 2^{9-m}x^{9-2m}$，令 $9-2m=0$，得 $m=3$. 故 $T_4=\mathrm{C}_9^3 2^6 x^3=5\,376x^3$，故展开式中 x^3 项的系数为 $5\,376$.

20. 解析：二项式系数最大项为 $T_3=\mathrm{C}_5^2(x^2)^3 x^2=\mathrm{C}_5^2 x^8=10x^8$，$T_4=\mathrm{C}_5^3(x^2)^2 x^3=\mathrm{C}_5^3 x^7=10x^7$.

【课堂拓展训练】

一、填空题

1. 32；1   2. 1.018 14   3. -30 4. x^5 5. 15   6. 63

二、解答题

7. 解析：由通项公式得，$T_{m+1}=\mathrm{C}_6^m(2\sqrt{x})^{6-m}\left(-\dfrac{1}{\sqrt{x}}\right)^m=(-1)^m\mathrm{C}_6^m 2^{6-m}x^{3-m}$，令 $3-m=-2$，解得 $m=5$，所以 $T_6=-\mathrm{C}_6^5 \cdot 2x^{-2}=-12x^{-2}$，即所求展开式中含 x^{-2} 的项为 $T_6=-12x^{-2}$.

8. 解析：由已知得，$T_4=\mathrm{C}_7^3 x^4 a^3$，解得 $\mathrm{C}_7^3 a^3=-280$，解得 $a^3=-8$，即 $a=-2$.

9. 解析：由通项公式得，$T_7=\mathrm{C}_n^6(2x^3)^{n-6}\left(\dfrac{1}{x}\right)^6=\mathrm{C}_n^6 2^{n-6}x^{3n-24}$. 令 $3n-24=0$，所以 $n=8$. 又由通项公式得 $T_{m+1}=\mathrm{C}_8^m 2^{8-m}x^{24-4m}$，令 $24-4m=4$，解得 $m=5$. 所以含 x^4 的项为 $T_6=\mathrm{C}_8^5 2^3 x^4=448x^4$.

10. 解析：(1)令 $x=1$，得 $a_0+a_1+a_2+\cdots+a_7=-1$；

(2)令 $x=0$，得 $a_0=1$；

(3)由(1)(2)得，$a_1+a_2+\cdots+a_7=-2$；

(4)令 $x=-1$，得 $a_0-a_1+a_2-a_3+a_4-a_5+a_6-a_7=3^7$；

由(1)得，$a_0+a_1+a_2+\cdots+a_7=-1$，

两式相减得，$a_1+a_3+a_5+a_7=\dfrac{-1-3^7}{2}$；

(5)由(4)中两式相加得，$a_0+a_2+a_4+a_6=\dfrac{3^7-1}{2}$.

7.3 随机变量及其分布

7.3.1 离散型随机变量及其分布

【课堂基础训练】

一、选择题

1. C 2. B 3. D 4. A 5. C 6. C 7. B 8. B 9. D 10. C

二、填空题

11. $\dfrac{1}{3}$ 12. $\dfrac{2}{5}$ 13. $\dfrac{9}{16}$ 14. 0，1，2 15. 3 16. 恰好有两只好(或坏)的螺丝钉

三、解答题

17. 解析：(1)设 $A=\{$任取2个球，恰有1个红球$\}$，$P(A)=\dfrac{C_3^1 C_5^1}{C_8^2}=\dfrac{15}{28}$；

(2)由题意知，ξ 的所有可能取值为 0，1，2.

$P(\xi=0)=\dfrac{C_5^2}{C_8^2}=\dfrac{5}{14}$，$P(\xi=1)=\dfrac{C_5^1 C_3^1}{C_8^2}=\dfrac{15}{28}$，$P(\xi=2)=\dfrac{C_3^2}{C_8^2}=\dfrac{3}{28}$.

所以 ξ 的概率分布为

ξ	0	1	2
P	$\dfrac{5}{14}$	$\dfrac{15}{28}$	$\dfrac{3}{28}$

18. 解析：(1)由已知得 X 的所有可能取值为 3，4，5，6.

$P(X=3)=\dfrac{1}{C_6^3}=\dfrac{1}{20}$，$P(X=4)=\dfrac{C_3^2 C_1^1}{C_6^3}=\dfrac{3}{20}$，$P(X=5)=\dfrac{C_4^2 C_1^1}{C_6^3}=\dfrac{3}{10}$，$P(X=6)=\dfrac{C_5^2 C_1^1}{C_6^3}=\dfrac{1}{2}$.

所以 X 的分布列为

X	3	4	5	6
P	$\dfrac{1}{20}$	$\dfrac{3}{20}$	$\dfrac{3}{10}$	$\dfrac{1}{2}$

(2) $P(X>4)=P(X=5)+P(X=6)=\dfrac{3}{10}+\dfrac{1}{2}=\dfrac{4}{5}$.

19. 解析：由已知得，ξ 的所有可能取值为 1，2，3.

$P(\xi=1)=\dfrac{C_2^2 C_3^1}{C_5^3}=\dfrac{3}{10}$, $P(\xi=2)=\dfrac{C_2^1 C_3^2}{C_5^3}=\dfrac{3}{5}$, $P(\xi=3)=\dfrac{C_3^3}{C_5^3}=\dfrac{1}{10}$.

所以 ξ 的概率分布为

ξ	1	2	3
P	$\dfrac{3}{10}$	$\dfrac{3}{5}$	$\dfrac{1}{10}$

$E(\xi)=1\times\dfrac{3}{10}+2\times\dfrac{3}{5}+3\times\dfrac{1}{10}=\dfrac{9}{5}$;

(2) $P(\xi\leqslant 2)=P(\xi=1)+P(\xi=2)=\dfrac{3}{10}+\dfrac{3}{5}=\dfrac{9}{10}$.

20．解析：(1)设 $A=\{$男生甲，女生乙被选中$\}$，$P(A)=\dfrac{C_4^1}{C_6^3}=\dfrac{1}{5}$;

(2) X 的所有可能取值为 0，1，2，

$P(X=0)=\dfrac{C_4^3 C_2^0}{C_6^3}=\dfrac{1}{5}$, $P(X=1)=\dfrac{C_2^1 C_4^2}{C_6^3}=\dfrac{3}{5}$, $P(X=2)=\dfrac{C_2^2 C_4^1}{C_6^3}=\dfrac{1}{5}$.

所以 X 的概率分布为

X	0	1	2
P	$\dfrac{1}{5}$	$\dfrac{3}{5}$	$\dfrac{1}{5}$

$E(X)=0\times\dfrac{1}{5}+1\times\dfrac{3}{5}+2\times\dfrac{1}{5}=1$.

【课堂拓展训练】

一、填空题

1. $\dfrac{1}{5}$ 2. $\dfrac{3}{10}$ 3. 8   4. $\dfrac{15}{256}$ 5. 1，2，3   6. 4 或 5

二、解答题

7．解析：设该题被乙独立解出的概率为 P，由已知得，该题未解出的概率为 $1-0.92=0.08$，因此有 $0.4\times(1-P)=0.08$，所以 $P=0.8$.

(2)由已知得，ξ 的所有可能取值为 0，1，2.

$P(\xi=0)=0.4\times 0.2=0.08$, $P(\xi=1)=0.6\times 0.2+0.4\times 0.8=0.44$, $P(\xi=2)=0.6\times 0.8=0.48$.

所以 ξ 的概率分布为

ξ	0	1	2
P	0.08	0.44	0.48

所以 $E(\xi)=0\times 0.08+1\times 0.44+2\times 0.48=1.4$.

$D(\xi)=(0-1.4)^2\times 0.08+(1-1.4)^2\times 0.44+(2-1.4)^2\times 0.48=0.4$.

8. 解析：(1)由已知得，取出 3 个球，共有 2 白 1 黑，1 白 2 黑，3 黑，故 X 的所有可能取值为 5，4，3.

$P(X=3)=\dfrac{C_3^3}{C_5^3}=\dfrac{1}{10}$，$P(X=4)=\dfrac{C_2^1 C_3^2}{C_5^3}=\dfrac{3}{5}$，$P(X=5)=\dfrac{C_2^2 C_3^1}{C_5^3}=\dfrac{3}{10}$.

所以 X 的分布列为

X	3	4	5
P	$\dfrac{1}{10}$	$\dfrac{3}{5}$	$\dfrac{3}{10}$

(2) $E(X)=3\times\dfrac{1}{10}+4\times\dfrac{3}{5}+5\times\dfrac{3}{10}=\dfrac{21}{5}$.

9. 解析：(1)设 $A=\{$每一个班分配到 1 名男生$\}$，$P(A)=\dfrac{P_3^3 P_3^3}{C_6^2 C_4^2 C_2^2}=\dfrac{2}{5}$；

(2)设 $B=\{$2 名男生分配到同一个班$\}$，$P(B)=\dfrac{C_3^2 C_3^1 C_4^2 C_2^2}{C_6^2 C_4^2 C_2^2}=\dfrac{3}{5}$；

(3)设甲班分配的女生人数用随机变量 X 表示，X 的所有可能取值为 0，1，2.

$P(X=0)=\dfrac{C_3^2 C_4^2 C_2^2}{C_6^2 C_4^2 C_2^2}=\dfrac{1}{5}$，$P(X=1)=\dfrac{C_3^1 C_3^1 C_4^2 C_2^2}{C_6^2 C_4^2 C_2^2}=\dfrac{3}{5}$，$P(X=2)=\dfrac{C_3^2 C_4^2 C_2^2}{C_6^2 C_4^2 C_2^2}=\dfrac{1}{5}$.

故甲班分配到男生人数 X 的概率分布为

X	0	1	2
P	$\dfrac{1}{5}$	$\dfrac{3}{5}$	$\dfrac{1}{5}$

10. 解析：(1)由已知得，X 的所有可能取值为 1，3，4，6.

$P(X=1)=\dfrac{1}{3}$，$P(X=3)=\dfrac{1}{3}\times\dfrac{1}{2}=\dfrac{1}{6}$，$P(X=4)=\dfrac{1}{6}$，$P(X=6)=\dfrac{1}{3}$.

所以 X 的分布列为

X	1	3	4	6
P	$\dfrac{1}{3}$	$\dfrac{1}{6}$	$\dfrac{1}{6}$	$\dfrac{1}{3}$

(2) $E(X)=\dfrac{1}{3}+3\times\dfrac{1}{6}+4\times\dfrac{1}{6}+6\times\dfrac{1}{3}=\dfrac{7}{2}$.

7.3.2 二项分布

【课堂基础训练】

一、选择题

1. C   2. B   3. A

二、填空题

4. $\dfrac{48}{125}$ 5.

ξ	0	1
P	$\dfrac{1}{2}$	$\dfrac{1}{2}$

三、解答题

6. 解析：由题意知，梅花、黑桃、红桃、方块每类有 13 张，故抽取一次抽到桃花的概率 $P=\dfrac{13}{52}=\dfrac{1}{4}$，则抽取一次抽到其他三种牌的概率为 $\dfrac{3}{4}$.

(1) 设 $A=\{$至少抽到一次梅花$\}$，$P(A)=\dfrac{1}{4}$，$P(\overline{A})=\dfrac{3}{4}$，所以 $P(A)=1-P(\overline{A})=1-\left(\dfrac{3}{4}\right)^3=\dfrac{37}{64}$；

(2) 抽到梅花次数 ξ 的所有可能取值为 0，1，2，3.
$P(\xi=0)=C_3^0\left(\dfrac{1}{4}\right)^0\cdot\left(\dfrac{3}{4}\right)^3=\dfrac{27}{64}$，$P(\xi=1)=C_3^1\left(\dfrac{1}{4}\right)^1\cdot\left(\dfrac{3}{4}\right)^2=\dfrac{27}{64}$，
$P(\xi=2)=C_3^2\left(\dfrac{1}{4}\right)^2\cdot\left(\dfrac{3}{4}\right)^1=\dfrac{9}{64}$，$P(\xi=3)=C_3^3\left(\dfrac{1}{4}\right)^3\cdot\left(\dfrac{3}{4}\right)^0=\dfrac{1}{64}$.
所以 ξ 的概率分布为

ξ	0	1	2	3
P	$\dfrac{27}{64}$	$\dfrac{27}{64}$	$\dfrac{9}{64}$	$\dfrac{1}{64}$

【课堂拓展训练】

一、选择题

1. D　2. D　3. C

二、填空题

4. $\dfrac{3}{5}$　5. $C_5^2(0.05)^2\cdot(0.95)^3$

三、解答题

6. 解析：(1) 无放回地取两次，两次取到的卡片是一奇一偶的概率 $P=\dfrac{C_2^1 C_3^1}{C_5^2}=\dfrac{3}{5}$；

(2) 设 $A=\{$抽取一次，抽到奇数$\}$，所以 $P(A)=\dfrac{3}{5}$，$P(\overline{A})=\dfrac{2}{5}$.
设抽到奇数次数用随机变量 X 表示，X 的所有可能取值为 0，1，2，3.
$P(X=0)=C_3^0\left(\dfrac{3}{5}\right)^0\cdot\left(\dfrac{2}{5}\right)^3=\dfrac{8}{125}$，$P(X=1)=C_3^1\left(\dfrac{3}{5}\right)^1\cdot\left(\dfrac{2}{5}\right)^2=\dfrac{36}{125}$，
$P(X=2)=C_3^2\left(\dfrac{3}{5}\right)^2\cdot\left(\dfrac{2}{5}\right)^1=\dfrac{54}{125}$，$P(X=3)=C_3^3\left(\dfrac{3}{5}\right)^3\cdot\left(\dfrac{2}{5}\right)^0=\dfrac{27}{125}$.
所以 X 的分布列为

X	0	1	2	3
P	$\dfrac{8}{125}$	$\dfrac{36}{125}$	$\dfrac{54}{125}$	$\dfrac{27}{125}$

7.3.3 正态分布

【课堂基础训练】

一、选择题

1. C 2. C 3. B

二、填空题

4. 0.1 5. 17

三、解答题

6. 解析：(1) $P(\xi<0.38)=\varphi(0.38)=0.6480$；

(2) $P(\xi\geqslant 0.23)=1-P(\xi<0.23)=1-0.5910=0.4090$；

(3) $P(\xi\leqslant -0.15)=\varphi(-0.15)$，因为 $\varphi(-0.15)+\varphi(0.15)=1$，所以 $\varphi(-0.15)=1-\varphi(0.15)=1-0.5596=0.4404$.

【课堂拓展训练】

一、选择题

1. B 2. A 3. A

二、填空题

4. 150 5. 30

三、解答题

6. 解析：(1) 由题意可知，$\mu=500$，$\delta=20$，所以 $P(480<X\leqslant 500)=\dfrac{1}{2}P(480<X\leqslant 520)=\dfrac{1}{2}\times 68.3\%=34.15\%$.

(2) $P(X>540)=P(X<460)=\dfrac{1}{2}[1-P(460<X\leqslant 540)]=\dfrac{1}{2}[1-95.4\%]=2.3\%$.

7.4 统计

7.4.1 用样本估计总体

【课堂基础训练】

一、选择题

1. A 2. B 3. C

二、填空题

4. $\sqrt{2}$ 5. -9

三、解答题

6. 解析：(1)甲群市民年龄的平均数为：$\dfrac{13+13+14+15+15+15+15+16+17+17}{10}=$ 15（岁），中位数为 15 岁，众数为 15 岁，平均数、众数和众数相等，因此，它们都能较好地反映甲群市民的年龄特征．

(2)乙群市民年龄的平均数：$\dfrac{54+3+4+4+5+5+6+6+6+57}{10}=15$（岁），中位数 5.5，中数为 6 岁，由于乙群市民大多数是儿童，所以中位数和众数能较好地反映乙群市民的年龄特征，而平均数的可靠性较差．

【课堂拓展训练】

一、选择题

1. B   2. B   3. C

二、填空题

4. 1   5. 3；22

三、解答题

6. 解析：甲的平均成绩：$\overline{x}_{甲}=\dfrac{7+8+7+9+5+4+9+10+7+4}{10}=7$，$s^2_{甲}=\dfrac{1}{10}(0+1+0+4+4+9+4+9+0+9)=4$，标准差 $s_{甲}=2$；

乙的平均成绩：$\overline{x}_{乙}=\dfrac{9+5+7+8+7+6+8+6+7+7}{10}=7$，$s^2_{乙}=\dfrac{1}{10}(4+4+0+1+0+1+1+1+0+0)=\dfrac{6}{5}$，标准差 $s_{乙}=\sqrt{\dfrac{6}{5}}=\dfrac{\sqrt{30}}{5}\approx 1.1$．

因为 $\overline{x}_{甲}=\overline{x}_{乙}$，即甲、乙的平均成绩相等；又因为 $x_{甲}=2>S_{乙}=1.1$，因此甲的成绩波动较大，乙的成绩波动较小，所以乙的成绩更稳定些．

7.4.2 一元线性回归

【课堂基础训练】

一、选择题

1. D   2. C   3. C

二、填空题

4. 函数关系；相关关系   5. 回归系数；$\dfrac{\sum\limits_{i=1}^{n}x_i y_i - n\overline{x}\,\overline{y}}{\sum\limits_{i=1}^{n}x_i^2 - n\overline{x}^2}$；$\overline{y}-b\overline{x}$

三、解答题

6. 解析：(1)依题意，$\overline{x}=\dfrac{1}{5}(9+9.6+10+10.4+11)=10$，$\overline{y}=\dfrac{1}{5}(7.3+7.5+8+8.5+8.7)=8$.

$b=\dfrac{\sum\limits_{i=1}^{5}x_iy_i-5\overline{xy}}{\sum\limits_{i=1}^{5}x_i^2-5\overline{x}^2}\approx 0.78$，$a=\overline{y}-b\overline{x}\approx 0.24$.

所以 y 关于 x 的线性回归方程为 $\hat{y}=0.78x+0.24$.

(2)当 2021 年的年收入为 9.5 万元时，则 $x=9.5$，$\hat{y}=0.78\times 9.5+0.24=7.65$，所以预测该家庭 2021 年的年支出金额为 7.65 万元.

【课堂拓展训练】

一、选择题

1. A 2. A 3. C

二、填空题

4. 50.8 5. 75

三、解答题

6. 解析：(1)由表中数据：$\overline{x}=\dfrac{2+3+4+3+4+5}{6}=3.5$，$\overline{y}=\dfrac{73+72+71+73+69+68}{6}=71$.

由 $b=\dfrac{\sum\limits_{i=1}^{6}x_iy_i-6\overline{xy}}{\sum\limits_{i=1}^{6}x_i^2-6\overline{x}^2}\approx -1.82$，$a=\overline{y}-b\overline{x}=71+1.82\times 3.5=77.37$.

所以回归直线方程为 $\hat{y}=-1.82x+77.37$.

(2)由已知得，$70=-1.82x+77.37$，解得 $x=4.05$，所以单位成本为 70 元/件时，预测产量为 4.05 千件.

单元测试卷 A

一、选择题

1. C 2. D 3. D 4. C 5. C 6. B 7. D 8. A 9. A 10. C 11. C 12. B
13. D 14. A 15. A

二、填空题

16. 96 17. 25 18. 36 19. 72 20. $\dfrac{5}{7}$ 21. 84 22. $\dfrac{6}{5}$ 23. $\dfrac{1}{12}$ 24. 3 或 6 25. 16 26. 12 27. 0.2 28. $\dfrac{43}{9}$ 29. $\dfrac{7}{30}$ 30. $-20x^{-3}$

三、解答题

31. 解析：由已知得，$C_n^3 = 7C_n^1$，整理得 $n^2 - 3n - 40 = 0$，解得 $n = 8$ 或 $n = -5$（舍去）．所以二项式为 $(1+x)^8$，由通项公式得 $T_6 = C_8^5 x^5 = 56x^5$，即展开式中含 x^5 的系数为 56．

32. 解析：由题意知应分两类：一类不含有数字 0，$C_3^2 C_3^2 A_4^4 = 216$ 个；另一类含有数字 0，$C_3^2 C_3^1 C_3^1 A_3^3 = 162$ 个，因此共有 $216 + 162 = 378$（个）．

33. 解析：(1) 设 $A = \{$实践小组 3 人中有高二学生参加$\}$，$P(A) = \dfrac{C_8^1 C_2^2 + C_8^2 C_2^1}{C_{10}^3} = \dfrac{8}{15}$．

(2) 设小组中高三学生人数用随机变量 ξ 表示，ξ 的所有可能取值为 0，1，2，3．

$P(\xi = 0) = \dfrac{C_7^3}{C_{10}^3} = \dfrac{7}{24}$，$P(\xi = 1) = \dfrac{C_3^1 C_7^2}{C_{10}^3} = \dfrac{21}{40}$，$P(\xi = 2) = \dfrac{C_3^2 C_7^1}{C_{10}^3} = \dfrac{7}{40}$，$P(\xi = 3) = \dfrac{C_3^3}{C_{10}^3} = \dfrac{1}{120}$．

所以 ξ 的概率分布为

ξ	0	1	2	3
P	$\dfrac{7}{24}$	$\dfrac{21}{40}$	$\dfrac{7}{40}$	$\dfrac{1}{120}$

34. 解析：由已知得 $\overline{x_\text{甲}} = \dfrac{99+98+100+101+99+103}{6} = 100$，$\overline{x_\text{乙}} = \dfrac{100+100+102+98+99+101}{6} = 100$，$s_\text{甲}^2 = \dfrac{1}{6}(1+4+0+1+1+9) = \dfrac{8}{3}$，$s_\text{乙}^2 = \dfrac{1}{6}(0+0+4+4+1+1) = \dfrac{5}{3}$．因为 $s_\text{甲}^2 > s_\text{乙}^2$，所以乙机床加工零件的稳定性较好．

35. 解析：(1) 设 $A = \{$恰有一件二等品$\}$，$P(A) = \dfrac{C_2^1 C_4^2}{C_6^3} = \dfrac{3}{5}$；

(2) $B = \{$任取一件取到二等品$\}$，$P(B) = \dfrac{2}{6} = \dfrac{1}{3}$．

X 的所有可能取值为 0，1，2，3．

$P(X=0) = C_3^0 \left(\dfrac{1}{3}\right)^0 \left(\dfrac{2}{3}\right)^3 = \dfrac{8}{27}$，

$P(X=1) = C_3^1 \left(\dfrac{1}{3}\right)^1 \left(\dfrac{2}{3}\right)^2 = \dfrac{4}{9}$，

$P(X=2) = C_3^2 \left(\dfrac{1}{3}\right)^2 \left(\dfrac{2}{3}\right)^1 = \dfrac{2}{9}$，

$P(X=3) = C_3^3 \left(\dfrac{1}{3}\right)^3 = \dfrac{1}{27}$．

所以 X 的概率分布为

X	0	1	2	3
P	$\dfrac{8}{27}$	$\dfrac{4}{9}$	$\dfrac{2}{9}$	$\dfrac{1}{27}$

$E(X) = \dfrac{8}{27} \times 0 + \dfrac{4}{9} \times 1 + \dfrac{2}{9} \times 2 + \dfrac{1}{27} \times 3 = 1$．

36. 解析：(1) $C_5^3=10$；

(2) $C_5^3-C_3^3=C_2^1C_3^2+C_2^2C_3^1=9$；

(3) $C_5^3-C_3^3=C_2^1C_3^2+C_2^2C_3^1=9$.

37. 解析：由已知得，$\bar{t}=5$，$\bar{y}=4$.

$b=\dfrac{\sum\limits_{i=1}^{5}t_iy_i-5\bar{t}\bar{y}}{\sum\limits_{i=1}^{5}t_i^2-5\bar{t}^2}=0.85$，$a=\bar{y}-b\bar{t}=-0.25$，所以 $\hat{y}=0.85t-0.25$.

单元测试 B 卷

一、选择题

1. D 2. B 3. A 4. B 5. B 6. D 7. A 8. B 9. D 10. B 11. B 12. B 13. B 14. D 15. B

二、填空题

16. 16   17. $\dfrac{4}{9}$ 18. 1 440   19. -3 20. $\dfrac{1}{3}$ 21. $\dfrac{48}{125}$ 22. $\dfrac{1}{35}$ 23. 两件中至少有一件正品或两件中至多有一件次品   24. 4   25. 6   26. $\dfrac{31}{20}$ 27. 0.997 4   28. $\dfrac{2}{3}$ 29. 105   30. $\dfrac{2}{3}$

三、解答题

31. 解析：由已知得，$2^{n-1}=512=2^9$，解得 $n=10$.

所以二项式为 $(1+\sqrt{3}x)^{10}$，展开式中二项式系数最大项为 $T_6=C_{10}^5(\sqrt{3}x)^5=C_{10}^5(\sqrt{3})^5x^5$.

32. 解析：(1) X 的所有可能取值为 0，1，2，3.

$P(X=0)=\dfrac{C_6^3}{C_{10}^3}=\dfrac{1}{6}$，$P(X=1)=\dfrac{C_6^2C_4^1}{C_{10}^3}=\dfrac{1}{2}$，$P(X=2)=\dfrac{C_6^1C_4^2}{C_{10}^3}=\dfrac{3}{10}$，$P(X=3)=\dfrac{C_6^0C_4^3}{C_{10}^3}=\dfrac{1}{30}$.

X 的概率分布为

X	0	1	2	3
P	$\dfrac{1}{6}$	$\dfrac{1}{2}$	$\dfrac{3}{10}$	$\dfrac{1}{30}$

(2) 由(1)得 $P(X\leqslant 1)=\dfrac{1}{6}+\dfrac{1}{2}=\dfrac{2}{3}$.

33. 解析：4 名车工学生都被选上的方法有 $C_4^4C_5^4+C_4^4C_5^3C_2^1+C_4^4C_5^2C_2^2=35$(种)；

4 名车工学生有 3 名被选上的方法有 $C_4^3C_2^1C_5^4+C_4^3C_5^3A_2^2=120$(种)；

4 名车工学生有 2 名被选上的方法有 $C_4^2 C_2^2 C_4^4 = 30$(种).

所以共有 $35+120+30=185$(种).

34．解析：(1)设 $A=\{$甲、乙同时分到 A 学校实习$\}$，$P(A)=\dfrac{A_3^3}{C_5^2 A_4^4}=\dfrac{1}{40}$；

(2)设 $B=\{$甲、乙两人不在同一学校实习$\}$，$C=\{$甲、乙两人分到同一学校实习$\}$.

由(1)可知：$P(C)=\dfrac{1}{40}\times 4=\dfrac{1}{10}$，所以 $P(B)=1-P(C)=\dfrac{9}{10}$.

(3)随机变量 X 的所有可能取值：1，2.

$P(X=1)=\dfrac{C_5^1 C_4^2 A_3^3}{C_5^2 A_4^4}=\dfrac{3}{4}$，$P(X=2)=\dfrac{C_5^2 A_3^3}{C_5^2 A_4^4}=\dfrac{1}{4}$.

所以 X 的分布列为

X	1	2
P	$\dfrac{3}{4}$	$\dfrac{1}{4}$

$E(X)=\dfrac{3}{4}\times 1+\dfrac{1}{4}\times 2=\dfrac{5}{4}$.

35．解析：由已知得，$\overline{x_{甲}}=169$，$\overline{x_{乙}}=169$.

所以 $s_{甲}^2=\dfrac{1}{10}(1+1+0+16+9+16+1+4+1+1)=\dfrac{50}{10}=5.0$，

$s_{乙}^2=\dfrac{1}{10}(81+16+9+36+1+1+4+16+0+1)=\dfrac{165}{10}=16.5$.

$s_{甲}^2<s_{乙}^2$，所以甲发挥稳定些.

36．解析：由题意得 $\overline{x}=\dfrac{2+4+8+10+12}{5}=7.2$，$\overline{y}=\dfrac{14.21+20.31+31.18+37.83+44.67}{5}=29.64$，

所以 $a=\overline{y}-3\overline{x}=29.64-3\times 7.2=8.04$.

所以 y 关于 x 的回归直线方程为 $\hat{y}=3x+8.04$.

将 $x=18$ 代入回归直线方程，则 $\hat{y}=3\times 18+8.04=62.04$.

37．解析：该乒乓球运动员以 4∶1 胜的概率：$C_4^3 0.6^3 \cdot 0.4 \cdot 0.6$；

该乒乓球运动员以 4∶2 胜的概率：$C_5^3 0.6^3 \cdot 0.4^2 \cdot 0.6$.